中国工业产业政策效应研究

基于提高全要素生产率的视角

ZHONGGUO GONGYE CHANYE
ZHENGCE XIAOYING YANJIU

JIYU TIGAO QUANYAOSU SHENGCHANLÜ DE SHIJIAO

吴永超　著

四川大学出版社
SICHUAN UNIVERSITY PRESS

项目策划：唐　飞　李天燕
责任编辑：曹雪敏
责任校对：唐　飞
封面设计：墨创文化
责任印制：王　炜

图书在版编目（CIP）数据

中国工业产业政策效应研究：基于提高全要素生产率的视角 / 吴永超著. — 成都：四川大学出版社，2022.3（2024.6 重印）

ISBN 978-7-5690-5396-8

Ⅰ．①中… Ⅱ．①吴… Ⅲ．①工业产业－产业政策－研究－中国 Ⅳ．① F424

中国版本图书馆 CIP 数据核字（2022）第 045862 号

书名	中国工业产业政策效应研究：基于提高全要素生产率的视角
著　者	吴永超
出　版	四川大学出版社
地　址	成都市一环路南一段 24 号（610065）
发　行	四川大学出版社
书　号	ISBN 978-7-5690-5396-8
印前制作	四川胜翔数码印务设计有限公司
印　刷	永清县晔盛亚胶印有限公司
成品尺寸	170mm×240mm
印　张	12.25
字　数	231 千字
版　次	2022 年 5 月第 1 版
印　次	2024 年 6 月第 2 次印刷
定　价	62.00 元

◆ 读者邮购本书，请与本社发行科联系。
电话：(028)85408408/(028)85401670/
(028)86408023　邮政编码：610065
◆ 本社图书如有印装质量问题，请寄回出版社调换。
◆ 网址：http://press.scu.edu.cn

四川大学出版社
微信公众号

前　言

　　我国工业产业政策是在快速工业化进程中形成与逐步完善的，满足了我国高速增长阶段的工业发展需要，在我国建立相对独立完整的工业体系、发展成为工业大国的历史进程中发挥了重要作用。但是，这种以主要依靠要素投入驱动、投资规模驱动为特征的高速增长模式不具有可持续性，严重受制于资源约束，且容易导致投资低效率、产能过剩和资源错配，甚至对资源环境造成不可逆的破坏。随着我国经济由高速增长阶段转向高质量发展阶段，客观要求工业产业必须转变发展方式，推动工业发展由要素投入驱动、投资规模驱动向创新驱动转变。全要素生产率作为经济发展质量的重要衡量标准，也是提升工业发展质量和效益的关键突破口。换言之，只有通过提高工业全要素生产率，才能实现工业发展质量和效益改善。

　　转变工业发展方式和提高全要素生产率客观要求工业产业政策调整并与之相适应。从目前来看，我国工业产业政策尚不能满足高质量发展阶段的工业发展需要，尚不能适应主要依靠创新驱动的工业经济增长模式，与提高工业全要素生产率内在要求存在差距，甚至是障碍。因此，系统客观评价工业产业政策效应，研究有利于提高工业全要素生产率的工业产业政策，是工业经济持续健康发展的迫切需要。

　　本书以宏观经济学、产业经济学、公共政策学等多学科理论知识为基础，遵循从理论到实证的研究路径，按照"总—分—总"的逻辑思路展开工业产业政策效应研究。主要内容如下：

总论部分回顾了工业产业政策、全要素生产率的相关基础理论，将全要素生产率的分解与工业产业政策调节资源配置、发展规模经济、促进技术进步的三个目标任务结合起来，从提高全要素生产率的视角，将工业产业政策效应进一步分解为资源配置效应、规模经济效应、技术进步效应，构建起基于提高全要素生产率的工业产业政策效应评价分析框架。

分论部分分别对工业产业政策的资源配置效应、规模经济效应、技术进步效应进行研究，阐释工业产业政策干预的动因、机制、重点工具等，并评价这些政策工具的作用效果。

第一，工业产业政策的资源配置效应评价。从市场配置资源的缺陷、赶超型发展的驱使两个方面，阐释工业产业政策调节资源配置的动因及目标。根据资源配置倾斜度分析法，宏观上以倾斜式政府投资、倾斜式税收优惠为重点产业政策工具，微观上以选择性补贴、竞争性补贴为重点产业政策工具，并结合行业规制政策、国有化政策，分析评价工业产业政策在行业层面、区域层面、企业层面的资源配置效应。

第二，工业产业政策的规模经济效应评价。从行业集中、空间聚集规模经济形成过程中存在的"协调失灵"，阐释工业产业政策干预规模经济的动因及目标。将行业规模政策、工业开发区政策作为重点产业政策工具，分析评价工业产业政策在行业层面、区域层面的规模经济效应。

第三，工业产业政策的技术进步效应评价。从技术创新活动和过程具有的公共产品性质、外部性、不确定性特点，阐释工业产业政策干预与促进技术进步的动因及目标。将财政科技支出、促进技术进步的相关减免税作为重点产业政策工具，分析评价工业产业政策在行业层面、区域层面的技术进步效应。

最后，基于工业产业政策的资源配置效应、规模经济效应、技术进步效应最终会反映在行业、区域、企业层面的工业全要素生产率波动上，本书从这三个层面分析评价工业产业政策影响全要素生产率增长的总体效应，并以此对我国工业产业政策效应做进一步归纳、提炼和总结。

实证结果表明，我国在快速工业化进程中形成的传统工业产业政策对于高质量发展阶段提高全要素生产率而言弊大于利，政策效果整体不佳并且可能形成一系列不良的政策连锁反应。（1）工业产业政策所导致的资源配置效率损失是抑制全要素生产率增长的首要因素。倾斜式扶持政策、选择性补贴对资源配置效率和全要素生产率增长的影响效应均显著为负。（2）竞争性补贴与选择性补贴之间存在显著的对立效应。以促进竞争、"一视同仁"为特征的竞争性补贴与选择性补贴有着截然相反的影响效应，不仅能够改善资源配置效率、促进全要素生产率增长，而且在竞争性越高的行业这种积极效应越明显。（3）工业产业政策的规模经济效应不显著甚至为负。以提高行业集中度为目标导向、以大型国有企业为主要对象的规模经济政策，对改善规模效率并没有太多实际益处。工业开发区政策并未使开发区内企业真正形成密切的分工协作关系和产业集群效应。（4）工业产业政策在提高技术进步率上具有一定的积极作用，这种积极作用主要得益于中长期效应与技术溢出效应。（5）工业产业政策在行业、区域和企业层面影响全要素生产率增长的总体效应具有显著差异，在行业层面全要素生产率增长的抑制效应要大于区域层面，对高度竞争性行业的抑制效应要大于低度竞争性行业，对非国有企业的抑制效应要大于国有企业。此外，从控制变量来看，提高人力资本水平、增加技术改造和获取支出有利于提高全要素生产率，而提高人均资本存量既制约着配置效率、规模效率和技术进步率的改善，也阻碍着全要素生产率增长。

因此，提高工业产业全要素生产率，需要优化调整我国工业产业政策。未来制定和实施工业产业政策应以前期支持、负面清单管理、增进市场功能等为重点，在大幅减少倾斜式与选择性产业政策、加快国资国企改革、调整开发区建设思路与考评机制、创新政府支持企业创新活动的方式、重视工业技术人才培养等方面着力推进。

吴永超

2022 年 3 月

目　录

第 1 章
绪 论

1.1 研究背景与意义

我国工业产业政策是在快速工业化进程中形成与逐步完善的，满足了我国高速增长阶段的工业发展需要，在我国建立相对独立完整的工业体系、发展成为工业大国的历史进程中发挥了重要作用。但是，这种以主要依靠要素投入驱动、投资规模驱动为特征的高速增长模式主要受资源约束，而不是效率约束，不具有可持续性。第一，过去我国工业迅速增长在很大程度上得益于人口红利、资源红利，依靠低成本价格的竞争优势赢得市场。随着时间的推移，劳动力价格、能源价格逐渐攀升，资源要素趋紧，这种低成本优势难以为继。第二，这种增长模式主要以"量"取胜，为了提高工业增加值和保持一定的GDP 增速，不得不进行大规模投资，投资拉动自然地成为我国工业经济增长的最典型特征。投资拉动的工业经济增长不仅受要素边际报酬递减、资源有限性的约束，而且社会再生产的循环过程也面临着极大的风险。一旦市场需求发生改变，或出现新的替代品，就会形成产能过剩问题，导致资源配置扭曲和投资低效率。第三，这种增长模式容易导致我国工业"大而不强"，国际竞争力弱。在低成本竞争优势的推动下，我国制造业的比较优势主要体现在价格竞争上，而在价值竞争方面与发达国家还存在较大差距，许多行业处于全球价值链分工的中低端，附加值偏低，严重削弱了我国制造业的国际竞争力。除此之外，为了维持这种增长模式，需要大量开采资源、大搞土地开发、大建工厂，甚至不惜环境代价上马高污染、高能耗的项目，对资源环境造成不可逆的破坏。上述问题已经成为制约我国工业持续健康发展的主要因素，也对工业产业政策的制定和实施提出了巨大挑战，考验着主要适用于工业经济高速增长时期的工业产业政策的有效性。

党的十九大报告明确指出我国经济已经从高速增长阶段转向高质量发展阶

1

段，建设现代化经济体系必须坚持质量第一、效益优先，以供给侧结构性改革为主线，推动经济发展质量变革、效率变革、动力变革，提高全要素生产率。这三大变革的关键是要持续地提高全要素生产率。进入高质量发展阶段后，经济增长不可能再像以往那样主要依靠要素投入数量的增长，必须转向更多依靠全要素生产率的提高。全要素生产率提高是经济发展质量上升的重要衡量标准，更是提升工业发展质量和效益的关键突破口。这要求工业经济必须加快转变发展方式，推动工业发展由要素投入驱动、投资规模驱动向创新驱动转变，向全要素生产率驱动转变。换言之，只有通过提高工业全要素生产率，才能更好地实现工业发展质量和效益的改善。

工业化发展阶段的转变也在客观上要求提高工业全要素生产率。当前，我国已经进入工业化中后期，依靠要素投入驱动、投资规模驱动途径支撑工业经济增长的空间正在逐步缩小。根据库兹涅茨（1971）对主要工业化国家长期经验数据的分析，在工业化早期，资源要素相对丰富，工业经济增长主要依靠要素投入特别是资本投入，进入工业化中后期后，要素投入增加对经济增长的贡献会下降，全要素生产率增长对经济增长的贡献会上升。以美国和日本为例，工业化早期美国工业经济增长主要依靠增加劳动力投入，日本主要依靠追加资本投入，全要素生产率增长对经济增长的贡献分别仅占36％和11％；在工业化中后期全要素生产率对两个国家经济增长的贡献分别在70％和50％以上。①再加上，当前新一轮科技革命和产业变革蓄势待发，美国再工业化、德国工业4.0、英国工业2050战略、新工业法国战略等的提出，使制造业再次成为各国竞争的焦点。我国也提出了"中国制造2025"战略，迫切需要把工业发展方式转到创新驱动上，从高速度工业化转向高质量工业化。提高工业全要素生产率既重要又紧迫。

转变工业发展方式和提高工业全要素生产率客观要求工业产业政策调整并与之相适应。从目前来看，我国工业产业政策尚不能满足高质量发展阶段的工业发展需要，尚不能适应主要依靠创新驱动的工业经济增长模式，与提高工业全要素生产率的内在要求存在差距，甚至是障碍，例如过于追求规模与速度、行政干预色彩浓厚与选择性特征突出、微观经济干预过多等。因此，系统客观评价我国工业产业政策效应，研究有利于提高工业全要素生产率的工业产业政策，是促进工业经济持续健康发展的迫切需要。

特别是在高质量发展阶段和工业化中后期，提高工业全要素生产率重要且

---

① 孟超，胡健，陈希敏. 转向全要素生产率的增长驱动 ［N］. 光明日报，2015－05－17（7）.

紧迫，全面系统开展工业产业政策效应评价，研究有利于提高工业全要素生产率的工业产业政策，具有重要的理论和现实意义。

第一，有利于从提高全要素生产率的视角，丰富和拓展产业政策效应评价理论。关于工业产业政策对全要素生产率变化的影响已有一定数量的研究成果。工业产业政策与全要素生产率变化之间存在影响关系是毋庸置疑的，但是这种影响关系到底是正还是负，却存在较大争议。究其原因，是既有研究成果更偏向于以某个政策工具替代产业政策，重实证研究而轻理论分析，尤其是对工业产业政策对全要素生产率变化的影响机理缺乏系统性梳理和分析。工业产业政策是一个多目标、多手段的政策体系，可通过不同途径、不同形式影响全要素生产率变化。反过来，基于提高全要素生产率的工业产业政策效应评价也应是多方面、多层次的。本书根据工业产业政策、全要素生产率相关理论，从提高全要素生产率的视角，将工业产业政策效应具体分解为不同层面的资源配置效应、规模经济效应、技术进步效应，据此提出了基于提高全要素生产率的工业产业政策效应评价分析框架，进一步拓展了产业政策效应评价理论。

第二，为研究制定更适应高质量发展阶段需要的工业产业政策提供理论参考，推动工业产业政策转型优化。工业产业政策既有成功的案例也有失败的案例，设计并运用得当的工业产业政策能够改善效率，并以此提高全要素生产率。然而，我国现行的工业产业政策到底能不能提高全要素生产率，什么样的工业产业政策不利于提高全要素生产率，什么样的工业产业政策有利于提高全要素生产率，这个不能从主观倾向、"权威"论断、团体利益、政策调整中加以判断，必须选择合适的评价标准与评价方法，对工业产业政策影响全要素生产率的作用结果进行全面系统评价后才能回答。有了这些研究，方可知晓如何设计工业产业政策才能更好地达到提高全要素生产率的目的，推动工业产业政策转型优化。

第三，有利于推动工业发展方式转变，提高工业发展质量和效益。根据现代经济增长理论，促进经济增长有两种不同的方式，一种是依靠追加资本、劳动等投入要素，只要投入要素的边际生产率不为负，外延式的扩大再生产可促进经济增长；另一种是依靠技术进步和创新，更有效地利用现有资源，通过提高生产率的方式促进经济增长。前者固然可以增加产出，但是必然受到资源要素总量和边际生产率递减的限制，后者建立在提高技术与管理水平的基础上，能够实现资源的节约和提高全要素生产率，是一种更有质量、更有效率、更可持续的增长模式。从提高全要素生产率的视角，对我国工业产业政策效应进行系统评价，有利于进一步掌握工业发展方式转变中的产业政策障碍，破除不适应的政策，为高质量的工业发展保驾护航。

第四，有利于提高工业全要素生产率，破解中国制造业"大而不强"的困局。一方面，提高全要素生产率可以进一步维持成本竞争优势。在产品规格、质量等同条件下，成本优势仍然是决定竞争优势的关键性因素。提高全要素生产率意味着以更少的资源要素投入实现同等产出，或同等资源要素投入实现更多的产出，这既是降低生产成本的重要途径，也是降低生产成本的集中反映，有利于制造更具有成本竞争优势的产品。另一方面，提高全要素生产率必定要加强科技研发、增强自主创新能力。全要素生产率增长来源于技术进步、效率改善两个方面，长期来看技术进步是影响全要素生产率提高的根本性因素。因此，提高工业全要素生产率是破解我国制造业关键核心技术受制于人局面的重要途径，能够提升我国制造业在全球价值链分工中的地位。

第五，有利于提高工业全要素生产率，增强人民的幸福感与获得感。提高全要素生产率意味着在同等资源要素水平下能够提供更多的产品供给，是降低物价水平、抑制通货膨胀的有效手段，是增加工资、改善人民生活的基本条件。生产率变动与工资、通货膨胀之间存在内在联系。生产率降低或保持不变，可能造成物价与工资的螺旋式上升，导致严重的通货膨胀问题。生产率提高可以减少生产单位产品的劳动时间，降低单位商品的价值量，可以缓和工资上涨引起的物价上升，同时使人民有能力够买更多的消费产品。此外，生产率提高还意味着即使在工资不变的情况下，人民也可以有更多闲暇时间用于消费。

1.2 国内外文献综述

1.2.1 关于工业全要素生产率的研究

20 世纪 50 年代以来，经济增长成为各国经济学界研究的一个重要主题，国内外学者对此进行了深入的探讨与研究。斯蒂格勒（Stigler，1947）提出了全要素生产率的概念，并计算了美国制造业的全要素生产率。[①] 戴维斯（Davis，1955）首次明确了全要素生产率的内涵，认为全要素生产率应是对全

---

① Stigler G J. Trends in output and employment [J]. Journal of Political Economy，1947（2）：171-193.

部生产要素产出效率的估算，而不应只涉及部分生产要素。[①] 索洛（Solow，1957）在道格拉斯（Douglas）、廷贝亨（Tinbergen）、肯德里克（Kendrick）等人的研究基础上，将生产函数理论、拟合生产函数的计量方法与国民生产核算法融为一体，首次将技术进步因素纳入经济增长模型，将人均产出增长扣除资本集约程度增长后的未被解释部分归为技术进步的结果。这些未被解释的部分被称为"增长余值"，即全要素生产率增长率。[②] 丹尼森（Denison，1962）发展了"索洛余值"的测算方法，将投入要素进行了更细致的划分，如劳动投入分为劳动时间、就业状况等，测算出的全要素生产率增长率显著低于索洛的估算，这源于索洛对要素投入增长率的低估。他进一步将全要素生产率中包含的因素分解为规模经济效应、资源配置优化、组织管理改善以及投入要素质量提升等。[③] 克里斯滕森和乔根森（Christensen and Jorgenson，1973）采用超越对数生产函数形式在部门和总量两个层次上对全要素生产率进行了测算，这种生产函数形式对全要素生产率的研究产生了深远影响。[④] 采用以索洛为代表的测算全要素生产率的方法，均假定了所有生产者在既定技术上都是充分有效的，即每一个生产者都处在生产函数的前沿上，不存在技术无效率问题，从而将产业增长扣除要素投入增长贡献后的剩余全部归因于技术进步。法雷尔（Farrell，1957）提出，并不是每一个生产者都能落在生产函数的前沿面上，只有少数生产者才能达到技术前沿面，而大部分生产者与最优的生产效率存在一定的差距，这种差距就是技术无效率，这也是影响全要素生产率的一个重要因素。[⑤]

20 世纪 80 年代全要素生产率的相关研究逐渐被国内学者所关注，他们通过借鉴国外比较成熟的理论和实证方法，对我国各领域的全要素生产率进行估算并分析其波动的原因。其中，工业全要素生产率一直以来都是研究的重点和热点。陈宽等（1988）、谢千里等（1995）和郑玉歆（1996）较早地对我国工

---

① Davis H S. Productivity accounting [M]. Philadelphia: University of Pennsylvania Press, 1955.

② Solow R M. Technical change and the aggregate production function [J]. The Review of Economics and Statistics, 1957, 39 (3): 312—320.

③ Denison E F. The sources of economic growth in the United States and the alternatives before us [M]. New York: Committee for Economic Development, 1962.

④ Christensen L R, Jorgenson D W, Lau L J. Transcendental logarithmic production frontiers [J]. The Review of Economics and Statistics, 1973, 55 (1): 28—45.

⑤ Farrell M J. The measurement of productive efficiency [J]. Journal of the Royal Statistical Society, Series A (General), 1957, 120 (3): 253—290.

业全要素生产率变动趋势进行了大量研究，认为改革开放后工业全要素生产率增长对经济增长的贡献率比改革开放之前大大提高。[1][2][3] 李小平、朱钟棣（2005）运用 C-D 生产函数法测算了 1986—2002 年我国 34 个制造行业的全要素生产率，研究发现全要素生产率增长较快的行业其产出增长率也较高，但是与西方国家比较来看，全要素生产率对产出增长的贡献太低。[4] 涂正革、肖耿（2005）运用随机前沿分析法（SFA）对我国 1995—2002 年大中型工业企业的全要素生产率进行了估算，结果显示行业加权的全要素生产率年均增长 6.8％，前沿技术进步对全要素生产率增长贡献较大，技术效率差距大且阻碍了全要素生产率增长，配置效率和规模效率对全要素生产率增长贡献较小。[5] 吴玉鸣和李建霞（2006）运用 C-D 生产函数和空间计量模型对我国 2003 年 31 个省（区、市）的工业全要素生产率进行了估算，研究显示不同省（区、市）工业全要素生产率增长率差异较大，工业资本投入是造成全要素生产率增长率产生差异的主要原因，劳动生产率偏低是制约全要素生产率提高的主要因素。[6] 杰斐逊等（Jefferson et al.，2008）运用索洛残差法估算我国 1998—2005 年工业企业全要素生产率，结果发现全部样本全要素生产率增长了 10.3％，与重组有关的企业进入和退出行为是推动全要素生产率增长的重要力量。[7] 李胜文和李大胜（2008）运用 SFA 方法对我国 1985—2005 年 34 个工业行业的全要素生产率进行了研究，结果显示工业全要素生产率增长波动较大，呈现出先慢后快，然后停滞再缓慢回升的趋势。[8] 张军等（2009）运用 SFA 方法，对我国 1980—2006 年 38 个工业行业的全要素生产率进行了估计，结果

① 陈宽，谢千里，罗斯基，等. 中国国营工业生产率变动趋势研究 [J]. 中国社会科学，1988（4）：37—44.

② 谢千里，罗斯基，郑玉歆. 改革以来中国工业生产率变动趋势的估计及其可靠性分析 [J]. 经济研究，1995（12）：10—22.

③ 郑玉歆. 中国工业生产率变动趋势的估计及其可靠性分析 [J]. 数量经济技术经济研究，1996（12）：58—66.

④ 李小平，朱钟棣. 中国工业行业的全要素生产率测算——基于分行业面板数据的研究 [J]. 管理世界，2005（4）：56—64.

⑤ 涂正革，肖耿. 中国的工业生产力革命——用随机前沿生产模型对中国大中型工业企业全要素生产率增长的分解及分析 [J]. 经济研究，2005（3）：4—15.

⑥ 吴玉鸣，李建霞. 中国区域工业全要素生产率的空间计量经济分析 [J]. 地理科学，2006（4）：4385—4391.

⑦ Jefferson G H，Rawski T G，Zhang Y. Productivity growth and convergence across China's industrial economy [J]. China Economic Quarterly，2008，6（2）：121—140.

⑧ 李胜文，李大胜. 中国工业全要素生产率的波动：1986—2005——基于细分行业的三投入随机前沿生产函数分析 [J]. 数量经济技术经济研究，2008（5）：43—54.

显示我国工业全要素生产率不断提高，结构改革引起的要素配置效率变化是工业全要素生产率变化的重要原因，工业全要素生产率对工业增长贡献率在 2001 年后出现下降，其主要原因也是要素配置效率下降。[①] 周燕和蔡宏波（2011）运用 DEA−Malmquist 方法对我国 1996—2007 年 34 个工业行业的全要素生产率及其分解进行了估算，结果显示各细分工业行业全要素生产率年均增长 6.7%，这主要得益于前沿技术进步的贡献，技术效率对工业全要素生产率具有一定的阻碍作用。[②]

经济新常态下，关于工业全要素生产率的研究更加细化和深入，试图从不同视角研究影响工业全要素生产率增长率的因素及其内在机理。伍晓鹰（2013）运用增长核算法对我国 1980—2010 年全部工业及主要部门的全要素生产率进行了研究，结果显示这 30 年间我国工业全要素生产率增长率非常低，仅有 0.5%，其认为我国工业经济增长主要受资源约束，未能摆脱低效率的困扰。[③] 程惠芳和陆嘉俊（2014）对我国 1997—2010 年大中型工业企业知识资本投入对全要素生产率及其构成变化的影响进行了实证分析，结果显示技术研发和技术改造投入对全要素生产率影响显著，而技术引进和消化吸引投入对全要素生产率影响在减弱。[④] 杨汝岱（2015）运用 OP、LP 等方法估算了我国 1998—2009 年制造业企业全要素生产率的动态变迁，结果显示制造业整体全要素生产率增速在 2%～6% 之间，年均增长 3.83%，其还探讨了企业所有制结构与全要素生产率之间的关系，并从资源配置效率角度分析了国有企业改革问题。[⑤] 孙早和刘李华（2016）运用 SFA 方法，对我国 1990—2013 年 37 个工业行业的全要素生产率进行了估计，并分析了所有制结构变化对工业全要素生产率增长的效应，结果显示研究期间我国工业全要素生产率年均增长 5.31%，前沿技术进步持续增长，并逐步取代配置效率成为全要素生产率增长的主要动力，技术效率和规模效率波动较大，配置效率在 2000 年后下降趋势明显，工业所有制改革通过配置效率途径促进了工业全要素生产率增长。[⑥] 周新苗和钱

---

①　张军，陈诗一，Jefferson G H. 结构改革与中国工业增长 [J]. 经济研究，2009（7）：4−20.

②　周燕，蔡宏波. 中国工业行业全要素生产率增长的决定因素：1996—2007 [J]. 北京师范大学学报（社会科学版），2011（1）：133−141.

③　伍晓鹰. 测算和解读中国工业的全要素生产率 [J]. 比较，2013（6）：1−23.

④　程惠芳，陆嘉俊. 知识资本对工业企业全要素生产率影响的实证分析 [J]. 经济研究，2014（5）：174−187.

⑤　杨汝岱. 中国制造业企业全要素生产率研究 [J]. 经济研究，2015（2）：61−74.

⑥　孙早，刘李华. 中国工业全要素生产率与结构演变：1990—2013 年 [J]. 数量经济技术经济研究，2016（10）：57−75.

欢欢（2017）采用 OP 法，根据 1998—2013 年微观工业企业面板数据估算了我国制造业分行业的全要素生产率变动情况，分析了资源错配给全要素生产率带来的影响，结果显示资源错配程度越高的行业其全要素生产率值越低。[①]

综上，众多国内外学者从不同的研究视角，运用不同的研究方法，针对不同的研究重点对我国工业全要素生产率进行了深入研究。从研究视角来看，既有研究全国工业整体全要素生产率的，也有从区域层面、行业层面研究的，还有从企业层面研究的。从研究方法来看，早期索洛残差法、增长核算法、C—D函数回归法运用较多，基本上都没有考虑技术无效率问题。而当前的研究更多采用随机前沿法和数据包络法，将技术无效率视为影响全要素生产率的一个重要因素。从样本数据选取来看，我国行业划分标准在 1984 年、1994 年、2002年、2011 年出现了较大变动，行业构成和数据统计口径发生变化，使得对工业全要素生产率波动趋势的研究呈现一定的阶段特征。从研究重点来看，最初侧重研究全要素生产率的估算，后来研究全要素生产率的分解和解释全要素生产率增长的来源，再后来从资源配置、知识资本、要素市场化、公共资本投资、外商直接投资（FDI）、产业聚集、制度因素等多方面阐释造成全要素生产率波动的背后原因。从研究结果来看，不同文献对工业全要素生产率的估算结果存在较大差异，其主要原因在于考察范围、数据来源及其处理方法、测算模型等方面的不同。

1.2.2　关于产业政策内涵与边界的研究

20 世纪 70 年代以前，虽然许多国家已经开始运用经济政策来进行产业管理，但产业政策这个概念始终没有出现，只是零散地体现在反垄断政策、贸易政策、财政政策等其他经济政策之中。第二次世界大战后，以日本、韩国等为代表的东亚国家和地区，实施了以积极干预经济为特征的产业政策，创造了经济增长的奇迹，产业政策这个概念才开始在世界范围内被广泛使用，并成为经济学研究的一个重要领域。但是，各个国家由于经济制度、经济价值观、经济发展阶段和水平等方面的差异，以及对产业政策理论依据、作用机制、功能目标理解的不同，在产业政策内涵与边界的认识上产生了较大分歧，主要表现在以下几个方面：

产业政策的适用国家和区域上，多数学者认为产业政策是所有国家和地区

---

① 周新苗，钱欢欢. 资源错配与效率损失：基于制造业行业层面的研究［J］. 中国软科学，2017（1）：183—192.

在产业发展过程中必然存在的政策变量，而部分学者认为产业政策只是欠发达国家或地区为了发挥其后发优势、实施经济赶超战略而采取的政策措施。下河边淳和管家茂（1982）认为，"产业政策是国家或政府为了实现某种经济和社会目的，以全产业为直接对象。通过对产业的保护、扶植、调整和完善，积极或消极参与某个产业或企业的生产、经营、交易活动，以及直接或间接干预商品、服务、金融等的市场形成和市场机制的政策总称"[①]。阿格拉（1985）认为，"产业政策是与产业有关的一切国家的法令和政策"[②]。并木信义认为，"产业政策就是当一国产业处于比其他国家产业落后状态，或者可能落后于其他国家时，为加强本国产业所采取的各种政策"[③]。后者的观点值得商榷，如果按照这一观点，美国、德国、日本等就没有必要再实行产业政策，但从产业政策实践中来看，事实却并非如此。

产业政策的基本功能和作用范围上，部分学者认为应该把产业政策的作用范围限定在弥补市场缺陷上，而也有部分学者认为产业政策应以提升产业国际竞争力为核心，推动产业转型升级。小宫隆太郎（1988）认为产业政策是"对以制造业为中心的产业（部门）之间的资源分配实行干预的各种政策，以及干预个别产业内部的产业组织，对私营企业的活动水平施加影响的政策的总体"，并强调"产业政策的中心课题是在价格机制下，针对在资源分配方面出现的'市场失败'而进行的政策性干预"[④]。约翰逊（Johnson，1984）却认为，"产业政策是政府为了取得在全球的竞争能力而打算在国内发展和限制各种产业的有关活动的总的概括。作为一个政策体系，产业政策是经济政策三角形的第三条边，它是对货币政策和财政政策的补充"[⑤]。市场失灵应是产业政策存在的最主要理论依据，但是实践中许多产业政策的制定和实施并不全是为了弥补市场失灵，还带有其他经济社会目的，例如保护和促进战略性产业成长、促进产业结构合理化和高度化、增强产业国际竞争能力和水平等。

产业政策的主要内容构成上，部分学者将产业政策等同于产业结构政策，而也有部分学者认为产业政策除了产业结构政策外还包括了一些其他政策内

[①] 下河边淳，管家茂. 现代日本经济事典 [M]. 北京：中国社会科学出版社，1982.

[②] A. M. 阿格拉. 欧洲共同体经济学 [M]. 戴炳然，伍贻康，周建平，等，译. 上海：上海译文出版社，1985.

[③] 转引自杨沐. 产业政策研究 [M]. 上海：上海三联书店，1989.

[④] 小宫隆太郎，奥野正宽，铃村兴太郎. 日本的产业政策 [M]. 黄晓勇，韩铁英，吕文忠，等，译. 北京：国际文化出版公司，1988.

[⑤] Johnson C. Introduction：the idea of industrial policy [J]. The Industrial Policy Debate，1984：3—26.

容。玛格丽特·迪瓦尔（1982）认为产业政策就是部门政策，即政府鼓励向一些行业或部门投资和不鼓励向其他行业或部门投资，并提出这是产业政策讨论的中心。屈尔宗－普里斯（Curzon－Price，1981）认为产业政策是政府实施的旨在促进或抑制产业结构变化的一套政策工具。[①] 另一方面，许多学者认为产业政策应以产业结构政策为核心，但又不仅限于产业结构政策，还应包括产业组织政策、产业技术政策、产业布局政策等其他政策内容。杨沐（1989）认为，"产业政策的主要内容有产业结构政策、产业组织政策、进出口政策、技术政策、产业布局政策，等等"[②]。刘志彪（1996）认为，"产业政策不仅是推动产业结构创新和升级，加快产业结构转换和促进产业结构高度化，以及规范产业内企业间竞争与垄断关系的政策总称，还包括产业地区配置、劳动就业配置、投资资金配置以及技术配置等等在内的一系列有关产业发展的政策"[③]。

产业政策的作用对象选择上，部分学者认为应该按照比较优势原则选择优先发展和支持的产业，而也有部分学者反对这种观点，认为如果按照比较优势原则选择扶持对象的话，欠发达的国家或地区可能永远处于相对竞争劣势。张夏准是批判"新自由主义"的急先锋，他认为多数发达国家都是通过保护幼稚产业才踏上富裕之途的，发达国家宣称的完全自由贸易，其实是在撤掉发展中国家迈向富裕之梯。[④] 张夏准认可产业政策在促进经济增长上的作用，但却不赞成按照比较优势理论"挑选赢家"的方式，因为如果按照比较优势理论，韩国只能发展泡菜产业，而不会大力推进电子、汽车等产业发展。[⑤]

1.2.3 关于产业政策有效性的研究

自产业政策概念提出以来，对是否应该实施产业政策或者应该实施什么样的产业政策、产业政策是否有效等问题，学术界一直存在着激烈的争论。一方面，以日本、韩国等为代表的东亚国家和地区在经济持续高速增长过程中大都

---

① Curzon－Price V. Industrial policies in the European Community [M]. London：Martin's Press for the Trade Policy Research Centre，1981.

② 杨沐. 产业政策研究 [M]. 上海：上海三联书店，1989.

③ 刘志彪. 产业经济学 [M]. 南京：南京大学出版社，1996.

④ Chang H J. Kicking away the ladder：development strategy in historical perspective [M]. London：Anthem Press，2002.

⑤ Lin J，Chang H J. Should industrial policy in developing countries conform to comparative advantage or defy it? A debate between Justin Lin and Ha－Joon Chang [J]. Development Policy Review，2009，27（5）：483－502.

实施了以积极干预经济为特征的产业政策，"东亚奇迹"成为产业政策能够有效促进经济增长的有力证据。筱原三代平（1957）提出"动态比较成本说"，认为如果完全依靠市场机制就不可能改变日本比较优势的劣势地位，需要通过政府制定产业政策进行干预，培育和发挥新的比较优势，以促进经济增长。约翰逊（Johnson，1982）提出"发展型政府论"，把"东亚奇迹"归功于政府强势的产业政策干预。① 佐贯利雄（1988）②、南亮进（1992）③ 等学者以日本成功经验为案例，研究发现后发国家可以通过政府积极的产业政策干预，借鉴先行国家经验并发挥"后发优势"，推动产业结构升级，进而促进经济增长。阿姆斯登（Amsden，1994）认为"东亚奇迹"离不开政府的产业政策干预。④国内学者围绕产业政策有效性问题也进行了广泛研究，周振华（1991）对产业政策进行了系统分析，从国家发展战略、环境特征、体制模式和产业基础等多方面考察了产业政策制定和实施，把产业政策形成的逻辑基点放在经济发展需要上，通过产业结构效应促进经济增长。⑤ 李京文（1991）认为经济结构也是影响经济增长的重要因素，产业政策通过制定和实施产业结构政策、产业组织政策、地区产业政策等，可以实现合理配置资源、推动产业结构合理化和高度化、促成产业内适当竞争、缩小区域之间发展差距等多方面目标，产业政策对促进经济增长具有重要作用。⑥ 林毅夫等（2003）提出政府在制定经济发展战略时存在遵循比较优势和违背比较优势两种选择路径：遵循比较优势原则下，政府的主要作用在于纠正市场失灵，在建立完善的市场制度基础上，倾向于通过制定指导性的产业政策改变产业结构，实现经济发展目标；违背比较优势原则下，政府倾向于直接采用强制性的产业政策扶植某个行业，或对弱质行业进行保护，这些政策违反了市场规律，好处在于可以快速形成行业优势。⑦

另一方面，产业政策的实施效果也受到了许多质疑。德姆塞茨

① Johnson C. MITI and the Japanese miracle: the growth of industrial policy: 1925—1975 [M]. Stanford, Calif.: Stanford University Press, 1982.

② 佐贯利雄. 日本经济的结构分析 [M]. 周显云，杨太，译. 沈阳：辽宁人民出版社，1988.

③ 南亮进. 日本的经济发展 [M]. 毕志恒，关权，译. 北京：经济管理出版社，1992.

④ Amsden A H. Why isn't the whole world experimenting with the East Asian model to develop?: review of the East Asian miracle [J]. World Development, 1994, 22 (4): 627−633.

⑤ 周振华. 产业政策的经济理论系统分析 [M]. 北京：中国人民大学出版社，1991.

⑥ 李京文. 关于我国产业政策及其对经济增长影响的分析 [J]. 经济评论, 1991 (5): 1−9.

⑦ 林毅夫，李永军. 比较优势、竞争优势与发展中国家的经济发展 [J]. 管理世界, 2003 (7): 21−28, 66−155.

(Demsetz，1969) 认为，政府在制定和实施产业政策过程中存在信息获取、政策实施手段选择、标准确定以及政策效果评价等诸多困难，因而想用一个"完美政府"来代替一个不完美市场的想法是荒谬的。[1] 小宫隆太郎等（1988）提出部分学者对日本产业政策及其实施效果存在评价偏高的倾向，他认为除了产业政策外，还有很多其他因素支撑着日本经济增长。[2] 竹内高宏（2002）详细比较日本在国际上成功的 20 种产业和失败的 7 种产业后发现，成功的产业接受产业政策支持较少，而失败产业恰是被产业政策管束过多、限制竞争较多的。[3] 在国内，产业政策也存在失败的案例，国内学者关于产业政策实施效果也提出了质疑。江小涓（1996，1999）对中国产业政策的实施效果进行了实证分析，认为我国政府直接干预性产业政策的实施效果并不理想，政府的不当干预延迟了某些行业的发展，并据此提出了向市场经济转轨时期产业政策的重点、政策工具选择和产业结构的调整机制等。[4][5]江飞涛、李晓萍等人（2010，2012a，2012b）对产业政策实施中的问题进行了大量持续性研究，指出中国干预型的产业政策效果并不理想，认为中国的产业政策是典型意义上的选择性产业政策，对微观经济干预较多，带有较强的直接干预市场、以政府选择代替市场机制和限制竞争的管制性特征和浓厚的计划经济色彩，这种产业政策模式是造成企业过度投资、产能过剩和行业重复建设的重要原因，影响经济质量效益。[6][7][8]

2016 年林毅夫、张维迎就产业政策作用开展的争论，将产业政策有效性问题再次推向了前沿。张维迎（2016）认为产业政策是"穿着马甲的计划经济"，产业政策只能阻碍创新，而不可能激励创新，产业政策必然失败，主张

① Demsetz H. Information and efficiency： another viewpoint ［J］. Journal of Law & Economics，1969，12（1）：1—22.

② 小宫隆太郎等. 日本的产业政策 ［M］. 北京：国际文化出版公司，1988.

③ 竹内高宏. 产业政策论的误解 ［M］. 东京：东京经济新报社，2002.

④ 江小涓. 经济转轨时期的产业政策：对中国经验的实证分析与前景展望 ［M］. 上海：上海三联书店，上海人民出版社，1996.

⑤ 江小涓. 体制转轨中的增长、绩效与产业组织变化：对中国若干行业的实证研究 ［M］. 上海：上海三联书店，上海人民出版社，1999.

⑥ 江飞涛，李晓萍. 直接干预市场与限制竞争：中国产业政策的取向与根本缺陷 ［J］. 中国工业经济，2010（9）：26—36.

⑦ 李晓萍，江飞涛. 干预市场抑或增进与扩展市场：产业政策研究中的问题、争论及理论重构 ［J］. 比较，2012（3）：174 —190.

⑧ 江飞涛，耿强，吕大国，等. 地区竞争、体制扭曲与产能过剩的形成机理 ［J］. 中国工业经济，2012（6）：44—56.

废除一切形式的产业政策。[1] 林毅夫（2016）认为经济发展需要产业政策才能成功，推动经济发展的技术创新和产业升级需要由政府帮助企业家解决其自身所难以克服的外部性和相应软硬基础设施完善的协调问题，"有为的政府"必不可缺。[2] 田国强（2016）认为他们一个过度夸大了政府及其产业政策的作用，另一个过度夸大了市场的作用而完全否定产业政策。[3] 顾昕（2016）认为"产业政策废除论"不切实际，应以青木昌彦的"市场增进型政府"、斯蒂格利茨的"学习社会理论"等为基础，强化市场机制－社群机制，重建产业政策的经济学理论。[4] 陈彦斌（2016）认为产业政策在经济发展的一定阶段有其存在的价值，彻底肯定和彻底否定产业政策的极端态度都有失偏颇，但产业政策也不是万能的，政府需要大幅弱化产业政策的宏观调控职能。[5] 吴敬琏（2016）认为这次产业政策的讨论大都停留在旧的"选择性产业政策"或"纵向的产业政策"上，当前这类产业政策无效甚至有害是没有太多争议的，未来产业政策不是要与不要的问题，而是如何设计、如何实施的问题，要强化竞争政策的作用。江飞涛和李晓萍（2018）基于奥地利经济学派市场过程理论，重新审视了市场机制、市场失灵以及市场与政府之间的相互关系，认为在以功能性产业政策或横向性产业政策为代表的新产业政策模式下，市场与政府是互补与协同的关系。[6] 黄群慧（2017）基于工业化不同阶段探讨了产业政策选择及效果，认为在工业化初中期，产业政策目标是通过产业结构政策扶持幼稚产业发展，基于发展中国家后发赶超的需要，选择性产业政策发挥了重要作用；进入工业化中后期，经济增长将更多依靠人力资本质量和技术进步，选择性产业政策将越来越不适应，需要加快建立以激励完善市场竞争秩序、激励创新为基本导向的功能性产业政策。[7] 袁志刚（2017）认为极端产业政策容易造成低效率的工业化，原因在于制定产业政策很难获得真实信息，即使获取了真实的信息，产业政策在执行中往往缺乏激励机制，因此需要推动产业政策转型，探索提高要素

---

[1] 张维迎. 我为什么反对产业政策——与林毅夫辩 [J]. 比较，2016（6）：174－195.

[2] 林毅夫. 产业政策与国家发展：新结构经济学视角 [J]. 比较，2016（6）：163－173.

[3] 田国强. 林毅夫、张维迎之争的对与错：兼谈有思想的学术与有学术的思想 [J]. 比较，2016（6）：203－219.

[4] 顾昕. 重建产业政策的经济学理论 [J]. 比较，2016（6）：220－236.

[5] 陈彦斌. 产业政策不能成为宏观调控的主要工具 [EB/OL].（2016－07－27）. http://www.eeo. com. cn/2016/0927/292278. shtml.

[6] 江飞涛，李晓萍. 产业政策中的市场与政府——从林毅夫与张维迎产业政策之争说起 [J]. 财经问题研究，2018（1）：33－42.

[7] 黄群慧. 中国产业政策的根本特征与未来走向 [J]. 探索与争鸣，2017（1）：38－41.

资源配置效率的"广义"产业政策。[①] 朱恒源和宋德铮（2017）认为对产业政策的讨论和评价不能离开具体的历史发展阶段，以选择性为主的传统产业政策在赶超初期发挥了重要作用，当前中国经济发展到达了一个重要的历史时点，传统产业政策面临诸多困境，亟须转型，未来的产业政策要着眼基础设施建设、激励创新、赋能市场，使其充分发挥优化资源配置的作用。[②]

综上，产业政策既有实施成功的案例，也有实施失败的案例，对产业政策有效性的讨论是有必要和价值的。在经济起飞阶段，市场机制和制度框架不完善，政府通过直接干预型的产业政策引导资源配置和产业结构调整，对经济增长的作用效果明显；随着市场机制和制度框架逐渐完善，如果依然采用政府直接干预型产业政策，那么极有可能造成资源配置扭曲、市场供需结构不匹配，甚至影响整个产业发展的竞争力，使政策结果偏离政策目标。2016年产业政策的大讨论实际上是我国经济发展阶段转换时期，学者们对政府与市场在资源配置中的作用和地位关系的分歧。早期产业政策多是结构性、选择性的，这类产业政策多数带有较强烈的政府直接干预的特点，也是学术界所批判的重点。经过这次争论后，多数国内学者认为应该把推动选择性产业政策向功能性产业政策转变作为我国产业政策转型的基本方向，产业政策的核心功能在于对市场失灵的弥补，而不是对市场功能的排斥和取代。

1.2.4　关于工业产业政策影响全要素生产率的研究

与产业政策有效性问题的争论一样，工业产业政策在提高全要素生产率的作用上也存在不确定性，部分学者认为工业产业政策对全要素生产率增长有促进作用，部分学者认为工业产业政策对全要素生产率增长的作用不显著甚至存在一定负作用。

一方面，部分学者认为工业产业政策对全要素生产率增长具有促进作用。阿吉翁等（Aghion et al.，2012，2015）以我国工业企业数据为基础，提出产业政策与竞争互补论，认为针对竞争性部门的产业政策或者具有"维持或促进竞争"特征的产业政策，能够促进全要素生产率增长。其中，"维持或促进竞争"的产业政策被定义为在某个部门的企业更加普遍实施的政策，或者鼓励新

---

①　袁志刚. 跳出产业政策：回到提高要素配置效率的改革思路 [J]. 探索与争鸣，2017（1）：41—43.

②　朱恒源，宋德铮. 产业政策转型时 [J]. 清华管理评论，2017（Z1）：35—39.

企业和更高效企业发展的政策措施。[1][2] 宋凌云和王贤彬（2013，2016，2017）运用省（区、市）五年规划的重点产业政策信息，实证检验了产业政策对全要素生产率的影响，研究发现地方政府的重点产业政策总体上显著提高了全要素生产率，而且重点产业政策在支柱产业、传统产业和新兴产业等不同类型产业上对全要素生产率的影响程度具有显著差异。[3] 产业政策效应具有产业异质性，其在信息完备程度越高、产业竞争程度越高行业中的资源配置效应越显著。[4][5] 任曙明和吕镯（2014）提出融资约束背景下政府补贴对装备制造业全要素生产率的平滑机制，通过实证检验发现政府补贴完全抵消了融资约束对全要素生产率的负面效应，政府补贴的平滑机制促进了全要素生产率的平稳持续增长。[6] 王文等（2014）认为经济发展的本质就是将资源要素从低效率部门转移到高效率部门的过程，这个过程的实现既需要运转良好的市场又需要科学合理的产业政策体系。他们基于 1998—2007 年中国制造业企业层面数据的实证研究发现，当产业政策促进了行业竞争时，企业资源错配程度会显著降低；当产业政策覆盖范围越广时，更有利于降低企业资源错配程度。[7] 邱兆林（2015）基于 2003—2012 年我国 34 个工业细分行业的面板数据，利用政策偏度量化产业政策工具，研究发现研发投资倾斜度对全要素生产率具有显著的促进作用。[8] 白俊红和王林东（2016）研究发现政府科技资助显著地提升了工业企业全要素生产率，而且这种提升效应主要是通过技术进步来实现的，效率改善的作用则不明显。[9] 李春临等（2017）研究发现相对于选择性补贴，竞争性补贴对全要素生产率有显著促进作用，即政府补贴在行业内的集中度越低就越

① Aghion P, Dewatripont M, Du L, et al. Industrial policy and competition [R]. NBER Working Paper, 2012. No. 18048.

② Aghion P, Cai J, Dewatripont M, et al. Industrial policy and competition [J]. American Economic Journal：Macroeconomics，2015，7（4）：1—32.

③ 宋凌云，王贤彬. 重点产业政策、资源重置与产业生产率 [J]. 管理世界，2013（12）：63—77.

④ 宋凌云，王贤彬. 产业政策的增长效应：存在性与异质性 [J]. 南开经济研究，2016（6）：78—93.

⑤ 宋凌云，王贤彬. 产业政策如何推动产业增长——财政手段效应及信息和竞争的调节作用 [J]. 财贸研究，2017（3）：11—27.

⑥ 任曙明，吕镯. 融资约束、政府补贴与全要素生产率——来自中国装备制造企业的实证研究 [J]. 管理世界，2014（11）：10—23，187.

⑦ 王文，孙早，牛泽东. 产业政策、市场竞争与资源错配 [J]. 经济学家，2014（9）：22—32.

⑧ 邱兆林. 中国产业政策有效性的实证分析——基于工业行业的面板数据 [J]. 软科学，2015（2）：11—14.

⑨ 白俊红，王林东. 政府科技资助与中国工业企业全要素生产率——基于空间计量模型的研究 [J]. 中国经济问题，2016（3）：3—16.

有利于提高全要素生产率。[①] 李骏等（2017）利用 2008—2012 年中国制造业830 家上市公司数据，检验了产业政策、市场竞争与全要素生产率之间的关系，研究发现低息贷款对于全样本企业的全要素生产率的提高存在明显的促进效应，但政府补助与税收优惠两项政策工具只在非国有企业中显示出了显著的正向作用。在产业政策实施上，倾向于高竞争态势行业的产业政策更有效，在行业内部分配越均衡的产业政策越有效，这与阿吉翁等人的结论基本一致。[②]

另一方面，部分学者研究发现工业产业政策可能使资源配置效率恶化，对提高全要素生产率没有促进作用，甚至可能有负作用。克鲁格和通杰尔（Kruger and Tuncer，1982）较早地实证研究了产业政策对全要素生产率增长的影响效应，发现受到较少保护行业的全要素生产率增长率整体上不低于受到较多保护的行业，这就意味着产业政策并没有提高全要素生产率。[③] 比森和温斯坦（Beason and Weinstein，1996）研究了 1955—1990 年日本产业优惠政策对 13 个行业全要素生产率的影响，研究发现产业政策并没有提高全要素生产率。[④] 在国内，舒锐（2013）以税收优惠、研发补贴两个政策工具，实证检验了产业政策对 35 个工业行业产出增长率和全要素生产率增长率的影响效应，研究发现产业政策促进了产出增长，但对提升全要素生产率的影响不显著。[⑤] 孙早和席建成（2015）研究发现，在更加注重短期经济增长的考核体系中，地方政府倾向于将生产要素投入到追求短期经济增长的竞争中，政府补贴、税收减免等产业政策资源被地方政府错配，使得产业政策实施效果偏离提升全要素生产率的预期目标。[⑥] 黎文靖和郑曼妮（2016）研究发现，产业政策并不能激发企业进行实质性创新，企业为了"寻扶持"而增加创新"数量"的行为只是一种策略性创新，建议应尽可能避免基于政府的选择进行资源配置，而是维护市场机制，

① 李春临，许薛璐，刘航. 产业补贴配置方式对企业全要素生产率提升效应研究——基于装备制造业上市公司数据的实证分析 [J]. 经济经纬，2017，34（4）：99—104.

② 李骏，刘洪伟，万君宝. 产业政策对全要素生产率的影响研究——基于竞争性与公平性视角 [J]. 产业经济研究，2017（4）：115—126.

③ Krueger A O，Tuncer B. An empirical test of the infant industry argument [J]. American Economic Review，1982，72（5）：1142—1152.

④ Beason D，Weinstein D E. Growth，economies of scale，and targeting in Japan（1955—1990）[J]. The Review of Economics and Statistics，1996，78（2）：286—295.

⑤ 舒锐. 产业政策一定有效吗？——基于工业数据的实证分析 [J]. 产业经济研究，2013（3）：45—54，63.

⑥ 孙早，席建成. 中国式产业政策的实施效果：产业升级还是短期经济增长 [J]. 中国工业经济，2015（7）：52—67.

利用市场竞争激发企业创新。[①] 于良春和王雨佳（2016）利用产业政策偏度测量了固定资产投资、研发补贴对汽车产业全要素生产率的影响，结果表明固定资产投资能显著提升全要素生产率，但研发补贴却对全要素生产率提升没有起到明显作用。[②] 任优生和邱晓东（2017）利用战略性新兴产业上市公司数据，研究发现政府补贴和企业 R&D（即 research and development，科学研究与试验发展）投入均未促进企业全要素生产率变化率提升，政府补贴甚至呈显著抑制作用，而且这种抑制效应在东部地区、国有及低资本密集度企业更为明显。[③] 熊瑞祥和王慷楷（2017）认为与本地生产结构越保持一致的产业政策越有利于提高地区资源配置效率，行业的全要素生产率越高。但是，受晋升激励越强的地级市，越有可能去扶持中央政府鼓励发展但并不一定与本地生产结构一致的产业，这种产业政策扭曲了资源配置，制约着产业政策的有效性。[④] 孟辉和白雪洁（2017）运用 79 家上市公司数据测算了 2009—2014 年光电行业的资源配置效率，研究发现光电行业存在较为严重的资源配置扭曲，其主要原因是政府扶持与地区间竞争所引致的投资扩张。[⑤] 李沙沙和邹涛（2017）利用 2001—2013 省域面板数据，研究发现资本市场扭曲虽然有利于提高具有研发优势的高新技术企业的生产率水平，但是将通过抑制企业研发创新能力、导致资源错配两种途径造成整个高新技术产业全要素生产率下降，特别是对中西部地区的生产率抑制效应更为显著。[⑥] 闫志俊和于津平（2017）基于 1999—2007 年中国工业企业数据，实证研究发现政府补贴阻碍了企业全要素生产率的提升，原因在于政府补贴不仅不能有效提高企业创新能力，反而容易使企业形成政策依赖，甚至新兴产业的规模扩张也具有粗放型特征，而不是以全要素生产率提升为基础。[⑦]

---

① 黎文靖，郑曼妮. 实质性创新还是策略性创新？——宏观产业政策对微观企业创新的影响 [J]. 经济研究，2016（4）：60—73.

② 于良春，王雨佳. 产业政策、资源再配置与全要素生产率增长——以中国汽车产业为例 [J]. 广东社会科学，2016（5）：5—16.

③ 任优生，邱晓东. 政府补贴和企业 R&D 投入会促进战略性新兴产业生产率提升吗 [J]. 山西财经大学学报，2017，39（1）：55—69.

④ 熊瑞祥，王慷楷. 地方官员晋升激励、产业政策与资源配置效率 [J]. 经济评论，2017（3）：104—118.

⑤ 孟辉，白雪洁. 新兴产业的投资扩张、产品补贴与资源错配 [J]. 数量经济技术经济研究，2017（6）：20—36.

⑥ 李沙沙，邹涛. 政府干预、资本市场扭曲与全要素生产率——基于高技术产业的实证研究 [J]. 东北财经大学学报，2017（2）：24—32.

⑦ 闫志俊，于津平. 政府补贴与企业全要素生产率——基于新兴产业和传统制造业的对比分析 [J]. 产业经济研究，2017（1）：1—13.

综上，当前我国经济由高速增长阶段转向高质量发展阶段，关于工业产业政策有效性的讨论越来越聚焦在产业政策能否促进企业创新、改善资源配置以及提高全要素生产率上。由于不同学者所选择的研究对象、研究期间、数据处理、实证方法等方面的差异，关于工业产业政策有效性的研究结论有所不同甚至截然相反。

1.2.5　研究述评

系统梳理既有相关研究成果可知，国内外学者以提高全要素生产率为标准，对工业产业政策效应进行了大量理论和实证研究，取得了许多新成果，形成了不少新观点。但是，既有研究成果还在以下几个方面略显不足：

第一，工业全要素生产率变化的研究侧重于行业、区域或企业的某一个层面，再加之研究期限、数据处理以及测算方法上的不同，研究结果差异较大，缺乏不同层面工业全要素生产率变化的可比性。

第二，基于提高全要素生产率的工业产业政策效应评价的相关研究文献，侧重于实证研究，对工业产业政策影响全要素生产率变化的作用机理、重点政策工具传导机制等方面的理论探讨还不足，缺乏系统性、有说服力的理论阐述。

第三，多数学者选择少数政策工具、某个具体对象来考察工业产业政策效应，不能充分反映我国工业产业政策的主要内容，对提高全要素生产率的产业政策效应评价缺乏系统性、整体性。围绕工业产业政策对资源配置效率、技术进步率以及全要素生产率的影响效应研究相对较多，而对规模经济效率的影响效应研究还相对较少。再加上我国特殊的区域经济发展特征，各地区工业化阶段、市场化程度等均有较大差异，对工业产业政策特别是其中的工业布局政策影响区域层面工业全要素生产率增长效应的研究还偏少。

第四，部分学者根据工业产业政策与全要素生产率增长之间无相关性的结论，就极力否定产业政策存在的必要性，片面地认为产业政策一无是处，对提高全要素生产率的工业产业政策的设计问题研究的重视不够。

以上这些不足之处构成了本书要研究与解决的重点问题和拟突破的关键。

1.3　研究思路与方法

1.3.1　研究思路

本书遵循从理论到实证的研究路径，按照"总—分—总"的逻辑展开工业产业政策效应评价。首先，总结回顾工业产业政策、全要素生产率的相关理论，从提高全要素生产率的视角，将工业产业政策效应具体分解为资源配置效应、规模经济效应、技术进步效应，提出基于全要素生产率的工业产业政策效应评价理论分析框架。其次，以理论为基础，分论部分重点以工业产业政策的资源配置效应、规模经济效应、技术进步效应为研究对象，阐释工业产业政策干预的动因、机制、重点工具等，并评价这些政策工具的作用效果。最后，分别从行业、区域、企业等不同层面评价工业产业政策影响全要素生产率的总体效应，提出优化和调整工业产业政策的对策建议。

1.3.2　研究方法

本书以宏观经济学、产业经济学、公共政策学等多学科理论知识为基础，综合运用结构化系统分析法、规范分析与实证分析相结合、宏观分析与微观分析结合法、比较分析法等研究方法，全面系统评价基于提高全要素生产率的工业产业政策效应。

第一，结构化系统分析法。针对复杂的系统可用该方法进行逐层分解，把大问题化解成若干小问题，再逐一加以认识和解决。工业产业政策与全要素生产率都包含了众多构成要素，是一个复杂的系统。为了使研究更加全面和深入，本书首先将工业产业政策构成分为工业结构政策、工业组织政策、工业布局政策、工业技术政策四个部分，全要素生产率增长率分解为技术进步率、技术效率变化率、配置效率、规模效率四个部分，分别加以认识和分析。再从提高全要素生产率的视角，结合工业产业政策运行特征，将工业产业政策效应分解为资源配置效应、规模经济效应和技术进步效应，把工业产业政策与全要素生产率综合为一个层次清晰、联系紧密的整体。

第二，规范分析与实证分析相结合。根据全要素生产率、工业产业政策相关理论，对工业产业政策影响全要素生产率增长的作用过程进行理论规范，构建基于提高全要素生产率的工业产业政策效应评价理论分析框架。以这个分析框架为基础，采用随机前沿分析法（SFA）、OP 半参数法对工业全要素生产率进行测算，采用固定效应模型、GMM 估计、分布滞后模型等计量方法，对工业产业政策效应进行实证评价。

第三，宏观分析与微观分析结合法。工业产业政策既有干预微观主体的手段，也有干预宏观行业和区域的手段，系统评价工业产业政策效应不但要从企业的角度去考察，还需要从宏观上了解政策实施效果。这就要求必须把宏观分析与微观分析结合起来，以保证工业产业政策效应评价的客观性、系统性、可靠性。宏观分析上，本书从行业、区域层面测算工业全要素生产率增长率，检验工业产业政策的资源配置效应、规模经济效应、技术进步效应及全要素生产率增长总体效应。微观分析上，本书从企业层面测算工业全要素生产率增长率、企业间资源错配指数，检验工业产业政策的资源配置效应及全要素生产率增长总体效应。

第四，比较分析法。从行业、区域以及企业层面比较工业全要素生产率的不同变动趋势，比较工业产业政策对全要素生产率波动的不同影响效应。从企业层面比较选择性补贴、竞争性补贴的不同影响效应。比较财政科技支出的短期效应与中长期效应，比较针对技术创新主体与技术创新行为两种不同减免税方式的差异效应。

1.4　研究的主要内容与技术路线

1.4.1　研究的主要内容

本书一共 8 章，各章内容安排如下：

第 1 章，绪论。阐述选题背景和研究意义，梳理既有相关研究文献，提出本书的研究思路与方法、研究内容与结构，并提出本书的主要创新点与研究不足之处。

第 2 章，工业产业政策效应评价的理论基础。总结回顾工业产业政策、全要素生产率、工业产业政策效应评价的相关理论，研究阐释提高工业全要素生产率的意义，奠定本书研究的理论基础与现实价值。

第 3 章，基于提高全要素生产率的我国工业产业政策效应评价分析框架构建。结合工业产业政策运行特征和全要素生产率波动特点，从提高全要素生产率的视角，将工业产业政策效应具体分解为资源配置效应、规模经济效应、技术进步效应，提出基于全要素生产率的工业产业政策效应评价理论分析框架。

第 4 章，我国工业产业政策的资源配置效应。从市场配置资源的缺陷、赶超型经济发展的驱使两个方面，阐释工业产业政策调节资源配置的动因及目标。根据资源配置倾斜度分析法，宏观上以倾斜式政府投资、倾斜式税收优惠等为重点产业政策工具，微观上以选择性补贴、竞争性补贴等为重点产业政策工具，并结合行业规制政策、国有化政策，分析工业产业政策对行业间资源配置、区域间资源配置、企业间资源配置的影响，再从实证上检验工业产业政策在行业层面、区域层面、企业层面的资源配置效应。

第 5 章，我国工业产业政策的规模经济效应。从行业集中、空间聚集规模经济形成过程中存在的"协调失灵"，研究阐释工业产业政策干预规模经济的动因及目标。围绕行业规模政策、工业开发区政策等重点政策工具，分析工业产业政策对行业规模经济、区域规模经济的影响，再从实证上检验工业产业政策在行业层面、区域层面的规模经济效应。

第 6 章，我国工业产业政策的技术进步效应。从技术创新活动和过程具有的公共产品性质、外部性、不确定性三个特点，研究阐释工业产业政策干预与促进技术进步的动因及目标。围绕财政科技支出、促进技术进步的相关减免税、企业技术改造扶持等重点政策工具，分析工业产业政策对行业技术进步、区域技术进步的影响，再从实证上检验工业产业政策在行业层面、区域层面的技术进步效应。

第 7 章，我国工业产业政策的全要素生产率增长总效应。根据工业产业政策调节资源配置、干预规模经济、促进技术进步的实际效果，提出工业产业政策影响全要素生产率增长的基本假设，再从行业层面、区域层面和企业层面分别进行实证检验。

第 8 章，主要结论与政策建议。进一步归纳总结基于提高全要素生产率的中国工业产业政策效应，分析工业产业政策失灵的主要原因，据此提出工业产业政策优化建议。

1.4.2　研究的技术路线

本书研究的技术路线如图 1-1 所示。

```
                    ┌──────────────────────────────┐
                    │   工业产业政策效应评价的理论基础    │
                    └──────────────────────────────┘
          ┌──────────────┐  ┌──────────────┐  ┌──────────────┐
          │ 工业产业政策    │→ │ 工业产业政策效应 │← │ 全要素生产率    │
          │ 相关理论       │  │ 评价的依据与对象 │  │ 相关理论       │
          └──────────────┘  └──────────────┘  └──────────────┘
          ┌──────────────┐  ┌──────────────────┐  ┌──────────────┐
          │ 工业产业政策    │→ │ 基于提高全要素生产率的 │← │ 工业全要素生    │
          │ 运行特征       │  │ 工业产业政策效应分解   │  │ 产率波动特点    │
          └──────────────┘  └──────────────────┘  └──────────────┘
              ┌──────────────────────────────────────┐
              │ 基于提高全要素生产率的我国工业产业政策效应评价框架 │
              └──────────────────────────────────────┘
```

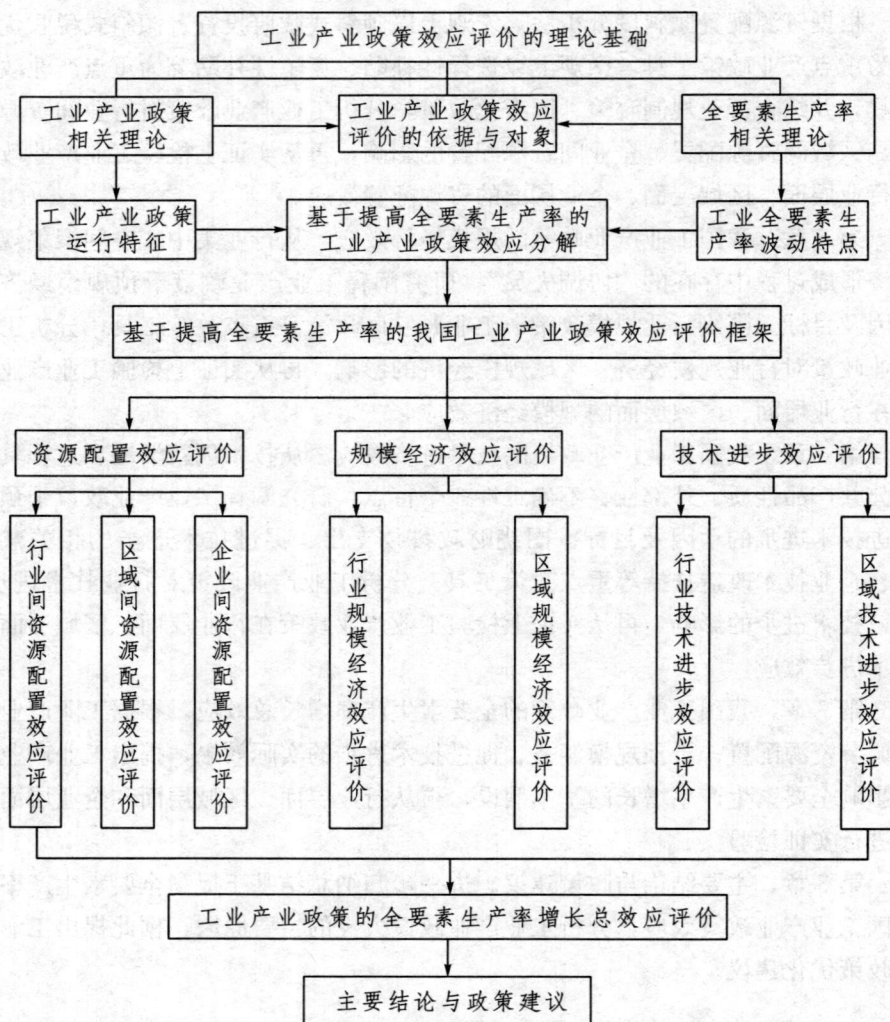

┌─────────────────┐   ┌─────────────────┐   ┌─────────────────┐
│ 资源配置效应评价   │   │ 规模经济效应评价   │   │ 技术进步效应评价   │
└─────────────────┘   └─────────────────┘   └─────────────────┘

行业间资源配置效应评价　区域间资源配置效应评价　企业间资源配置效应评价　行业规模经济效应评价　区域规模经济效应评价　行业技术进步效应评价　区域技术进步效应评价

┌────────────────────────────────────┐
│ 工业产业政策的全要素生产率增长总效应评价 │
└────────────────────────────────────┘

┌──────────────────┐
│ 主要结论与政策建议   │
└──────────────────┘

图 1—1　研究的技术路线

1.5　主要创新点与不足之处

1.5.1　主要创新点

第一，本书提出了基于提高全要素生产率的工业产业政策效应评价分析框架。与以往缺乏系统性、整体性的研究不同，本书将全要素生产率的分解与工业产业政策调节资源配置、干预规模经济、促进技术进步的目标任务结合起来，系统阐释了工业结构政策、工业组织政策、工业布局政策、工业技术政策对全要素生产率增长变化的影响过程。并结合当前工业产业政策运行特征和全要素生产率波动特点，从提高全要素生产率的视角，将工业产业政策效应进一步分解为资源配置效应、规模经济效应、技术进步效应。与之对应，工业产业政策效应评价自然也不能停留在某一个方面或层次，应包括资源配置效应评价、规模经济效应评价、技术进步效应评价以及全要素生产率增长总效应评价四个方面，初步构建起基于提高全要素生产率的工业产业政策效应评价分析框架。

第二，本书认为倾斜式扶持政策使用不当容易引导过度投资、不合理投资，造成资源配置扭曲，是工业产业政策制约全要素生产率增长的最大障碍。2001—2015 年资源配置效率对全要素生产率增长的贡献率在行业层面和区域层面分别为−55.35％和−37.36％，企业间资源错配指数与全要素生产率增长的相关系数达−0.647，资源配置扭曲已经成为当前我国工业全要素生产率增速下降和波动的主要原因。从本书所选择重点产业政策工具实施效果来看，倾斜式政府投资、倾斜式税收优惠对工业全要素生产率增长的抑制作用最突出。这是因为倾斜式扶持政策能够在较短时间内吸引大量资本投入，形成投资"潮涌现象"。但受资本边际报酬递减的制约，大规模的资本投入必定会导致资本边际生产率持续下降，特别是目前资本边际生产率已经低于劳动边际生产率的情况下，继续引导追加资本投入，可能会进一步降低资源配置效率，阻碍全要素生产率增长。

第三，本书进一步拓展了对竞争性产业政策有效性的讨论，提出选择性补贴、竞争性补贴在作用结果上存在显著的对立效应。本书深入比较了选择性补贴与竞争性补贴的不同作用结果，得出与阿吉翁等人研究存在部分差异的结论。阿吉翁等人认为部门性的扶持政策可以促进全要素生产率增长，针对竞争性部门实施的产业政策和旨在维持与促进竞争的产业政策更能促进全要素生产率增长。本书认为选择性补贴、竞争性补贴在作用结果上存在显著的对立效应，选择性补贴容易造成资源配置扭曲，阻碍全要素生产率增长，竞争性补贴有利于改善资源配置效率，促进全要素生产率增长。并且，这种对立效应在竞争性行业、非国有企业之间表现得更为突出。

第四，本书通过实证研究发现，针对技术创新主体和技术创新行为两种不同方式的减免税对技术进步率的影响效应存在显著差异。针对技术创新主体的减免税对技术进步率改善的影响效果不显著甚至为负。这种减免税是面向特定少数高新技术企业的所得税优惠政策，企业通过高新技术企业认定后，在三年有效期内可连续获得所得税减免优惠，但其实际产出到底多大程度与技术创新活动相关、是否具有连续性的技术创新行为却不得而知，降低了税收优惠政策的有效性。与高新技术企业所得税减免政策不同，针对技术创新行为的研究开发费用税前加计扣除对技术进步率改善具有显著正向影响。这种减免税能覆盖更多实际发生技术研发活动的企业，提高税收优惠政策的精准性。

1.5.2　有待进一步研究的问题

尽管本书试图系统、全面、客观地评价基于提高全要素生产率的工业产业政策效应，但是由于受产业政策调整、数据资料可得性以及技术方法等众多因素的制约，仍然还有一些有待深入研究和阐释的问题。具体包括：第一，本书所选择的个别政策工具量化指标的精准性还有待进一步提高，例如行业规模政策无法直接量化企业兼并联合过程中的政府作用，开发区政策无法直接量化开发区建设成本、开发区内外同类型企业的实际成本差异等。第二，部分工业产业政策以推动企业技术进步为直接目的，例如企业技术改造政策，但是由于缺乏微观企业层面的相关数据资料和技术方法，而且难以从企业全要素生产率增长率中直接分离出技术进步率，本书未对工业产业政策在企业层面的技术进步效应进行检验。第三，本书提出工业行业的科技创新活动对其他工业行业的正向溢出效应更为显著，各省（区、市）的科技创新活动对本区域工业的正向溢出效应更为显著，但是尚未对财政科技支出在行业间的溢出效应与在空间上的溢出效应进行实证检验和比较分析。第四，对部分工业产业政策负效应形成原因的解释还有待深入。

第 2 章
工业产业政策效应评价的理论基础

2.1 工业产业政策的内涵与构成

2.1.1 工业产业政策的内涵

工业产业政策是产业政策最核心的内容,在世界各国的工业化进程中普遍存在。尽管学术界对工业产业政策没有一个公认的、清晰的、规范的定义,但我们可以从政策实践中加以理论概括和经验总结。本书认为工业产业政策是政府根据一定的经济社会发展目标,立足我国工业化发展的阶段性需要,围绕行业结构调整、组织合理化、区域布局优化、技术进步等与工业发展紧密相关的问题,所制定和实施的一系列政策集合,旨在促进工业健康持续发展。

从我国工业产业政策实践来看,工业产业政策具有以下特点:(1)工业产业政策是一个相对独立完整的政策系统,包含了政策主体、政策对象、政策目标、政策工具以及政策运行机制等基本的系统构成要素。其中,政策主体既包括中央政府,也包括地方政府;政策对象既有宏观行业层面、区域层面的工业发展问题,也有企业层面的工业组织结构合理化问题。(2)工业产业政策的目标具有多重性,包括优化资源配置、发展规模经济、增进市场竞争、促进技术进步等多个方面。这些目标之间存在部分矛盾,比如规模经济与有效竞争之间,政策实施中可能顾此失彼,影响工业产业政策的有效性。(3)工业产业政策工具具有多样性,表现为一种政策工具的组合体系。例如,调节资源配置的倾斜式政府投资、倾斜式税收优惠以及一些行业规制政策,发展规模经济的行业规模政策、开发区政策,促进技术进步的财政科技支出、研究开发费用税前加计扣除、高新技术企业所得税减免等,这些政策工具将反映在财税、金融、行政指令、法律法规等多种手段的综合实施上。（4）工业产业政策具有较强的供给指向性。相对于总需求管理政策而言，工业产业政策既可以调节供给端，又可以引导需求侧，力促供需结构平衡，对经济运行的干预更为深入和具体。甚至部分政策在实施中采用行政手段干预资源配置过程，带有较为强烈的直接干预、微观干预特征。（5）工业产业政策需要适时进行动态调整。随着工业化发展阶段的转变、工业运行基础环境的变化，工业产业政策适用范围、目标、内容、手段等都应随着时间和空间的变化而有所不同。研究工业产业政策不能脱离它所处的具体时间和空间。

2.1.2　工业产业政策的构成

工业产业政策由工业结构政策、工业组织政策、工业布局政策、工业技术政策组成，这四个子政策虽然有着各自的政策目标、政策内容和作用对象，但它们之间有着高度的统一性，相互交叉、相互联系，共同作用于工业经济发展，形成了一个相对完整的政策体系。

2.1.2.1　工业结构政策

工业结构政策重在调节工业行业之间的结构比例关系，形成合理的工业结构。工业结构政策是根据工业演进规律，规划工业结构调整发展目标，对主导产业、战略产业、幼小产业、衰退产业、过剩产业等不同类型行业有针对性地施策，推动资源要素在行业之间的倾斜式配置，达到调节工业行业之间比例结构关系的目的。从定义中可知，工业结构政策的根本目的在于通过有关结构规划和政策措施，对工业结构转换过程实施干预，加速工业结构变换的能力、速度和效率，影响行业间资源配置和经济增长速度。现代经济增长方式中，产业结构变换对经济增长具有突出作用和贡献，其变换的能力和速度是决定经济增长速度的主要原因之一。[①] 具体而言，工业结构政策又包括主导产业选择政策、战略产业扶植政策、幼小产业保护政策、衰退产业调整政策等方面内容，是一种倾斜式、选择性扶持的政策手段。

2.1.2.2　工业组织政策

工业组织政策旨在干预市场结构和市场行为，调节行业内各企业之间关系，促进产业组织合理化。产业组织是行业内各企业间在经济活动中所形成的

---

① 杨沐. 产业政策研究［M］. 上海：上海三联书店，1989.

相互关系及其组合形式，企业间联系机制和组织形式，对行业内资源利用效率和产出效益有直接影响。在行业内资源要素投入既定的情况下，如何促进资源有效分配和提高产业效率，是工业组织政策所关心和待解决的问题。工业组织政策的重点任务在于协调规模经济与有效竞争之间的矛盾，既要充分利用专业化和规模经济的作用，提高产业内资源利用效率，又要规范企业行为和企业间关系，形成有效的市场竞争环境。如果说工业结构政策是为了优化资源在产业间的配置效率，那么工业组织政策就是为了提高行业内的资源利用效率。因此，工业组织政策至少包括两方面内容，一方面是促进专业化和规模经济的产业合理化政策，如直接规制政策、企业并购联合政策等，充分利用规模经济效应；另一方面是鼓励竞争、限制垄断的竞争促进政策，如反垄断政策、反不正当竞争行为、中小企业发展政策等，以维护正常的市场秩序。

2.1.2.3　工业布局政策

工业布局政策是对工业空间布局和组合进行科学引导和合理调整的相关政策措施，调节工业在各区域之间的布局关系。工业布局政策包括工业区位选择政策、工业集中发展政策和工业区域协调发展政策等主要内容。其中，工业区位选择政策方面，包括通过制定国家工业布局战略，规定不同区域国家重点支持发展的产业及其布局调整；以国家直接投资的方式，支持重点发展地区基础设施建设，甚至直接投资重点产业发展；对重点地区进行倾斜式刺激，引导增加资本、劳动力等生产要素投入。工业集中发展政策方面，通过工业发展规划，确定相关产业集中布局区域；建立各类工业产业开发区，引导重点产业向开发区集中等。区域协调发展政策方面，主要是通过反对地区垄断和壁垒，促进区域专业化分工与有效协作的形成与发展。工业布局政策与经济发展阶段紧密相关，在经济发展水平较低的阶段，政府更倾向于将有限资源使用在比较优势相对突出的区域，实行非均衡发展策略，如建立开发区、实行特殊经济区等。经济发展水平达到一定程度后，维护经济公平和社会稳定等目标显得更加重要，工业布局政策侧重于区域经济的均衡性，倾向于对欠发达地区给予更多支持，尽可能地缩小由于各区域之间经济活动密度和工业结构不同所引起的发展差距。

2.1.2.4　工业技术政策

工业技术政策是引导、促进和干预产业技术进步的政策。由于技术、知识具有公共产品属性，技术创新过程具有较强的外溢性和不确定性，纯粹依靠市场机制分配资源难以满足工业技术发展的需要，政府有必要进行适当的干预，激发创新活力。工业技术政策重点任务就在于引导资源向技术开发领域投入、科学选择未来工业技术结构、扶持和推进高新技术产业发展、创造有利于产业技术进步的环境等方面，具体包括技术开发减免税、R&D援助政策、技术改造政策、高新技术鼓励政策、知识产权政策和技术标准政策等诸多政策内容。随着技术进步和创新加快，经济发展方式由要素投入驱动向创新驱动转变，工业技术政策在整个工业产业政策体系中的地位和作用必将大大提高。

2.1.3 工业产业政策的工具

工业产业政策工具是实现政策目标的手段或方式。在工业产业政策系统中，政策目标的顺利实现必须要依靠有效的政策工具及其运用，否则再好的政策目标也可能会落空。围绕历次产业政策有效性争论也可看出，产业政策的最大难点并不在于政策目标如何选取，而在于政策工具的合理选择与协调配合。因此，产业政策制定和实施中，政策工具的设计、选择和运用至关重要。

工业产业政策工具具有以下两个显著特点。第一，没有唯一、通用的政策工具，绝大多数政策工具都可替代。工业产业政策目标与工具之间的关系并非线性的，即使对同一政策目标，所选择的政策工具也不尽相同，可供选择的政策工具丰富多样。至于选择什么样的政策工具，很大程度上依赖于具体的实施环境和条件，经济运行环境、经济发展阶段、经济发展战略等外部环境与条件的变化，决定着产业政策是否有效，影响着政策工具的选择。因此，政策目标与政策工具之间通常是非固定的关系。第二，任何政策工具都有其适用范围和生命周期，不可能一直延续下去。政策工具作为达到政策目标的手段，政策目标及其实现途径的调整，也必然要求选择不同的政策工具。因此，有必要适时开展工业产业政策效应评估，并据此促进工业产业政策优化、调整。

我国工业产业政策工具内容十分丰富，经济手段、法律手段与行政手段在产业政策工具中均有所体现，与财政政策、货币政策、科技政策等其他宏观经济政策交织在一起。按照层次来看，产业政策工具至少包括战略层和操作层两个方面，战略层包括五年规划纲要、《产业结构调整指导目录》、《外商投资产业指导目录》等，具有综合性、制度性、长期性的特点。操作层包括财政支持政策、税收调节政策、货币金融政策、技术支持政策、进出口政策、行政手段、法律手段等，表现为政府投资、项目资金补助、贷款贴息、差异化税率、差别化贷款政策、出口退税、出口补贴、价格管制、项目审批等具体形式。

能够准确度量工业产业政策工具的取值是客观评价我国工业产业政策效应

的前期基础。但是许多政策工具存续时间不统一，数据资料收集困难，我们不可能对所有政策工具进行准确量化。因此，本书围绕工业结构政策、工业组织政策、工业布局政策、工业技术政策四个构成，分别选择具有代表性的重点政策工具加以量化。这些工业产业政策工具包括倾斜式政府投资、倾斜式税收优惠、选择性补贴与竞争性补贴、国有化政策、行业规制政策、工业开发区政策、财政科技支出、高新技术企业减免税、研究开发费用税前加计扣除等。这也是本书评价我国工业产业政策效应所涉及的主要政策工具。

2.2 全要素生产率的测算与分解

2.2.1 全要素生产率的内涵

全要素生产率是现代经济增长理论的重要内容，属于生产率研究的一个分支。根据所考察的生产要素投入的种类和数量不同，可以将生产率分为部分要素生产率（Partial Factor Productivity，记为 PFP）和全要素生产率（Total Factor Productivity，记为 TFP）。部分要素生产率主要指总产出与单一生产要素投入的比率关系，如资本生产率、劳动生产率等，其局限性在于不能客观反映整体生产效率的提高。全要素生产率则是将所有的生产要素综合起来考虑，即指总产出与所有投入要素总量之比。传统生产率研究侧重于劳动、资本等单要素生产率的研究，现代生产率研究侧重于全要素生产率的研究，主张将影响经济增长的因素综合起来考虑，找准推动经济增长的持久动力。因此，全要素生产率分析既是探索经济增长源泉的主要工具，也是确定经济增长质量的主要方法。

提高全要素生产率意味着所考察的全要素生产率水平比原来更高，可以用全要素生产率增长率来表示。索洛（Solow，1957）把总产出增长率中无法被劳动、资本等要素投入的贡献所解释的部分归因于技术进步，被称为"索洛余值"，亦即全要素生产率的增长率。在仅考虑资本、劳动两种要素投入的条件下，进一步利用索洛所构建的生产函数形式对全要素生产率增长率进行理论阐释，具体如下：

$$Q_t = A_t F\ (K_t,\ L_t) \tag{2-1}$$

式（2-1）中，Q_t、K_t 和 L_t 分别表示总产出、资本投入和劳动投入，A_t 则表示全要素生产率。在规模报酬不变和希克斯中性技术假定下，将式（2-1）两边对时间 t 微分，并同时除以 Q_t，可得

$$\frac{\dot{Q}_t}{Q_t} = \frac{\dot{A}_t}{A_t} + \frac{\partial Q}{\partial K}\frac{K_t}{Q_t}\frac{\dot{K}_t}{K_t} + \frac{\partial Q}{\partial L}\frac{L_t}{Q_t}\frac{\dot{L}_t}{L_t} \qquad (2-2)$$

式（2-2）中，$\dot{Q}_t$、$\dot{A}_t$、$\dot{K}_t$、$\dot{L}_t$ 分别表示总产出、全要素生产率、资本投入和劳动投入对时间 t 的微分，$\dot{Q}_t/Q_t$、$\dot{K}_t/K_t$、$\dot{L}_t/L_t$ 则分别表示总产出、资本投入和劳动投入的增长率，$\dot{A}_t/A_t$ 表示全要素生产率的增长率（TFP）。式（2-2）中资本和劳动的产出弹性很难从数据中进行直接观测，但是如果满足要素投入报酬等于其边际产出，即

$$\frac{\partial Q}{\partial K} = \frac{r_t}{p_t}, \quad \frac{\partial Q}{\partial L} = \frac{w_t}{p_t} \qquad (2-3)$$

那么，资本、劳动产出弹性就可以变为可观测的要素成本份额，分别以 S_t^K、S_t^L 表示，于是有

$$TFP = \frac{\dot{Q}_t}{Q_t} - S_t^K \frac{\dot{K}_t}{K_t} - S_t^L \frac{\dot{L}_t}{L_t} \qquad (2-4)$$

式（2-4）就是"索洛余值"的核算公式，表示实际产出增长率与要素投入增长率之差，用于衡量投入要素产出效率整体提升的结果。结合迪维西亚（Divisia，1924）提出的指数分解法，可以将式（2-4）中资本、劳动两种要素投入拓展到多种要素投入，则全要素生产率的增长率为

$$TFP = \frac{\dot{Q}}{Q} - \sum_j S_j \frac{\dot{x}_j}{X_j} \qquad (2-5)$$

式（2-5）中，S_j 表示要素 j 在总成本中所占份额，且满足 $\sum_j S_j = 1$。

随着全要素生产率理论研究的不断深入，全要素生产率神秘的面纱被逐渐揭开，学术界发现全要素生产率的增长不仅得益于技术进步，还得益于效率改善。具有代表性的观点是，昆伯卡和洛弗尔（Kumbhakar and Lovell，2000）基于随机前沿生产函数模型，将总产出的增长率分解为投入要素增长的贡献、技术进步的贡献、效率改善的贡献三个部分，其中，技术进步和效率改善两个部分属于全要素生产率增长率对总产出增长的贡献。同时在已知要素价格信息的前提下，不仅可以测算全要素生产率增长率，还可以将全要素生产率增长率

进一步分解为前沿技术进步率、相对前沿的技术效率变化率、规模经济性和配置效率。

综上分析，本书所指的全要素生产率是总产出与所有要素投入之比，而全要素生产率增长不仅取决于技术进步率，还受制于技术效率、配置效率和规模效率（如图 2-1 所示）。全要素生产率作为探析经济增长源泉的重要工具，直接影响着人们对经济增长方式以及长期增长趋势的判断。理论上，经济增长可以归因于要素投入增长、技术进步、效率改善三个因素中的任何一个或者它们的任何组合。但由于在一定时间和空间范围内资源总是有限的，全要素生产率驱动型的经济增长比要素投入驱动型的经济增长更可持续、更有质量。因此，全要素生产率增长率既体现着经济潜在增长能力，又反映经济增长的质量，作为我国宏观经济管理所追求的重要目标，被广泛运用于经济政策制定和政策效应评价中。

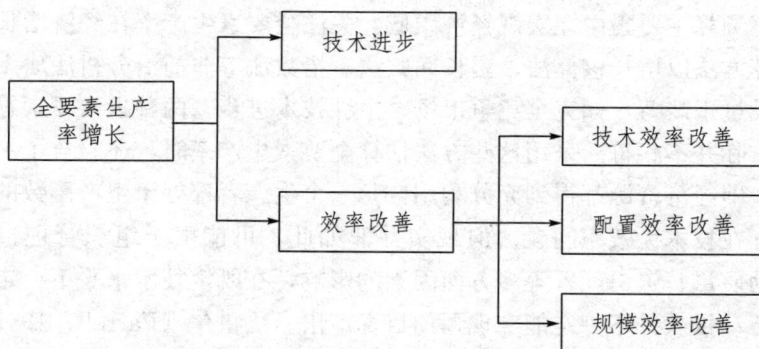

图 2-1　全要素生产率增长的构成

2.2.2　全要素生产率的测算方法

全要素生产率测算的经典方法是从估计生产函数开始的，柯布和道格拉斯（Cobb and Douglas，1928）探讨投入与产出关系时建立了 C-D 生产函数，由此开始了生产率在经济增长中的量化研究。基于生产函数估计方法的差异，对全要素生产率的估计也存在多种不同的方法，结合德尔加托等[①]（Del Gatto et al.，2011）的归纳，总体上可以将全要素生产率的估算方法及其适用范围做如下分类（见表 2-1）。

---

① Del Gatto M，Di Liberto A，Petraglia C. Measuring productivity [J]. Journal of Economic Surveys，2011，25（5）：952-1008.

表 2-1　全要素生产率估算方法的分类

研究维度	确定性方法	经济计量方法	
		参数法	半参数法
非前沿分析	增长核算法 （宏观） 指数法 （宏观—微观）	增长回归法 （宏观）	代理变量法 （OP、LP 等） （微观）
前沿分析	数据包络分析法（DEA） （宏观—微观） 无界分析法（FDH） （宏观—微观）	随机前沿分析法（SFA） （宏观—微观）	—

　　从表 2-1 中可看出全要素生产率测算方面的几个研究维度，如前沿分析与非前沿分析、确定性方法与经济计量方法、参数法与非参数法等。早期全要素生产率测算主要集中在宏观经济领域，关注全要素生产率在经济增长中的作用，测算方法以增长核算法、增长回归法、指数法等非前沿分析法居多。这些方法假设过于严苛，如完全竞争市场、中性技术进步、两种投入要素等，许多假设与实际并不相符。采用这些方法估算全要素生产率时，还暗含了一个重要的假设，即经济资源都得到充分利用，每一个生产者都处于生产函数的前沿面上，不存在技术无效率问题。但现实并非如此，可能由于组织管理、制度机制、劳动质量、资源配置等多方面因素的影响，在既定技术水平下一定比例的资本和劳动投入并不一定能实现预期目标产出。法雷尔（Farrell，1957）提出并不是每一个生产者都能落在生产函数的前沿面上，只有少数生产者才能达到技术前沿面，而大部分生产者与最优的生产效率存在一定的差距，即技术无效率。[①] 法雷尔采用线性规划模型求解所观测投入空间的凸边界，进而可测算出生产前沿函数和技术效率，将技术效率改善视为影响全要素生产率的另一个重要因素，这种思想和方法开创了前沿分析的最早雏形，也使全要素生产率更加接近经济增长和企业生产实际。

　　随着对技术效率重视度的提高，前沿分析在全要素生产率测算中的地位越来越重要，逐渐形成了以随机前沿分析（SFA）为代表的参数方法和以数据包络分析（DEA）为代表的非参数方法两个不同发展方向。其中，SFA 方法基本上沿袭了生产函数估计的思想，首先要构建具体的生产函数形式，通过合适

---

　　① Farrell M J. The measurement of productive efficiency [J]. Journal of the Royal Statistical Society, Series A (General), 1957, 120 (3): 253-290.

的估计方法对位于前沿面上的函数参数进行估计，再完成前沿生产函数的构造；DEA 方法则不用考虑生产函数的具体形式，直接通过大量实际观测值找出位于生产前沿面上的相对有效点从而确定生产前沿。这两种方法各有显著的优缺点，SFA 方法的优点在于可以对模型和参数进行检验，将误差项分解为随机误差和技术无效性，以及随着样本量的增加估计效果会更好，缺点在于要事先设定生产函数形式和获取要素价格信息等；DEA 方法的优点在于无须对生产者行为进行假设和设定具体函数形式，可以分析多投入多产出的生产行为等，缺点在于依赖规划手段估算决策单元的相对效率，研究结果不具备统计特征，无法进行相关性检验，而且 DEA 方法属于确定性前沿分析，将可控和不可控的因素都归于技术无效率，随着样本量的增大，数据的偏差会更加严重。此外，OP、LP 等代理变量法主要用于测算企业层面的全要素生产率，是全要素生产率测算由宏观转向微观的一种新方法，实际中运用也越来越广泛。

　　根据研究的需要，本书主要采取 SFA 方法测算分析行业层面、区域层面的工业全要素生产率水平，采用 OP 法测算分析企业层面的工业全要素生产率水平。从以上分析还可见，全要素生产率增长率的测算与分析主要适用于工业领域，原因在于工业领域的企业生产边界是相对清晰的，工业企业的生产行为更加符合全要素生产率测算所要求的基本假设，而农业个体生产者、服务业工商户则有所不同，再加上工业企业的投入产出数据也相对容易量化。

2.2.2.1　随机前沿分析法

　　艾格纳等[①]（Aigner et al.，1977）、缪森和布鲁克（Meeusen and Broeck，1977）[②] 在确定性前沿模型的基础上引入随机扰动项，分别提出随机前沿生产函数模型。他们认为部分生产者不能达到最优效率的前沿面是因为受到随机误差和技术无效率的影响，进而把全要素生产率的变化分解为前沿边界的移动（技术进步）和技术效率变化两个部分。其模型一般表达式为

$$Y = f(X)\exp(v-u) \tag{2-6}$$

式（2-6）中：Y 表示产出；X 表示要素投入向量；v 表示系统随机误差，一般假设它是独立同分布的正态随机变量，满足零均值和不变方差的性质；u 表

　　① Aigner D，Lovell C A K，Schmidt P. Formulation and estimation of stochastic frontier production function models [J]. Journal of Econometrics，1977，6（1）：21—37.

　　② Meeusen W，van den Broeck J. Efficiency estimation from Cobb—Douglas production functions with composed error [J]. International Economic Review，1977，18（2）：435—444.

示与技术无效相关的非负随机变量，一般假设它是独立同分布的半正态随机变量或指数随机变量，且独立于 v。假设生产函数设定为 C-D 形式：

$$\ln y = \beta_0 + \sum_j \beta_j \ln x_j + v - u \qquad (2-7)$$

式（2-7）中，j 表示生产要素投入种类，取值为 1，2，…，n，而 β 为待估参数。可进一步将式（2-7）转换为

$$y = \exp(\beta_0 + \sum_j \beta_j \ln x_j + v - u) \qquad (2-8)$$

或

$$y = \exp(\beta_0 + \sum_j \beta_j \ln x_j)\exp(v) - \exp(-u) \qquad (2-9)$$

式（2-9）中，$\exp(\beta_0 + \sum_j \beta_j \ln x_j)$ 为确定部分，$\exp(v)$ 为噪声，$\exp(-u)$ 为无效性。产出值以随机变量 $\exp(\beta_0 + \sum_j \beta_j \ln x_j + v)$ 为上限，v 可正可负，随机前沿产出围绕模型的确定部分 $\exp(\beta_0 + \sum_j \beta_j \ln x_j)$ 变动。

进一步运用图形说明随机前沿模型的重要特征。如图 2-2 所示，在只有一种要素 x_j 投入的情况下，给出 A、B、C 三个决策单元的投入产出，前沿模型的确定部分曲线反映规模收益递减的存在，横轴表示要素 x_j 投入水平，纵轴 y 表示产出水平，决策单元 A、B、C 在相应的 x_A、x_B、x_C 投入水平下得到的产出分别是 y_A、y_B、y_C（即观测产出值，图中以符号＊表示）。如果不存在技术无效率，那么在 x_A、x_B、x_C 投入水平下得到的产出应该是 y_A^*、y_B^*、y_C^*（即前沿产出值，图中以符号⊗表示）。图中可直观看出，决策单元 A 的前沿产出在确定部分的上方是因为其噪声影响是正的，决策单元 B 的前沿产出在确定部分的下方是因为其噪声影响是负的，决策单元 A 和 B 的噪声影响和无效率之和小于 0，所以其观测产出值在生产前沿确定部分的下方。多数情况下可观测产出 y 趋向位于前沿确定部分的下方，实际中也有可能位于前沿确定部分的上方，例如决策单元 C，当噪声影响为正且大于无效效应时，即 $(v-u)>0$，那么观测产出值就可能位于确定前沿部分的上方。

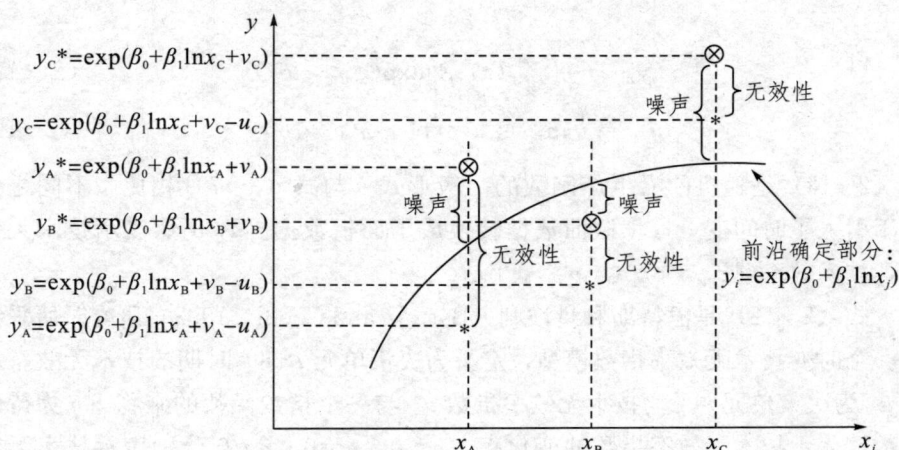

y

$y_C{}^* = \exp(\beta_0 + \beta_1 \ln x_C + v_C)$

$y_C = \exp(\beta_0 + \beta_1 \ln x_C + v_C - u_C)$

$y_A{}^* = \exp(\beta_0 + \beta_1 \ln x_A + v_A)$

$y_B{}^* = \exp(\beta_0 + \beta_1 \ln x_B + v_B)$

$y_B = \exp(\beta_0 + \beta_1 \ln x_B + v_B - u_B)$

$y_A = \exp(\beta_0 + \beta_1 \ln x_A + v_A - u_A)$

噪声　无效性

噪声　无效性　噪声　无效性

前沿确定部分：$y_i = \exp(\beta_0 + \beta_1 \ln x_j)$

x_A　x_B　x_C　x_j

图 2-2　截面数据的随机生产前沿[①]

　　最初，许多随机前沿分析主要用于测算技术效率，以产出为导向的技术效率是可观测产出与随机前沿产出的比值：

$$TE = \frac{\exp(\beta_0 + \sum_j \beta_j \ln x_j + v - u)}{\exp(\beta_0 + \sum_j \beta_j \ln x_j + v)} = \exp(-u) \qquad (2-10)$$

　　式（2-10）主要用于测算截面数据的技术效率。巴特斯和科拉（Battese and Corra，1977）、施密特（Schmidt，1986）、巴特斯和科埃利（Battese and Coelli，1992，1995）、鲍尔（Bauer，1990）、昆伯卡（Kumbhakar，1990，2000）等学者对 SFA 的理论和实证方法进行了进一步拓展和丰富，从专门针对截面数据的测算发展为针对面板数据的测算，提出了技术效率的动态测算方法，随机前沿生产函数模型与技术无效率可同时估计出来，并且可以对全要素生产率增长率进行测算并将之分解为技术进步率、技术效率变化、规模效率变化和配置效率变化等。本书主要借鉴巴特斯和科埃利（Battese and Coelli，1992）[②]、昆伯卡和洛弗尔（Kumbhakar and Lovell，2000）[③] 的研究成果，以一个携带时变技术无效率指数的随机前沿生产函数为基本模型，其表达式

---

　　① 来源：蒂莫西·J. 科埃利，D. S. 普拉萨德·拉奥，克里斯托弗·J. 奥唐奈，等. 效率与生产率分析引论［M］. 王忠玉，译. 北京：中国人民大学出版社，2008：248。有所修改。

　　② Battese G E，Coelli T J. Frontier production functions，technical efficiency and panel data：with application to paddy farmers in India［J］. Journal of Productivity Analysis，1992，3（1）：153-169.

　　③ Kumbhakar S C，Lovell C A K. Stochastic frontier analysis［M］. Cambridge：Cambridge University Press，2000.

如下：

$$y_{it} = f[X_{it}(t);\beta]\exp(v_{it} - u_{it}) \qquad (2-11)$$

$$u_{it} = u_i\eta_{it} = u_i\exp[-\eta(t-T)] \qquad (2-12)$$

式（2−12）是随机前沿生产函数的一般形式，与式（2−7）相比，不同之处在于引入了时间变量，将截面数据转换成了面板数据。u_{it}仍然表示技术无效率，技术效率 $TE_{it} = \exp(-u_{it})$。

式（2−12）是巴特斯和科埃利（Battese and Coelli，1992）研究时所采纳的一个时变技术无效率指数模型，定义为决策单元 i 在 t 时期的技术无效率指数 u_{it} 为决策单元 i 平均技术无效率指数 u_i 与一个指数函数的乘积。η 为待估参数，表示技术无效率指数的变化率，$\eta < 0$、$\eta = 0$、$\eta > 0$ 分别表示技术无效率指数 u_{it} 随时间递增、不变、递减。T 为基期年度，取值为 1。u_i 为决策单元 i 的平均技术无效率指数，假定 u_i 服从非负截尾独立同分布的正态分布，即 $u_{it} \sim$ i. i. d. $N^+(\mu, \sigma_u^2)$。

昆伯卡和洛弗尔（Kumbhakar and Lovell，2000）将索洛残差法下的全要素生产率增长核算公式代入随机前沿生产函数模型，在已知投入要素价格信息的前提下，不仅可以有效估算全要素生产率增长率，还可以将全要素生产率增长率进一步分解为技术进步率、技术效率变化、规模效率变化和配置效率变化。具体过程如下。

首先，对式（2−12）两边同取自然对数，再对生产函数中的时间趋势 t 进行全微分，为了简洁，省略下标 it，可得

$$\frac{\partial \ln y}{\partial t} = \frac{\partial \ln f(\cdot)}{\partial t} + \sum_j \frac{\partial \ln f(\cdot)}{\partial \ln X_j} \times \frac{\partial \ln X_j}{\partial X_j} \times \frac{\mathrm{d}X_j}{\mathrm{d}t} - \frac{\mathrm{d}u}{\mathrm{d}t}$$

$$= \frac{\partial \ln f(\cdot)}{\partial t} + \sum_j \frac{\partial \ln f(\cdot)}{\partial \ln X_j} \times \frac{\partial \ln X_j}{\partial t} - \frac{\mathrm{d}u}{\mathrm{d}t} \qquad (2-13)$$

式（2−13）等式左边表示产出增长率 $\dot{y} = \partial \ln y / \partial t$。等式右边第一项和第二项都是前沿生产函数确定部分 $\ln f(\cdot)$ 对时间趋势 t 全微分的结果。其中，右边第一项为前沿技术进步率（TP），即 $TP = \partial \ln f(\cdot) / \partial t$，表示投入要素保持不变的条件下产出随时间的变化率。右边第二项中 $\partial \ln f(\cdot) / \partial \ln X_j$ 是要素 j 的产出弹性的表达式，可用 ε_j 表示，$\partial \ln X_j / \partial t$ 是要素 j 投入的增长率，可用 $\dot{x}_j$ 表示，$\sum_j \varepsilon_j \dot{x}_j$ 衡量了要素投入增长所导致的前沿生产函数产出的增长。右边第三项是相对前沿的技术效率变化率，根据式（2−10），可得技术效率变化率

$\dot{TE} = \mathrm{d}\ln[\exp(-u)]/\mathrm{d}t$，即 $\dot{TE} = -\mathrm{d}u/\mathrm{d}t$。因此可以将式（2—13）表示为

$$\dot{y} = TP + \sum_j \varepsilon_j \dot{x_j} + \dot{TE} \qquad (2-14)$$

式（2—14）将产出增长率分解为了前沿技术进步的贡献、投入要素增长的贡献，以及相对前沿的技术效率改善的贡献三个部分。按照式（2—4）的增长核算方法以及迪氏指数法，可以将模型中资本、劳动两种要素投入拓展到多种要素投入，则全要素生产率增长率为

$$\dot{TFP} = \dot{y} - \sum_j S_j \dot{x_j} \qquad (2-15)$$

这里的 S_j 对于生产者而言就是成本份额，是要素 j 在要素总成本中的份额，且满足 $\sum_j S_j = 1$。在利润最大化条件下，要素的产出弹性值应该等于其成本份额，这是使用增长核算法估算全要素生产率的理论基础和依据。但现实中，生产要素的产出弹性并不一定等于其成本份额，这就涉及资源配置效率的问题。将式（2—14）代入式（2—15），经过变换得到

$$\dot{TFP} = TP + \dot{TE} + \sum_j (\lambda_j - S_j) \dot{x_j} = \gamma \qquad (2-16)$$

式（2—16）中，$\lambda_j = \varepsilon_j / RTS$，用以测度投入要素 j 在前沿生产函数中的相对产出弹性，使相对产出弹性 λ_j 与相对成本份额 S_j 之间具有可比性，从而分析资源的配置效率。$RTS = \sum_j \varepsilon_j$，即所有投入要素产出弹性之和，可以衡量行业规模经济效应。式（2—16）将 $\dot{TFP}$ 依次分解为前沿技术进步率（TP）、相对前沿的技术效率变化率（$\dot{TE}$）、配置效率（AE）和规模效率性（SE）。其中，配置效率（AE）是要素投入结构的变化对生产率增长的贡献，$(\lambda_j - S_j)$ 衡量了要素弹性份额偏离要素成本份额的程度，增加产出弹性份额大于成本份额的要素投入有利于促进全要素生产率增长，减少产出弹性份额小于成本份额的要素投入也有利于促进全要素生产率增长；反之则相反。规模效率性（SE）是要素的规模报酬对生产率增长的贡献，$(RTS - 1)$ 衡量了决策单元的规模报酬情况，增加 $RTS > 1$ 决策单元的要素投入有利于促进全要素生产率增长，减少 $RTS < 1$ 决策单元的要素投入也有利于促进全要素生产率增长；反之则相反。

2.2.2.2　OP 半参数法

微观层面与宏观层面全要素生产率的测算在理论机制上存在很大差异，两

者的测算方法也不能简单套用。本书借鉴奥利和帕克斯（Olley and Pakes，1996）[1]、鲁晓东和连玉君（2012）[2] 等学者的研究成果，采用 OP 法对企业层面全要素生产率进行测算。企业层面全要素生产率仍然属于"索洛余值"范畴，可将企业生产函数设定为 C-D 形式，对两边同取自然对数，可得

$$y_{it} = \alpha l_{it} + \beta k_{it} + \tau_{it} \qquad (2-17)$$

式（2-17）中，y_{it}、l_{it}、k_{it} 分别为产出、劳动投入、资本存量的对数形式，α、β 为劳动和资本的产出弹性，τ_{it} 为残差项，包含企业全要素生产率对数形式的信息。也就是说，可以通过对式（2-17）中残差项 τ_{it} 的估计计算出企业的全要素生产率。与宏观层面全要素生产率的测算思路不同，这种方法在测算企业层面全要素生产率时，会遇到内生性、样本选择性偏误两个问题。

第一，内生性问题。企业生产行为基本上都是根据已有的技术条件再来选择合适的要素投入，换句话说企业的技术水平是可以被事前认知的，这与宏观层面将技术进步作为未被观测的变量有很大区别。在这种情况下，残差项 τ_{it} 中被观测到的部分就会影响要素投入选择和组合，即残差项与解释变量相关，产生内生性问题。这个问题的后果是劳动的产出弹性可能被高估，而资本的产出弹性可能被低估，因为短期内企业根据生产率的事先判断更容易对劳动投入进行调整，使劳动与生产率的相关度更高。因此，在进行参数回归前应该将残差 τ_{it} 拆分成两个部分：

$$y_{it} = \alpha l_{it} + \beta k_{it} + \bar{\omega}_{it} + e_{it} \qquad (2-18)$$

式（2-18）中将残差项 τ_{it} 拆分为 $\bar{\omega}_{it}$、e_{it} 两个部分，其中 $\bar{\omega}_{it}$ 这部分可被企业观测到并影响要素投入选择，e_{it} 则表示不可观测的技术冲击和测量误差。

第二，样本选择性偏误。生产率冲击和企业退出市场的概率存在相关关系，进而造成样本选择性偏差。理论上企业面对低效率冲击时会选择退出市场，但是企业由于在规模大小、资本存量等方面存在差异，面对低效率冲击时的选择会有差异。通常情况下规模较大、资本存量较高的企业继续留在市场上的概率要高于其他企业，尽管这些企业的生产率可能比那些低资本存量企业的生产率要低。正如奥利和帕克斯所述，如果不考虑这种情况，那么在给定一个

① 鲁晓东，连玉君. 中国工业企业全要素生产率估计：1999—2007 [J]. 经济学（季刊），2012，11（2）：541—558.

② Olley G S, Pakes A. The dynamics of productivity in the telecommunications equipment industry [J]. Econometrica，1996，64（6）：1263—1297.

低效率冲击时，资本存量与退出市场的概率之间的负相关，会导致资本的产出弹性被低估（Olley and Pakes，1996）。

针对上述两个问题，学者们提出了许多修正方案和估计方法，本书主要借鉴奥利和帕克斯（Olley and Pakes，1996）提出的半参数一致估计方法，简称OP 法。假定企业可观测的当期生产率冲击会影响当期投资决策，也就是说可以用投资作为生产率冲击 $\bar{\omega}_{it}$ 的代理变量，解决内生性问题。首先要采用永续盘存法，建立企业当前资本存量和投资额之间的如下关系：

$$K_{it} = (1-\delta)K_{i(t-1)} + I_{it}/p_{it} \qquad (2-19)$$

式（2-19）中，K_{it} 表示当期资本存量，δ 表示资本折旧率，I_{it} 表示货币投资额，I_{it}/p_{it} 表示当期实际投资额。正常情况下当期可观测的生产率冲击越大，企业投资额也会越高。假定二者之间存在严格的递增关系，可建构下列投资函数及其反函数：

$$i_{it} = i(\bar{\omega}_{it},\ k_{it}) \qquad (2-20)$$

$$\bar{\omega}_{it} = i^{-1}(i_{it},\ k_{it}) = h(i_{it},\ k_{it}) \qquad (2-21)$$

将式（2-21）代入式（2-18）可得

$$y_{it} = \alpha l_{it} + \beta k_{it} + h(i_{it},\ k_{it}) + e_{it} \qquad (2-22)$$

将式（2-22）中与当期投资、资本量相关的两项定义为一个新的函数 $\varphi(\cdot)$，可得

$$\varphi_{it} = \beta k_{it} + h(i_{it},\ k_{it}) \qquad (2-23)$$

$$y_{it} = \alpha l_{it} + \varphi_{it} + e_{it} \qquad (2-24)$$

可运用 OLS 法对式（2-24）中的劳动弹性系数 α 进行估计，估计出劳动弹性系数 α 后，用已知系数来拟合多项式 φ_{it} 的值。由于式（2-23）是一个半参数模型，不能直接用 OLS 估计，可采用高阶多项式逼近法，构建如下方程，对资本弹性系数 β 进行估计。

$$y_{it} - \alpha l_{it} = \beta k_{it} + g(\varphi_{t-1} - \beta k_{i(t-1)}) + \xi_{it} + e_{it} \qquad (2-25)$$

式（2-25）中，$g(\cdot)$ 是一个包含 φ 和资本存量滞后期的函数。虽然通过高阶多项式逼近可以求出资本弹性系数 β 的估计值，但是由于选择性偏误问题的存在，直接采用上述方程（2-25）对资本弹性系数 β 进行估计是有偏的。奥利和帕克斯（Olley and Pakes，1996）使用生存概率来估计企业的进入和退出，

对选择偏误进行控制。现实中，企业经营决策目标是追求当前利润及未来利润贴现值的最大化，最优的企业决策可用以下贝尔曼方程（Bellman Equation）来刻画：

$$V_{it}(k_{it},\bar{\omega}_{it})=\max\{\Phi,\sup_{i_{it}\geqslant 0}\Pi_{it}(k_{it},\bar{\omega}_{it})-C(i_{it})+\rho E[V_{i(t+1)}(k_{i(t+1)},\bar{\omega}_{i(t+1)})|J_{it}]\}$$

$$(2-26)$$

式（2—26）中，$\Pi_{it}(\cdot)$ 为企业利润函数，$C(\cdot)$ 为当前投资的成本，ρ 是折现因子，$E(\cdot|J_{it})$ 表示 t 时期的信息集合 J_{it} 对未来的预期因子。式（2—26）表明如果企业的一次性补偿收入 Φ 大于其预期的折现回报率，那么企业就会选择退出市场；反之，企业将会继续留在市场并选择一个大于 0 的最优投资决策进行生产。因此，存在以下决策函数：

$$\chi_{it}=\begin{cases}1,&\text{如果 }\bar{\omega}_{it}>\bar{\omega}_{it}\\0,&\text{其他}\end{cases}\qquad(2-27)$$

式（2—27）中，χ_{it} 表示生存状态，1 为继续经营，0 为退出市场。企业的退出决策依赖于一个受资本存量约束的生产率冲击临界值 $\bar{\omega}_{it}$。企业继续经营或退出市场的决策机制可用如下的 Probit 模型来刻画：

$$\Pr(\chi_{it}=1|J_{i(t-1)})=\Pr(\chi_{it}=1|\bar{\omega}_{i(t-1)},\bar{\omega}_{it}(k_{i(t+1)}))=\varphi(i_{i(t-1)},k_{i(t-1)})$$

$$(2-28)$$

式（2—28）中，J_{it} 为企业 t 时期的信息集，当前和过去已实现的生产率水平是 J_{it} 的一部分。假定 $\bar{\omega}_{it}$ 外生地满足一阶马尔可夫过程（Markov Process），即意味着企业对下一期生产率的期望取决于上一期生产率水平。将式（2—28）计算得到的 Probit 拟合值 $\hat{p}$ 代入式（2—25），可得

$$y_{it}-\hat{a}l_{it}=\beta k_{it}+g(\varphi_{t-1}-\beta k_{i(t-1)},\hat{p}_{t-1})+\xi_{it}+e_{it}\qquad(2-29)$$

基于式（2—29），运用高阶多项式逼近算法，可以求出资本产出弹性系数 β 的一致估计值。分别估计出劳动、资本项系数后，运用式（2—17）可计算企业层面的全要素生产率。

2.2.3　全要素生产率的分解理论

根据昆伯卡和洛弗尔（Kumbhakar and Lovell，2000）的研究，全要素生产率增长率可分解为前沿技术进步率、相对前沿的技术效率变化率、规模经济

性和配置效率四个部分。这四个部分均是围绕如何增加总产出或减少总投入，提高总产出与总投入的比率，即提高全要素生产率展开的。

2.2.3.1 技术进步率

前沿技术进步有别于日常经济生活中所提到的技术进步，有其特定含义，表现为生产可能性边界整体向外移动，即在技术上实现同样的产出需要更少的投入，或同样的投入带来更多的产出。如图 2—3 所示，$f_1(x)$ 和 $f_2(x)$ 两条生产前沿技术曲线分别代表 t 期和 $t+1$ 期的生产前沿面，从 t 期到 $t+1$ 期生产前沿面向外移动，反映了技术进步，$f_2(x, t+1; \beta) > f_1(x, t; \beta)$。从要素投入来看，在同等要素投入组合 x_a 或 x_b 条件下，t 期 $f_1(x)$ 生产前沿面上所实现的产出 $f_1(x_a)$，明显小于 $t+1$ 期 $f_2(x)$ 生产前沿面上所实现的产出 $f_2(x_b)$；从产出来看，在实现同样的产出 $f_2(x_b)$ 或 $f_1(x_c)$ 时，t 期 $f_1(x)$ 生产前沿面上所需要的要素投入是 x_c，而 $t+1$ 期 $f_2(x)$ 生产前沿面上所需要的要素投入仅为 x_b。不同国家之间、区域之间、行业之间、企业之间，面对着不同的生产前沿面，只要将自身的生产前沿面向外推移都是技术进步的表现，能促进全要素生产率增长。

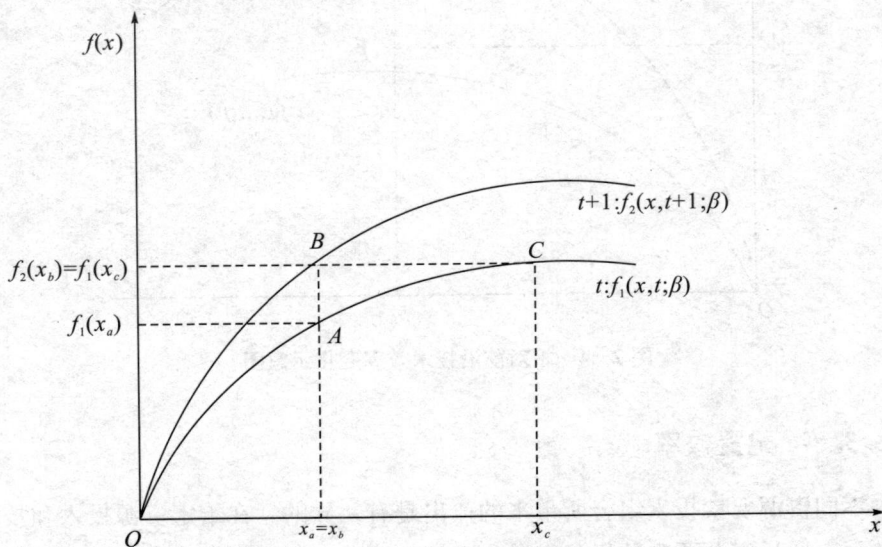

图 2—3 前沿技术进步变化示意图

2.2.3.2 技术效率变化率

相对前沿技术效率是一定技术水平下以同样要素投入组合的实际产出与最

大可能性产出之间的比率。生产前沿面是最理想的状态，代表着最先进的生产技术，实际中只有少数生产活动能够达到前沿面。技术效率改善则表示推动部分没有达到生产可能性边界的经济活动主体向边界靠近，这样就能在不改变既有最优技术水平的条件下，以同样的要素投入组合实现更高的产出水平，促进全要素生产率增长。如图 2-4 所示，假定不考虑噪声的条件下，E 点和 F 点表示 t 期和 $t+1$ 期的生产都存在相对前沿的技术非效率，t 期要素投入 x_e 所得到的实际产出 y^t 低于前沿技术下的产出 $f_1(x, t, \beta)$，$t+1$ 期要素投入 x_f 所得到的实际产出 y^{t+1} 低于前沿技术下的产出 $f_2(x, t+1, \beta)$。从图中可看出，从 t 期到 $t+1$ 期相对前沿的技术效率有所下降，因为 $[y^t/f_1](x, t, \beta)] > [y^{t+1}/f_2(x, t+1, \beta)]$。技术效率变化率主要是对微观企业技术运用、管理绩效等方面的反映。

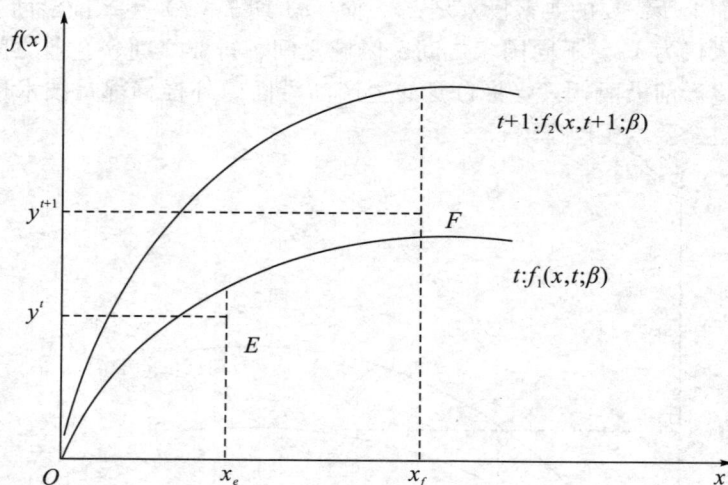

图 2-4　相对前沿技术效率变化示意图

2.2.3.3　配置效率

不同资源要素投入组合所带来的产出是有差异的。在给定资源投入和技术条件下，通过资源要素的优化组合和有效配置，实现以更低成本的要素组合获得更多的增加值，由此带来的全要素生产率增长就是配置效率。由于不同区域、行业以及企业之间生产率是有差异的，配置效率至少可以通过将资源要素配置到更高生产率的区域、行业、企业而获得，使有限的人力、物力、财力得到更加充分利用，以此实现全要素生产率增长。资源要素的可流动性是提高配置效率的前提和基础。如果资源要素不能自由流动，配置效率也就无从谈起。如果资源要素能够自由流动，也要区分资源要素是向更高生产率的领域流动，还是向更低生产率的领域流动。

2.2.3.4　规模效率

规模效率是与规模经济相对应的一个概念。规模经济指随着生产规模的扩大而出现的长期平均成本下降的经济现象，增加具有规模经济效应对象的资源投入，减少规模不经济对象的资源投入，可以实现规模效率的提高，促进全要素生产率增长。规模经济既有企业内部规模经济，又有外部规模经济。其中企业内部规模经济是在既定技术和要素价格条件下，产出增长率大于全部要素投入增长率，单位产品的长期平均成本随企业规模增大而下降的现象。如图2—5所示，企业生产规模从 M 扩大到 N 的过程中，长期平均成本从 LAC_1 下降到 LAC_2，产出量却从 Q_1 增加到 Q_2。

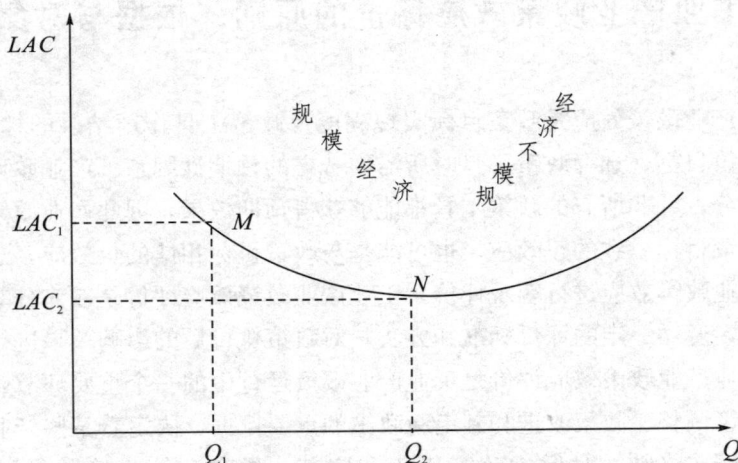

图 2—5　内部规模经济效应示意图

相对于企业内部规模经济而言，行业规模经济或区域规模经济则属于一种外部规模经济。行业规模经济是指在行业规模扩大、企业横向关联加强的过程中，企业可以获得外部的专业化协作、"干中学"效应等方面的优势，有利于降低成本。区域规模经济则是指有关联或共同指向的企业在空间范围内聚集，可以获得共有基础设施、行业集群效应等方面的优势，有利于降低企业成本。与企业内部规模经济不同，外部规模经济主要是通过推动一个行业或区域的长期平均成本曲线下移，使某个群体内企业的生产成本降低或收益增加，如图

2—6所示。

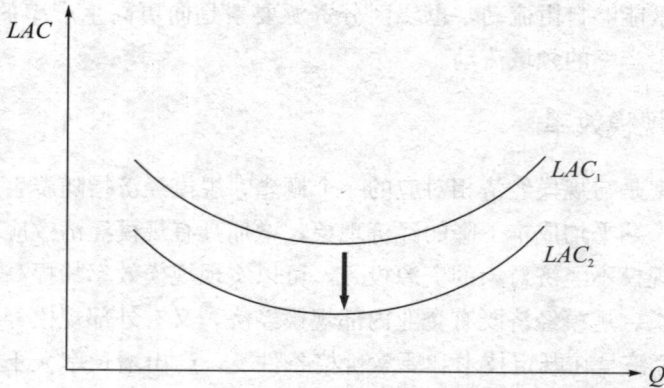

图 2—6　外部规模经济效应示意图

2.3　工业产业政策效应评价的原则、依据与对象

工业产业政策效应是政策目标实现程度及政策工具作用结果的综合反映，是制定政策目标、选择政策工具时所需要考虑的预期性因素。产业政策本身存在优劣之分，并非所有的政策工具都能够获得预期效果，因此产业政策效应可能是与政策目标一致的正效应，也可能是与政策目标相悖的负效应，这就要求对工业产业政策效应进行客观评价。工业产业政策效应评价是在充分掌握信息的前提下，遵循一定的评价标准和方法，对政策执行后的影响效果进行的价值判断。工业产业政策效应评价是工业产业政策运行中的一个重要环节，其评价结果是政策调整、政策改进和制定新政策的重要依据，决定着某些产业政策的延续、革新或终结，对促进政策优化和完善、提高政策决策质量具有重要作用。

2.3.1　工业产业政策效应评价的原则

检验工业产业政策是否有效的标准与方法不同，效应评价结果可能会出现偏差。为了使评价结果尽可能准确可靠，工业产业政策效应评价过程需要遵循系统性和客观性两大原则。第一，系统性原则。工业产业政策是一个相对复杂的政策系统，政策目标多元化，政策工具多样化，既有调节行业间关系的，也有调节行业内企业间关系的，还有调节区域间布局关系的，其影响全要素生产率变化必定也是多方面多层次的。因此，工业产业政策效应评价不能以某个领域的生产率波动来评价其效果，必须要在准确把握工业产业政策对全要素生产率作用机理的基础上，从多方面、从整体上评价政策效应的好坏。第二，客观性原则。工业产业政策影响全要素生产率变化的结果是客观存在的，不能从评价者主观倾向、"权威"学者相关论断、团体利益、政策环境变化中判断效应的好坏，也不能因为不适当的评价方法颠倒效应的好坏，必须依据一定的客观标准，选择合适的评价标准方法，尽量让数据和资料说话。第三，动态性原则。任何工业产业政策都有其适用范围和生命周期，不可能一直延续下去，有必要适时开展工业产业政策效应评估，并据此促进工业产业政策优化、调整。

2.3.2　工业产业政策效应评价的依据

工业产业政策效应评价的依据，即参照系或标准，实质上就是判断政策效果好坏的价值准则。工业产业政策的制定和实施是为了实现特定的发展目标，工业产业政策效应的好坏往往体现在政策目标的实现程度上，因此政策目标就是工业产业政策效应评价的主要依据。工业产业政策目标包括中间目标和最终目标，中间目标有产业结构优化、产业效率提升、产业技术进步、产业竞争力增强等，最终目标则是促进工业经济持续健康增长。换言之，工业经济持续健康增长是工业产业政策效应评价的主要依据。

根据现代经济增长理论，经济增长可以归因于要素投入增长、效率改善、技术进步三个因素中的任何一个或者它们之间的任何组合（伍晓鹰，2013）。基于此，工业经济增长至少存在两种不同的方式，一种是依靠刺激和追加生产要素投入的外延式增长，表现为"量"的增长，另一种是依靠效率改善、技术进步的内涵式增长，表现为"质"的提高。受资源条件约束、要素边际报酬递减等多方面因素的制约，在工业化发展的不同时期，推动工业经济持续健康增长的内在驱动因素呈阶段性变化，与之对应的工业产业政策目标定位也有所不同。在工业化早期，资源要素相对丰富，产品市场供不应求，可以通过低成本优势、技术模仿，追加资源要素投入，短期内快速扩大产业规模，干预产业结构的调整和升级，促进经济增长。工业发展到一定阶段后，要素投入增加对经济增长的贡献会下降，生产率提高对经济增长的贡献会上升，并成为推动经济增长的主要动力。在这个转变过程中，工业产业政策目标由做大工业规模为主向提升工业效率为主转变，工业产业政策效应评价的主要依据就具体表现为全要素生产率增长率。表 2-2 为不同时期工业经济增长的核心驱动因素与要素贡献排序。

表 2-2　不同时期工业经济增长的核心驱动因素与要素贡献排序

发展阶段	产业特征	核心驱动因素	要素贡献顺序
工业化前期	自然资源大量开发	自然资源禀赋	自然资源、劳动力
工业化早期	机器开始替代劳动，中间工业产品增加	劳动力、资本积累	劳动力、资本、技术进步
工业化中后期	生产率的提高	创新驱动	技术进步、资本、劳动力

　　尽管工业发展规划或相关指导意见等文件中没有明确把提高全要素生产率作为工业产业政策目标，但是理论研究中早已将提高全要素生产率作为工业产业政策所追求的目标及其效应评价的重要依据。例如克鲁格曼（Kruman，1994）提出"东亚无奇迹"论断的主要依据是东亚国家全要素生产率增长相对较低。[①] 由此可见，全要素生产率标准在工业产业政策效应评价中的重要地位。

2.3.3　工业产业政策效应评价的对象

　　我国工业产业政策具有多层次性，以适应不同的对象。从工业产业政策构成来看，工业结构政策重在调节行业之间的结构比例关系，工业组织政策重在调节行业内企业之间的结构关系，工业布局政策重在调节工业在区域之间的布局关系，这些产业政策将从行业层面、企业层面、区域层面影响工业全要素生产率变化。这三个层面工业全要素生产率变动的内在机理与现状特征各有不同，工业产业政策的目标定位及其工具选择不同，工业产业政策执行后所形成的全要素生产率变动效应也各有差异。因此，工业产业政策效应评价的对象自然也不能停留在某一个方面或某一个层次，更不能以一个具体的政策工具来判断工业产业政策是否有效，而是至少应包含这三个层面的效应评价，即工业产业政策影响行业层面的全要素生产率变动效应、影响区域层面的全要素生产率变动效应、影响企业层面的全要素生产率变动效应。

---

　　① Krugman P. The myth of Asia's miracle [J]. Foreign Affairs, 1994, 73 (6): 62—78.

2.4　工业产业政策效应评价的理论支撑

2.4.1　现代经济增长理论

现代经济增长理论兴起于 20 世纪 50 年代，主要包括新古典经济增长理论、新经济增长理论、结构主义发展理论等内容，侧重研究经济增长的动力机制，回答引致经济长期增长的动力或源泉是什么。

其中，新古典经济增长理论以索洛模型为代表，索洛认为长期内经济增长的源泉并不是资本积累和劳动力的增加，而是技术进步。索洛（Solow，1957）给出总量生产函数和资本积累的基本方程式，提出了研究假定[①]，在这些假定下只有资本要素可以任意变动，为我们提供了资本积累促进经济增长的机制分析。索洛模型的基本结论是：由于要素边际报酬递减的性质，从长期看任何经济增长都有趋于收敛的性质。当经济达到均衡状态时，资本和总产出的增长率将等于劳动力增长率与技术进步率之和。如果技术进步率为零，则新增加的产出都将被新增加的人口消耗掉，人均产出就处于稳态水平，经济增长停滞不前。索洛认为长期经济增长的主要动力来自技术进步，将经济增长中除资本、劳动要素贡献之外的剩余贡献归于技术进步的贡献，即全要素生产率增长的贡献。这个模型中索洛假定技术进步是外生的，没有将技术进步作为内生变量引入模型，使技术进步成为不可解释的"未知因素"。

索洛之后的经济学家观察到技术进步并不是孤立于经济体的外生变量，由此发展形成了新经济增长理论，更好地回答了经济长期增长的动力问题。新经济增长理论以阿罗的"干中学"模型、罗默的知识溢出模型、卢卡斯的人力资本模型等为代表，阿罗和罗默将技术进步过程内生化，卢卡斯对资本概念进行了拓展，引入人力资本的因素。

阿罗（1962）提出技术进步是知识的产物、学习的结果，学习又要通过经验的不断总结，而物质资本投资过程可以创造知识这个副产品来消除资本边际报酬递减趋势。一个企业增加物质资本投资的同时也学会了如何更有效率地生

---

①　假定只有资本、劳动两种要素投入，单个投入要素的边际收益递减，资本、劳动可替代，技术进步为希克斯中性（即规模收益不变）。同时还假定劳动力增长率、技术进步率和储蓄率都分别是外生给定的常数。

产，而且一个生产者的学习会通过知识的外溢过程传递给另外一个生产者，这种经验的学习、传递有利于提高生产率。如果把要素投入分为有形要素投入和无形要素投入两类的话，学习与经验总结所得的知识本应是无形要素投入。阿罗将从事生产的人获得知识的过程内生于"干中学"模型，把技术用累积总投资来表述，将物质资本的积累过程与知识的学习过程结合起来，将技术进步内生化，推导出规模收益递增的生产函数。

罗默（1990）构建了一个适用于研究部门的经济增长模型，把知识作为一个独立的生产要素，使知识的积累过程独立出来，并强调知识作为生产要素的重要性。罗默知识溢出模型中假定有资本、劳动、技术三种要素投入，经济中有研究部门、最终产品部门两种类型的部门，研究过程属于中间活动，研究部门的产出属于中间产品。该模型系统分析了知识与技术对经济增长的作用，证明了知识具有很强的正外部性，即知识的积累不仅可以使自身企业产量增加，还会使其他企业产量增加。部分国家长期处于低水平的增长路径上，根源就是对研发部门的投资不够重视，导致技术进步率太低。

卢卡斯（1988）将资本划分为物质资本和人力资本两种，认为人力资本的投资不仅会增加产出，还会产生外部效应。人力资本模型中，人力资本是一个与知识有关系但又相互区别的概念。人力资本和知识一样，在生产过程中有正的外部作用。但人力资本不以物质资本为载体，而是附在劳动者身上，主要通过学习和教育获得。卢卡斯将人力资本具体划分为社会共同拥有的一般形式的人力资本和特殊的人力资本，其中特殊的人力资本主要表现为劳动技能和知识上的差异。这种特殊的人力资本通过提高人力资本的社会平均水平实现提高社会平均生产效率的目的，只有这种人力资本才是经济增长的真正来源。因此应该鼓励人们投资于学习和教育，积累更多的人力资本，实现经济的持续增长。

新经济增长理论虽然在模型解释上有所不同，但在保持经济长期增长的思想上却是一致的，都强调技术进步对经济增长的促进作用。技术、知识和人力资本所具有的溢出效应是经济持续增长必不可少的条件，有效抑制了生产要素特别是资本要素边际收益的递减趋势。换言之，只有依靠全要素生产率驱动的经济增长，其动力来源才永远不会减弱。这为研究有利于提高全要素生产率的产业政策提供了理论依据。

结构主义发展理论又称为非均衡发展理论，针对新古典增长理论和新经济增长理论中所忽略的结构因素，认为产业结构的变动会影响经济增长，以及现代经济增长实际上是以产业结构变动为核心的经济增长。各国现代经济增长过程也表明，结构转变不仅是现代经济增长的首要特征，而且具体结构转变的能力、速度和效率，也是决定经济增长速度的主要原因之一。欠发达国家和地区市场中供需缺口是普遍存在的，再加上存在比较严重的市场缺失和结构刚性问题，价格的相对变动对资源再配置的撬动作用有限，供给与需求难以自动向均衡点移动。正因为产业结构差异的存在，政府利用产业政策干预和调整产业结构就十分有必要，如果能在结构转换中引导资源要素从低生产率部门向高生产率部门转移，就可提高全要素生产率，加速经济增长。

2.4.2　市场失灵理论

市场失灵理论是产业政策存在的最主要理论依据。有效的市场机制固然能够优化资源配置，但是由于公共产品、外部性、垄断等因素的存在，市场失灵是不可避免的。首先，公共产品领域存在市场失灵问题。对于私人产品的提供，理想的方法就是利用市场机制进行调节，使供给与需求达到均衡。然而，公共产品具有非排他性和非竞争性特点，如果依靠市场手段提供公共产品，其供给量将低于资源最优配置状态下的供给点，不能有效满足实际需求。政府作为公共产品的最合适提供者，公共产品的有效供给离不开产业政策的有效引导，具体方式包括政府直接生产、政府委托生产、政府采购、服务外包、特许经营等。其次，外部性也容易导致市场失灵。外部性主要指经济主体行为所造成的全部代价或收益不完全由该行为主体承担的现象，包括正外部性和负外部性两种情况。外部性问题经常发生在市场交易活动之外，这种情况下市场机制不一定能有效解决外部性问题，进而不能很好地实现其资源配置优化目的。工业产业政策可通过补贴、税收、罚款等政策手段，将外部性问题内在化，优化资源配置。再次，垄断容易导致资源配置低效率。根据效率法则，存在垄断的情况下，企业具有定价权，可以使产品价格高于其边际成本，以获得更多利润，这时资源要素并没有被充分利用，资源配置效率存在改进的空间。某些行业由于其自身技术要求、投资规模及其使用期限等方面的特点，要求实现规模化发展，但追求规模经济的同时可能形成垄断和行业壁垒。最后，信息不完备也会形成市场失灵。现实经济活动中，信息不充分、不对称的现象普遍存在，从而导致逆向选择和道德风险。在这样的环境下，市场经济主体不能平等地获得信息，市场机制并不能最优地配置社会资源。这就需要政府通过产业政策进行适当干预，提供信息服务，重塑公平竞争的市场环境。此外，市场调节属于一种事后调节，从价格形成到价格信号传递到行为主体有一定的时空差，滞后的信息容易导致盲目的市场投资行为，造成经济波动和资源不合理配置。

罗德里克（Rodrik）、豪斯曼（Hausman）等人对传统市场失灵理论进行了拓展，从"信息外溢"和"协调失灵"两个方面对市场失灵加以阐释。其中，信息外溢指由于模仿的存在，企业创新的社会收益大于创新者的个人收益，市场机制为创新活动提供的激励不足。虽然技术创新有利于推动一国或地区生产结构、技术结构、产业结构的调整和升级，但是由于技术模仿的存在，技术创新却面临较大的不确定性。如果创新失败，创新主体还需要承担所有的创新成本。正因如此，企业独立进行技术创新的激励不足，需要政府予以扶持。协调失灵表现在存在投资互补性的企业之间，当单个企业投资收益取决于其他企业是否进行投资，以及是否具有良好的配套设施时，就可能出现协调失灵问题。特别是在产业建立和发展的初期，单个企业没有能力协调好上游、下游企业之间的关系，市场机制的力量也不足以协调不同投资者的行为，理论上政府可以通过产业政策引导市场主体投资行为，甚至可以直接执行某种投资，增强产业协调性。

2.4.3　政府失灵理论

尽管市场失灵为政府利用产业政策进行适当干预提供了理论依据，但由于政府行为自身的局限性和其他客观因素的制约，政府干预并非总是有效的，也可能存在政府失灵。首先，缺乏完全准确的信息会导致政府干预失效。合理适当的政府干预要以信息的完备性和准确性为基础和前提。现代经济社会信息瞬息万变，决策者难以准确地获取所有信息，也不可能对所有决策进行充分的经济分析和论证。况且为了某些特殊的利益诉求，企业或地方政府可能会故意隐瞒信息，导致决策者收集不到准确可靠的信息。所以政府制定产业政策的目标愿望虽是良好的，但根据有限信息所制定的干预措施难免会出现失效的情况。其次，时滞问题会导致政府干预失效。从不良经济现象的产生，到信息的形成、传递、收集、汇总本身有一个时间过程。根据这些信息政府从制定相应的干预政策，到政策论证、政策实施也需要一个相对较长的时间过程。这个过程存在诸多不确定性因素，经济运行也可能出现一些新变化，使政府干预行为达不到预期的目标，导致政府失灵。此外，缺乏有效的约束监督机制也会导致政府失灵。政府行为逻辑不同于企业，不受市场利润、成本效益等方面约束，容易导致公共预算的扩张。尤其是在缺乏有力监督的情况下，还极易出现"寻租"行为。这些也考验着政府干预行为的有效性。

从产业政策的角度看，政府失灵至少来自政策工具效果递减和政策实施路径依赖两个方面。产业政策工具效果递减规律，即政策工具实施一段时间后，总会产生一些可预见和不可预见的结果，随着时间的推移会出现一种倾向，那些可预见的结果会逐渐减弱，而那些不可预见的结果则会变得越来越明显，因此片面夸大工业产业政策作用并不可取。另一方面，政府面对产业发展新问题时，主观上存在政策工具选择的路径依赖，倾向于以同样的政策工具作出回应，如果政策使用不成功，政策制定者极可能会加强该政策工具的实施。工业产业政策实施力度越大，就越需要相应的资金、人力资源等政策投入作为保障，后果是既不能实现预期的政策目标，又会造成极大的资源浪费。正因为理论上政府干预并非总是有效的，产业政策也存在失败的可能，因此有必要适时地对产业政策效应进行客观评价。

第 3 章
基于提高全要素生产率的
我国工业产业政策效应
评价分析框架构建

我国经济已经从高速增长阶段转向高质量发展阶段，研究有利于提高全要素生产率的工业产业政策既重要又紧迫。系统客观评价我国工业产业政策效应，并不是为了否定工业产业政策的历史地位和存在价值，而是为了精准地研判工业产业政策运行中的问题，对已经不适用的工业产业政策加以调整、改进或革新，提高工业产业政策决策质量，使其更好地适应高质量发展阶段的工业发展需要，适应提高全要素生产率的需要。为了对工业产业政策效应进行系统客观评价，本书将全要素生产率的分解与工业产业政策调节资源配置、发展规模经济、促进技术进步的三个目标任务结合起来，从提高全要素生产率的视角，将工业产业政策效应进一步分解为资源配置效应、规模经济效应、技术进步效应，并据此提出基于全要素生产率的工业产业政策效应评价分析框架。

3.1 我国工业产业政策面临的新形势与新挑战

我国工业产业政策是在快速工业化进程中形成与逐步完善的，满足了我国高速增长阶段的工业发展需要。不可否认，工业产业政策在推动我国形成相对独立完整的工业体系、发展成为工业大国中发挥了重要作用。但是，我国经济已经从高速增长阶段转向高质量发展阶段，推动高质量发展是当前和今后一个时期确定发展思路、制定经济政策、实施宏观调控的根本要求。面对新形势、新变化，工业产业政策运行的基础环境更加复杂，亟须加快培育工业经济增长新动能，推动工业经济发展由主要依靠要素投入驱动向创新驱动、全要素生产率驱动转变。

3.1.1　工业产业政策的阶段性特征

新中国成立到改革开放以前，虽然没有明确提出工业产业政策的概念，但政府已经开始运用计划手段干预工业经济运行。在"一五""二五""三五""四五"计划时期，经济建设的重点是工业，工业建设又以重工业为主，特别是钢铁工业。这时期我国为了摆脱工业基础薄弱和经济短缺的局面，开启了大规模的工业化和现代化建设，制定并颁布了多项计划性工业政策，实施了一批具有重大影响的工业项目，培育了一批具有竞争力的大型工业企业，推动形成了门类比较齐全、布局相对合理的工业体系，使工业经济成为国民经济持续健康增长的主要支撑。同时，这也为我国在改革开放后能够大规模吸引外商直接投资，进而成为世界制成品加工基地奠定了坚实基础。但是，这时期我国的工业化建设没有突破苏联计划经济的模式，为追求相对独立完整的工业体系付出了巨大代价，表现在高度集中的计划经济、产权不明晰、对外开放程度低等，其主要弊端是牺牲了市场的作用，从而牺牲了效率。

改革开放以来，特别是在1984年党的十二届三中全会提出计划经济是公有制基础上的有计划的商品经济后，要求国家宏观经济决策与微观经济活动都必须尊重价值规律，注重运用计划调节和市场调节的双重功能，履行国家宏观经济管理职能，产业政策、财政政策、货币政策等宏观经济政策应运而生。1986年我国"七五"计划首次正式提出"产业政策"，1987年党的十三大报告提出"计划管理的重点应转向制定产业政策，通过综合运用各种经济杠杆，促进产业政策的实现"。1989年颁发的《国务院关于当前产业政策要点的决定》标志着我国产业政策体系初步形成，1994年颁布的《90年代国家产业政策纲要》标志着我国产业政策框架体系的基本形成。这时期所形成的产业政策体系基本满足了我国高速增长阶段下的工业发展需要，在快速推进工业化进程中发挥了重要作用。

改革开放初期到20世纪末，工业产业政策主要目标在于纠正产业结构重大比例失衡。1979—1982年侧重发展轻工业，尤其是轻纺、棉花等行业，推动轻重工业比例协调，在不到3年时间内，这些严重短缺的行业从供不应求转为相对过剩。1982—1992年国家集中力量发展重工业中的薄弱环节，尤其是能源、交通、原材料、通信等基础工业和基础设施，增加短线产品①的生产和建设，推动一般加工工业与基础工业协调发展。《90年代国家产业政策纲要》明确提出20世纪90年代要在切实加强基础设施和基础工业的基础上，努力加快机械电子、石油化工、汽车制造和建筑业的发展，并使它们成为国民经济的支柱产业。这时期工业产业政策的主要任务在于推动产业结构调整，例如发展轻工业、发展基础工业、发展支柱产业以及发展高新技术产业等。同时，随着社会主义市场经济体制的初步确立，强调综合运用经济手段、法律手段和必要的行政手段保证产业政策的实施，指令性、命令性的政策逐渐减少，地方和企业的自主权逐步扩大，依靠市场自发调节的作用范围越来越广。从政策结果来看，到20世纪末，尽管我国工业现代化水平仍然较低，但是我国工业经历了以市场需求为导向的高速增长，商品多样化程度逐步提高，极大地改善了人民的物质文化生活需要，国际地位也因工业快速发展有了大幅提高。因此，这一时期以直接干预、选择性强、覆盖面广等为特征的工业产业政策总体上是相对成功的，加速了我国产业结构的转换，缩短了赶超时间，实现了工业的超常发展。

2002年，我国政府明确提出新世纪的工业发展需要走"科技含量高、经济效益好、资源消耗低、环境污染少、人力资源优势得到充分发挥的新型工业化道路"。新型工业化道路强调科技作为第一生产力的作用，旨在推动工业经济增长方式从粗放型向集约型转变，努力提高资源利用效率，更加关注工业发展的质量和效益，换言之就是更加重视工业全要素生产率的提高。2009年多部委联合制定并实施了《国家产业技术政策》，产业技术政策在整个产业政策体系中的地位和作用更为突出。但是，这时期由于产业政策不当干预所引起的资源错配、产能过剩等问题也愈加明显。20世纪90年代工业产业政策重点支持基础工业、汽车制造等行业，到2004—2006年，其中的钢铁、电解铝、电石、铁合金、焦炭、汽车等行业产能已经出现明显过剩。在国际金融危机冲击下，国家制定并实施了10个重点产业调整和振兴规划②，短时间内这些行业中的钢铁、水泥、平板玻璃、船舶、电解铝、有色、化工、煤炭、光伏等多个

---

① 根据产业的生产能力满足需求的状况不同，可把产业划分为长线产业和短线产业，其中短线产业指其产出小于需求的产业，长线产业指其产出大于需求的产业。拉长短线产业是一种调整产业结构的政策，在当时的供求环境下，国家鼓励优先发展短线产业，如纺织、能源、交通运输等，限制发展长线产业。

② 10个行业分别是钢铁、汽车、船舶、石化、纺织、轻工、有色金属、装备制造业、电子信息以及物流业。其中，9个工业行业增加值占全部工业增加值的比重接近80%，占GDP的比重达到1/3，规模以上企业上缴税金约占全国税收收入的40%，直接从业人员约占全国城镇单位就业人数的30%。

工业行业就出现了严重的产能过剩。这必然导致资源要素配置扭曲、全要素生产率下降，传统工业产业政策的有效性也越来越受到质疑。

3.1.2　工业产业政策面临的新形势

近年来，国内外经济形势复杂多变，经济运行中出现了一系列新趋势、新矛盾，以及破解新问题的新思路。面对这些新变化，工业产业政策实施环境将更加复杂化，对工业产业政策有效性形成更大挑战。

第一，全球经济进入新平庸态势，中国经济进入新常态。从国际背景来看，国际金融危机深层次影响在相当长时期依然存在，世界经济在深刻调整中曲折复苏，增长格局变化趋势不确定性增强，全球经济持续低速增长的可能性加大，国际竞争更加激烈，日益复杂的国际经济形势对工业产业政策的内容和方式提出了新挑战和新要求。从国内背景来看，当前经济发展最显著特点就是进入以"速度变化、结构优化、动力转换"为特征的新常态。在经济新常态下，影响宏观经济运行的因素中，需求问题与供给问题交织，总量问题与结构问题交织，结构问题与体制问题交织，短期问题与长期问题交织，国内问题与国际问题交织。面对这些两难、多难交织的问题，传统工业产业政策思路和方式所带来的效果明显递减，投资拉动工业经济增长的作用十分有限，强刺激政策也产生了许多后遗症。

第二，政府与市场在配置资源中的角色发生深刻变化，我国提出使市场在资源配置中起决定性作用和更好发挥政府作用，要求"看不见的手"和"看得见的手"都要用好。党的十八届三中全会将市场在资源配置中起基础性作用修改为起决定性作用，虽然只有两字之差，但对市场作用却是一个全新的定位。工业产业政策作为政府配置资源的重要手段，是处理好政府与市场关系的重要一环。政府与市场在配置资源中的角色变化，客观上要求更加尊重市场规律，合理界定产业政策的边界，为市场有效运行营造良好的环境，增进市场功能。如何建立与这种深刻变化相适应的工业产业政策体系，进行科学调节、有效干预，提高资源配置效率，是一项需要深入研究的课题。

第三，我国宏观经济总供求格局发生了显著变化，推进供给侧结构性改革成为我国宏观经济管理的战略新思路。供给和需求是市场经济内在关系的两个基本方面，供给侧和需求侧是政府管理和调控宏观经济的两个基本手段，其中需求侧重在解决短期总量性问题，供给侧重在解决长期结构性问题。当前和今后一个时期，我国经济发展面临的问题，供给和需求两侧都有，但矛盾的主要方面在供给侧。例如供给体系产能规模没有问题，但中低端产品过剩，高端产品供给不足，没有及时跟上因国内中等收入群体迅速扩大而变化了的消费结构，以及一些行业产能严重过剩、企业生产经营成本提高过快等。这些都表明，我国宏观经济总供求格局中，并不是"有效需求不足"，而是需求变化了之后，有效供给不足造成的结构性供需不匹配问题。据此，我国政府提出供给侧结构性改革，用改革的办法推进结构调整，矫正要素配置扭曲，扩大有效供给，提高供给结构对需求变化的适应性和灵活性，提高全要素生产率。在供给侧结构性改革背景下，传统工业产业政策或多或少都显现出一些不适应性，甚至与提高全要素生产率的目标存在一些矛盾。

第四，为应对新一轮科技革命和产业变革，我国加快实施创新驱动发展战略和"中国制造2025"，培育新的增长动力。国际金融危机以后，全球范围内新一轮科技革命和产业变革蓄势待发，新一代信息通信技术与制造业融合发展，智能制造成为时代的一个新趋势。美国、德国、法国等世界主要发达国家都将智能制造作为制造业发展和变革的重要方向，制造业重新成为全球经济竞争制高点。[1] 为了紧紧抓住这一重大历史机遇，我国制定并实施了《国家创新驱动发展战略纲要》《中国制造2025》，致力于建设更具国际竞争力的制造业。然而，与世界主要发达国家相比，我国制造业仍然"大而不强"，在全球价值链分工中总体还处于中低端水平，一些关键核心技术受制于人，企业创新动力不足，领军人才和高技能人才缺乏，适应创新驱动的体制机制亟待建立健全。这些问题对工业产业政策的制定和实施形成新挑战。

第五，我国经济已由高速增长阶段转向高质量发展阶段，提高全要素生产率是衡量高质量发展的重要标尺。在高速增长阶段，侧重于追求经济速度规模的粗放型增长，经济结构调整以增量扩能为主，发展主要依靠资源和低成本劳动力等要素投入。这种数量型增长显然是不可持续的，其主要原因在于资源要素总量是有限的，再加上一定技术水平下要素边际收益递减。在高质量发展阶段，更加注重工业经济发展质量和效益，经济结构调整上，调整存量、做优增量两方面并举，发展主要依靠创新驱动，推动经济发展实现质量变革、效率变革、动力变革，提高全要素生产率。换言之，要实现经济高质量发展，关键在于提高全要素生产率。但是长期以来我国工业经济增长主要受资源约束而不是效率约束，始终未能摆脱低效率的困扰。我国工业增长主要是要素投入驱动的，投资拉动最为典型，而不是靠效率改善或技术进步以追求全要素生产率的提高。在这种经济增长模式下，为了保持经济高速增长需要不断追加投资，但

---

[1] 苗圩. 唯有制造强国才能变身世界强国 [N]. 人民政协报，2015-11-17 (5).

投资不仅没能给企业带来期望的回报率，反而造成严重的产能过剩，工业企业利润下降，部分企业处于停工或半停工状态，更多的资源闲置和浪费，进一步降低了全要素生产率。如何把工业产业政策目标和工具设计的重点放在提升资源配置效率和全要素生产率上，成为促进工业经济高质量发展的紧迫任务。

3.1.3　工业产业政策的不适应性凸显

我国工业产业政策是在快速工业化进程中形成与逐步完善的。不可否认，传统工业产业政策在快速推进工业化、促进工业经济发展上取得过一定成效。但是，相对于复杂多变的国内外经济环境，传统工业产业政策思路和方式所带来的效果明显递减甚至为负作用，不适应性愈加凸显，主要表现在：

第一，传统工业产业政策行政直接干预色彩浓厚，不利于发挥市场在资源配置中的决定性作用。产业政策提出初期，无论是在产业政策总原则，还是政策工具选择上都体现着强烈的国家计划色彩，政策实施上以政府干预为主，多为直接干预，辅之以间接干预。随着社会主义市场经济体制的确立，强调综合运用经济手段、法律手段和必要的行政手段保证产业政策的实施。尽管行政直接干预的产业政策在逐渐减少，但其在产业政策制定和实施中仍然占据重要地位，例如项目审批核准备案、贷款限制、土地指标控制、产能规模限制、价格管制、目录指导等各种政策形式。行政直接干预型的产业政策虽然能在短时间内集中全国力量调结构、补短板，但同时也可能造成大量低水平重复建设和产能过剩，导致更为严重的结构性问题，容易落入"脱离国情，超越国力，急于求成，大起大落"的窠臼，严重阻碍市场配置资源功能的发挥。

第二，传统工业产业政策基本适应高速增长时期的工业发展要求，追求GDP规模与速度，广泛运用激励投资、引导规模发展的政策工具，不利于向创新驱动、全要素生产率驱动的工业经济增长模式转轨。长期以来，在地方政府地区生产总值最大化的冲动下，工业产业政策以激励投资为主，投资成为拉动工业经济增长的主要动力。政府重点扶持的行业部门，容易形成"一窝蜂"效应，造成低水平重复建设，导致产能过剩。工业组织政策上重点扶持大中型企业、国有企业，过度追求行业集中度的提高。简言之，传统工业产业政策重视依靠资源要素投入驱动工业经济增长，忽视资源的利用效率和配置效率，对企业能力建设、市场环境建设的重视不够，难以适应经济形势的新变化。

第三，传统工业产业政策带有强烈的选择性特征，对微观经济运行的干预过多，容易导致激励约束机制扭曲。选择性产业政策的倡导者认为，发展中国家可以借鉴发达国家产业结构演进的规律和经验，通过扶持新兴产业和战略产业发展，积极干预经济运行和产业结构调整，从而发挥后发优势。但是，未来到底发展什么产业存在较大的不确定性，因为发展环境、资源禀赋的不同，各国产业结构演变规律呈现巨大差异；政府需要解决信息不足问题，能够科学判断和预测未来产业发展的趋势，这个难度很大；政府要克制自身利益和偏好的影响，避免被利益集团所俘获等。在微观上，传统工业产业政策以"挑选赢家""抓大放小"等途径主导资源配置，干预微观经济运行，限制了市场竞争，给企业以不平等的待遇，容易造成资源配置扭曲。

面对复杂多变的新环境和新形势，我国传统工业产业政策表现出诸多不适应性，并在不同程度上制约着资源配置效率、规模效率、技术进步率以及全要素生产率的提高。这客观要求对不适应高质量发展阶段的工业产业政策加以调整、改进，提高工业产业政策的精准性与有效性。首先，发挥市场在资源配置中的决定性作用，要求减少行政性干预和微观经济干预，合理界定工业产业政策的边界，为市场有效运行营造良好的环境，增进市场功能。其次，工业产业政策与以总量调整为主要特征的货币政策、财政政策不同，属于带有明显供给指向性的经济政策，主要着眼于提高供给能力和改善供给结构。工业产业政策要准确定位供给侧结构性改革的大方向，扩大有效供给，着力矫正资源要素配置扭曲，提高全要素生产率。最后，工业产业政策制定与实施中要更加注重工业创新能力建设，服务于"中国制造2025"，推动工业发展形成新的增长动能，从要素投入驱动转向全要素生产率驱动。

3.2　我国工业全要素生产率波动的特点

2001—2015年，我国工业全要素生产率的波动与工业产业政策的制定与实施不无关系。无论是从行业层面、区域层面，还是企业层面来看，2001—2015年，我国工业全要素生产率增长率均呈现波动下降趋势。行业和区域层面，工业全要素生产率增长率下降主要由技术进步率、资本配置效率下降所引起，其中资本配置效率波动是工业全要素生产率增长率波动的主要原因，而劳动配置效率、规模效率、技术效率变化率对工业全要素生产率增速下降的影响较小。企业层面，企业间资源配置扭曲成为制约工业全要素生产率增长的瓶颈因素，资源错配指数与工业企业全要素生产率增长率之间的相关系数高达－0.647。导致工业全要素生产率恶化的根源在于大规模资本要素投入，它不仅会导致资本边际生产率下降，降低技术进步贡献率，还会造成资源要素配置扭曲，这充分反映了投资拉动型工业经济增长的不可持续性。

3.2.1　全要素生产率分析数据准备

本书采用随机前沿分析法（SFA）对 2001—2015 年我国 35 个行业和 31 个省（区、市，未包括港澳台）的工业技术进步率、技术效率变化率、配置效率、规模效率以及全要素生产率增长率进行测算；采用 OP 半参数法对 2000—2013 年工业企业全要素生产率进行测算，在此基础上测算企业间资源错配指数，为全面系统评价工业产业政策效应奠定必要的数据基础。

3.2.1.1　行业层面全要素生产率测算

采用 SFA 方法测算全要素生产率增长率需预先设定生产函数形式。本书在巴特斯和科埃利（Battese and Coelli，1992）模型的基础上，采用劳动、资本两种要素投入，构建随机前沿超越对数生产函数的基本模型如下：

$$\ln Y_{it} = \beta_0 + \beta_L \ln L_{it} + \beta_K \ln K_{it} + \beta_t t_t + 0.5\beta_{LL}(\ln L_{it})^2 + 0.5\beta_{KK}(\ln K_{it})^2 +$$
$$0.5\beta_{tt} t_t^2 + \beta_{LK}(\ln L_{it})(\ln K_{it}) + \beta_{tL} t_t \ln L_{it} + \beta_{tK} t_t \ln K_{it} + (V_{it} - U_{it}) \tag{3-1}$$

$$U_{it} = U_i \times \eta_{it} = U_i \times \exp\left[-\eta(t-T)\right] \tag{3-2}$$

式（3—1）中，L_{it}、K_{it} 分别是劳动、资本投入，以时间趋势 t 衡量技术进步程度，取值为 1，2，…，n，而 β 为待估参数。V_{it} 是行业 i 在 t 时期生产过程的随机误差项，服从独立同分布，即 $V_{it} \sim \text{i.i.d.} N(0, \sigma_V^2)$。$U_{it}$ 为行业 i 在 t 时期生产过程的技术无效率项。$\sigma_S^2 = \sigma_V^2 + \sigma_U^2$，$\gamma = \sigma_U^2/\sigma_S^2$，用以检验模型是否适宜做随机前沿分析，如果 $\gamma = 0$，则 $\sigma_U^2 = 0$，说明为确定性前沿模型，则不宜采用随机前沿模型。

式（3—2）是巴特斯和科埃利（Battese and Coelli，1992）研究时采纳的一个时变技术无效率指数模型，表示技术行业 i 在 t 时期的技术无效率指数 U_{it} 为 i 行业平均技术无效率指数 U_i 与一个指数函数的乘积。η 为待估参数，表示技术无效率指数的变化率，$\eta < 0$、$\eta = 0$、$\eta > 0$ 分别表示技术无效率指数 U_{it} 随时间递增、不变、递减。T 为基期年度，取值为 1。假定技术无效率指数服从非负截尾独立同分布的正态分布，即 $U_{it} \sim \text{i.i.d.} N^+(\mu, \sigma_U^2)$。

按照式（2—16）的分解，在超越对数生产函数形式的随机前沿模型下，各行业 TFP 增长率分项的计算公式如下：

$$TP_{it} = \beta_{tt}t_t + \beta_{tL}\ln L_{it} + \beta_{tK}\ln K_{it} \qquad (3-3)$$

$$\dot{TE}_{it} = \frac{TE_{it}}{TE_{i(t-1)}} - 1 \qquad (3-4)$$

$$SE_{it} = (RTS_{it} - 1) \times \left(\lambda_{itL}\frac{\Delta L_{it}}{L_{it}} + \lambda_{itK}\frac{\Delta K_{it}}{K_{it}} \right) \qquad (3-5)$$

$$AE_{it} = (\lambda_{itL} - S_{itL})\frac{\Delta L_{it}}{L_{it}} + (\lambda_{itK} - S_{itK})\frac{\Delta K_{it}}{K_{it}} \qquad (3-6)$$

式（3-5）和式（3-6）中劳动和资本的产出弹性计算公式如下：

$$\varepsilon_{itL} = \frac{\partial \ln Y_{it}}{\partial \ln L_{it}} = \beta_L + \beta_{LL}\ln L_{it} + \beta_{LK}\ln K_{it} + \beta_{tL}t \qquad (3-7)$$

$$\varepsilon_{itK} = \frac{\partial \ln Y_{it}}{\partial \ln K_{it}} = \beta_K + \beta_{KK}\ln K_{it} + \beta_{LK}\ln L_{it} + \beta_{tK}t \qquad (3-8)$$

其中，$RTS_{it} = \varepsilon_{itL} + \varepsilon_{itK}$，表示行业 i 在第 t 年的规模效应，$\lambda_{itL} = \varepsilon_{itL}/(\varepsilon_{itL} + \varepsilon_{itK})$，$\lambda_{itK} = \varepsilon_{itK}/(\varepsilon_{itL} + \varepsilon_{itK})$。

式（3-6）中的总成本函数为 $C_{it} = w_{it}L_{it} + r_{it}K_{it}$，其中 w_{it}、r_{it} 分别表示资本和劳动要素价格，劳动成本份额 $S_{itL} = w_{it}L_{it}/C_{it}$，资本成本份额 $S_{itK} = r_{it}K_{it}/C_{it}$。

1. 模型假设

式（3-1）是设定的随机前沿超越对数生产函数的一般形式，记为模型（A），但这并不一定适用于所有情况下的生产效率评价，需要对模型（A）的参数进行严格的假设检验，例如变量之间是否有相互作用、是否有显著的技术进步、是否有冗余变量、是否存在技术无效率等。为了检验模型（A）的适宜性，待检验的原假设如下：

假设 1：无变量间相互作用，即 $\beta_{LL} = \beta_{KK} = \beta_{tt} = \beta_{LK} = \beta_{tL} = \beta_{tK} = 0$，记为模型（A-1）。

假设 2：没有技术进步，即 $\beta_t = \beta_{tt} = \beta_{tL} = \beta_{tK} = 0$，记为模型（A-2）。

假设 3：存在冗余变量，即模型（A）中不显著系数为 0，记为模型（A-3）。

以上假设主要是对模型（A）中的待估参数 β 进行的检验，还需要进一步对技术无效率指数模型中的 μ、η 进行检验。较之模型（A），选择模型（A-3）对 μ、η 进行检验更为合理，待检验的原假设如下：

假设 4：技术无效率指数服从半正态分布，即 $\mu = 0$，记为模型（A-4）。

假设 5：技术无效率不随时间变动，即 $\eta=0$，记为模型（A-5）。

假设 6：技术无效率服从半正态分布且不随着时间变动，即 $\mu=\eta=0$，记为模型（A-6）。

所有的假设都可用广义似然率统计量来检验，其值为 $\lambda=-2[\ln(L_0)-\ln(L_1)]$，其中 L_0 和 L_1 分别是零假设和备择假设前沿模型的似然函数值，检验的基础模型分别是模型（A）和模型（A-3）。如果零假设成立，那么检验统计量 λ 服从混合卡方分布，自由度为受约束变量的个数。

2. 数据说明及预处理

我国国民经济行业分类标准经历了 1984 年、1994 年、2002 年、2011 年和 2017 年五次大调整，行业数量与分类、统计口径等都发生了变化，给工业行业数据处理造成许多不便。工业行业分为采掘业，制造业，电力、煤气及水的生产和供应业三个行业大类，不同时期每一大类下所包含的工业细分行业略有差异。为了保证 2000—2015 年各类数据的连续性和一致性，本书对行业进行了归并处理。以《国民经济行业分类标准》（GB/T 4754—2002）中 39 个中类行业为基准，首先，剔除了行业规模较小、数据缺乏连续性的其他采矿业、工艺品及其他制造业、废弃资源和废旧材料回收加工业 3 个中类行业。其次，2011 年版分类标准将橡胶和塑料制品业进行合并，统称为塑胶和塑料制品业，本书对 2000—2011 年橡胶和塑料制品业两个中类行业的数据进行了合并。再次，2011 年版分类标准将交通运输设备制造业拆分为汽车制造业，铁路、船舶、航空航天和其他运输设备制造业两个行业，本书对 2012—2015 年这两个行业数据进行了合并，将之统称为交通运输设备制造业。此外，还剔除了2011 年版分类标准新增的开采辅助活动，金属制品、机械和设备修理业两个行业，忽略了一些细分行业的更名和细微调整。最后汇总得到 35 个工业行业，如表 3-1 所示。

运用式（3-1）测算工业行业全要素生产率增长率，需要整理各行业的产出、资本和劳动要素投入、要素成本以及相关价格平减指数等相关数据，本书的处理方法如下。第一，工业增加值数据。2000—2003 年和 2005—2007 年的工业行业增加值数据可直接获取，2004 年数据采用线性插值方式估计。2008—2015 年工业行业增加值处理方法相对复杂，在获取分行业工业增加值累计同比增长率、工业增加值总量数据后，可通过以下公式估算工业行业增加值：

表 3-1 两位数工业行业代码及名称

序号	代码	行业名称	序号	代码	行业名称
I_1	06	煤炭开采和洗选业	I_{19}	26	化学原料及化学制品制造业
I_2	07	石油和天然气开采业	I_{20}	27	医药制造业
I_3	08	黑色金属矿采选业	I_{21}	28	化学纤维制造业
I_4	09	有色金属矿采选业	I_{22}	29+30	塑胶和塑料制品业
I_5	10	非金属矿采选业	I_{23}	31	非金属矿物制品业
I_6	13	农副食品加工业	I_{24}	32	黑色金属冶炼及压延加工业
I_7	14	食品制造业	I_{25}	33	有色金属冶炼及压延加工业
I_8	15	饮料制造业	I_{26}	34	金属制品业
I_9	16	烟草制品业	I_{27}	35	通用设备制造业
I_{10}	17	纺织业	I_{28}	36	专用设备制造业
I_{11}	18	纺织服装、鞋、帽制造业	I_{29}	37	交通运输设备制造业
I_{12}	19	皮革、毛皮、羽毛（绒）及其制品业	I_{30}	39	电气机械及器材制造业
I_{13}	20	木材加工及木、竹、藤、棕、草制品业	I_{31}	40	通信设备、计算机及其他电子设备制造业
I_{14}	21	家具制造业	I_{32}	41	仪器仪表及文化、办公用机械制造业
I_{15}	22	造纸及纸制品业	I_{33}	44	电力、热力的生产和供应业
I_{16}	23	印刷业和记录媒介的复制	I_{34}	45	燃气生产和供应业
I_{17}	24	文教体育用品制造业	I_{35}	46	水的生产和供应业
I_{18}	25	石油加工、炼焦及核燃料加工业			

$$G_{i(t+1)} = \frac{G_{it}g_{i(t+1)}}{\sum\limits_{i=1}^{35}G_{it}g_{i(t+1)}} \times (G_{t+1} - G_t) \qquad (3-9)$$

式（3-9）中，g_{it} 为 i 行业 t 时期工业增加值累计同比增长率，G_t 为 t 时期全部工业增加值，G_{it} 为 i 行业 t 时期工业增加值。该公式的优点在于既符合各行业工业增加值的增长趋势，又能使估计出的各行业增加值之和不突破实际工业增加值。最后再利用以 2000 年为基期的各行业工业生产者出厂价格指数对工业增加值进行消胀。第二，资本与劳动要素投入数据。以固定资产净值年平均余额作为衡量资本要素投入的指标。1999—2008 年固定资产净值可直接获取，2009—2015 年固定资产净值可通过当年固定资产原价减去累计折旧进行估算而得。对相邻两年固定资产净值取平均数，可得固定资产净值年平均余额，再利用以 2000 年为基期的各行业固定资产投资价格指数对资本项进行消胀。以各行业年平均从业人数作为劳动要素投入的指标，再对相邻两年从业人数取平均数，得到各行业年平均从业人数。第三，资本与劳动成本价格。资本成本以"当年折旧额＋利息支出"衡量，当年折旧额通过上一年累计折旧减去下一年累计折旧换算而得，再利用以 2000 年为基期的固定资产投资价格指数对各行业资本成本进行消胀。劳动成本以实际工资总额衡量，各行业工资总额通过平均从业人数乘以城镇单位平均工资进行估算，再利用以 2000 年为基期的城镇单位在岗职工平均货币工资指数进行消胀，估算各行业实际工资总额。以上数据均是规模以上工业企业数据，分别从 EPS 数据库、《中国统计年鉴》、《中国工业统计年鉴》、《中国劳动统计年鉴》、《中国价格统计年鉴》等渠道获得。

3. 模型回归结果及检验

基于 Frontier 4.1 软件，采用最大似然估计法对模型（A）～（A—6）进行估计，具体结果如表 3—2 所示。表 3—2 显示了模型（A）～（A—6）的估计结果及回归系数检验结果，表 3—3 显示了在 5％显著性水平上对模型（A—1）～（A—6）的假设检验结果。首先，模型（A）拒绝了无变量间相互作用的假设和不存在技术进步的假设，说明不宜采用 C—D 生产函数形式，投入要素间的相互作用及随时间变化的技术进步都促进了经济增长。其次，模型（A）接受了有冗余变量的假设，而且不含冗余变量的模型（A—3）所有参数 β 都通过了显著性检验，似然函数对数值也较高。所以较之模型（A），选择模型（A—3）更为适宜。再次，无效率指数函数检验结果显示，模型（A—3）均拒绝了无效率函数的原假设，说明模型服从零点截断型正态分布，以及存在随着时间变化的技术无效率指数。故选择模型（A—3）作为最终的前沿生产函数，测算工业行业全要素生产率增长率及其分解。

表 3—2　模型（A）～（A—6）估计结果

系数	模型（A）	模型（A—1）	模型（A—2）	模型（A—3）	模型（A—4）	模型（A—5）	模型（A—6）
常数项	1.5605** (2.3280)	3.1966*** (6.3425)	4.4006*** (4.1239)	1.2492*** (2.6730)	1.3176*** (2.8869)	4.5254*** (10.964)	4.6776*** (12.022)
β_K	—0.1603 (—0.6378)	0.1539*** (2.8912)	2.0825*** (14.342)				

系数	模型(A)	模型(A—1)	模型(A—2)	模型(A—3)	模型(A—4)	模型(A—5)	模型(A—6)
β_L	1.7666*** (7.3061)	0.5823*** (11.724)	−2.5750*** (−9.0226)	1.6866*** (8.2805)	1.6437*** (8.1503)	0.4141* (1.9023)	0.3343 (1.6121)
β_t	0.3832*** (16.064)	0.1080*** (16.067)	—	0.3733*** (19.864)	0.3729*** (19.868)	0.2858*** (17.504)	0.2891*** (18.092)
β_{KK}	0.3699*** (5.7356)	—	−0.2435*** (−5.4046)	0.3406*** (8.1826)	0.3423*** (8.1659)	0.0810** (2.0387)	0.0878** (2.3945)
β_{LL}	0.1696** (2.0858)	—	0.3933*** (4.2047)	0.1771** (2.2355)	0.1907** (2.4534)	−0.0363 (−0.4553)	−0.0093 (−0.1266)
β_{tt}	−0.0086*** (−8.4670)	—	—	−0.0088*** (−8.8763)	−0.0088*** (−9.0510)	−0.0130*** (−14.593)	−0.0130*** (−14.443)
β_{KL}	−0.3812*** (−6.1417)	—	0.1032* (1.8274)	−0.3751*** (−6.4215)	−0.3780*** (−6.4320)	−0.0257 (−0.4595)	−0.0353 (−0.6723)
β_{tK}	−0.0429*** (−8.0101)	—	—	−0.0404*** (−12.712)	−0.0406*** (−12.535)	−0.0218*** (−6.0000)	−0.0226*** (−7.113)
β_{tL}	0.0323*** (6.6978)	—	—	0.0312*** (7.7584)	0.0312*** (7.6538)	0.0179*** (3.8426)	0.0183*** (4.3370)
σ_S^2	1.1788*** (2.9510)	0.7594*** (7.8882)	0.3899*** (7.7603)	1.2119*** (2.9020)	4.3952*** (3.8662)	0.6064** (2.4865)	1.8860*** (4.0909)
γ	0.9828*** (163.08)	0.9382*** (130.63)	0.8182*** (65.55)	0.9832*** (166.02)	0.9954*** (808.98)	0.9592*** (57.691)	0.9869*** (294.23)
μ	1.7783*** (7.0443)	0.5447 (1.4593)	1.1297*** (5.2062)	1.7875*** (6.6831)		1.1410*** (4.0578)	
η	−0.0326*** (−11.932)	−0.0123*** (−2.6057)	0.0276*** (7.2775)	−0.0332*** (−12.208)	−0.0329*** (−12.530)		
样本数	560	560	560	560	560	560	560
似然函数对数值	189.38	−55.36	−132.89	189.18	185.18	143.10	140.46

注：括号内为 t 统计值，*、**、***分别表示10%、5%、1%的显著性水平，双尾检验。

表3—3　对模型（A—1）～（A—6）的假设检验结果

	模型(A—1)	模型(A—2)	模型(A—3)	模型(A—4)	模型(A—5)	模型(A—6)
λ	489.50	644.55	0.41	8.00	92.16	97.43
受约束变量	3	3	3	2	2	1
$\chi^2_{0.05}$	7.815	7.815	7.815	5.991	5.991	3.841
检验结果	拒绝	拒绝	接受	拒绝	拒绝	拒绝

在模型（A-3）的回归结果中，系数 β_L、β_t、β_{KK}、β_{LL} 显著且为正，说明劳动投入、技术进步、资本投入对增长产出有促进作用。劳动与资本交叉变量显著且系数 β_{LK} 为负，说明劳动与资本之间存在替代关系而不是互补关系。劳动时间变量显著且系数 β_{tL} 为正，说明技术进步过程中提高了劳动生产率，增加劳动要素投入有利于促进行业经济增长。系数 β_{tK} 显著且为负，这也进一步说明在技术进步过程中发生了劳动节约型技术进步，使资本投入要素替代了劳动力要素，但可能受到资本投入规模、资本利用效率等相关因素影响，增加资本投入并不一定能促进工业经济增长。σ_S^2、γ 值均不等于零，说明模型不仅存在技术无效率，而且技术无效率显著地影响产出水平。

根据模型（A-3）的回归结果，结合式（3-3）～（3-8）可计算出 2001—2015 年 35 个工业行业技术进步率、配置效率、规模效率及全要素生产率增长率，具体结果详见表 3-4 和图 3-1。

表 3-4　2001—2015 年工业行业全要素生产率增长率分项的平均值

年份	TFP 增长率	技术进步率	配置效率	资本配置效率	劳动配置效率	规模效率
2001	0.2081	0.2444	0.0216	0.0028	0.0187	−0.0198
2002	0.1867	0.2421	0.0020	−0.0021	0.0041	−0.0179
2003	0.1635	0.2406	−0.0185	−0.0055	−0.0129	−0.0179
2004	0.1182	0.2400	−0.0538	−0.0167	−0.0371	−0.0260
2005	0.0998	0.2373	−0.0609	−0.0294	−0.0316	−0.0332
2006	0.1161	0.2340	−0.0442	−0.0282	−0.0159	−0.0289
2007	0.1046	0.2312	−0.0531	−0.0351	−0.0181	−0.0272
2008	0.0992	0.2300	−0.0608	−0.0417	−0.0191	−0.0222
2009	0.0221	0.2234	−0.1114	−0.0922	−0.0192	−0.0405
2010	0.0857	0.2193	−0.0575	−0.0474	−0.0101	−0.0251
2011	0.1238	0.2174	−0.0310	−0.0273	−0.0037	−0.0100
2012	0.0931	0.2129	−0.0525	−0.0585	0.0060	−0.0130
2013	0.0401	0.2086	−0.0939	−0.0896	−0.0042	−0.0185
2014	0.0430	0.2045	−0.0832	−0.0760	−0.0072	−0.0204
2015	0.0596	0.1999	−0.0606	−0.0621	0.0015	−0.0199

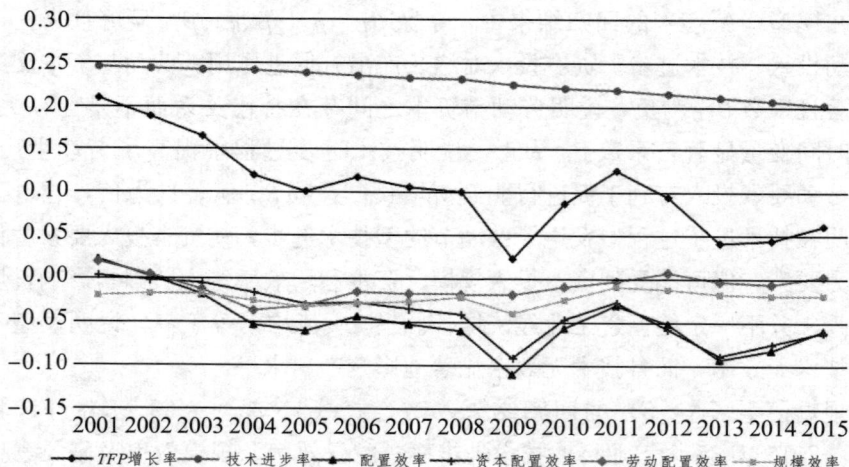

图 3-1 2001—2015 年工业行业全要素生产率增长率的变化趋势

3.2.1.2 区域层面全要素生产率测算

从区域层面测算工业全要素生产率增长率在模型设定、模型假设、数据来源和指标处理上与行业层面保持一致。以模型（B）代表基础模型，估计结果如表 3-5 所示。表 3-6 显示了在 5% 显著性水平上对模型（B-1）~（B-6）的假设检验结果。

由于基础模型（B）估计结果显示冗余变量较多，为了尽可能多地保留变量和真实反映资本、劳动、技术对区域工业发展的影响，采用了逐步回归的方法，最终确定模型（B-3）的估计结果相对较好，而且只有该模型能显著通过 5% 显著性水平下的假设检验。模型（B-3）估计结果显示，系数 β_L、β_t、β_{KK} 显著且为正，说明劳动投入、技术进步、资本投入对增长产出有促进作用，但是劳动与技术进步二次项 β_{LL}、β_{tt} 对产出增长有一定的负作用。从区域工业发展来看，系数 β_{tK} 显著且为负、β_{tL} 显著且为正，与工业行业的情况一致，也进一步说明技术进步过程中发生了劳动节约型技术进步，这也与我国行业技术进步的实际比较吻合。此外，σ_S^2、γ 值均不等于零，说明模型不仅存在技术无效率，而且技术无效率显著地影响产出水平。$\eta < 0$ 说明技术无效率指数随时间递增，即技术效率是以递增的速率递减的。

表 3-5　模型（B）～（B-6）估计结果

系数	模型（B）	模型（B-1）	模型（B-2）	模型（B-3）	模型（B-4）	模型（B-5）	模型（B-6）
常数项	1.1187 (1.0847)	−0.9975*** (−6.1494)	3.0113** (2.3831)	0.4373* (1.7656)	0.2771 (0.8451)	0.9013*** (3.3631)	0.8355*** (2.6461)
β_K	−0.4528 (−0.7305)	0.7640*** (14.559)	0.7763* (1.7725)	—	—	—	—
β_L	1.4117*** (2.7968)	0.4051*** (8.7879)	0.0302 (0.1035)	1.0324*** (9.5384)	1.0952*** (8.3830)	1.0273*** (10.890)	1.0484*** (9.6497)
β_t	0.4370*** (7.2093)	0.1020*** (23.419)	—	0.3972*** (19.596)	0.3930*** (18.830)	0.3395*** (17.276)	0.3395*** (18.640)
β_{KK}	0.2570 (1.3212)	—	−0.2295** (−2.5376)	0.1049*** (12.612)	0.1044*** (12.358)	0.0801*** (8.3652)	0.0798*** (8.6158)
β_{LL}	−0.0343 (−0.2633)	—	−0.2649*** (−4.1014)	−0.1407*** (−5.9224)	−0.1533*** (−6.2670)	−0.1149*** (−6.1540)	−0.1202*** (−6.3169)
β_{tt}	−0.0052*** (−2.7496)	—	—	−0.0063*** (−5.2881)	−0.0065*** (−5.4857)	−0.0088*** (−7.2998)	−0.0088*** (−7.4750)
β_{KL}	−0.1274 (−0.8093)	—	0.2495*** (3.5023)	—	—	—	—
β_{tK}	−0.0595*** (−3.3326)	—	—	−0.0465*** (−8.3242)	−0.0462*** (−8.2215)	−0.0337*** (−5.5971)	−0.0338*** (−6.0279)
β_{tL}	0.0342** (2.4490)	—	—	0.0234*** (5.9764)	0.0239*** (5.8867)	0.0171*** (4.0334)	0.0173*** (4.4526)
σ_S^2	0.1401*** (2.9560)	0.2013*** (8.1183)	0.1011*** (7.1325)	0.1386*** (2.8542)	0.4522*** (3.4587)	0.0925*** (3.0717)	0.2870*** (3.8385)
γ	0.8989*** (25.595)	0.8472*** (32.656)	0.7229*** (18.977)	0.8975*** (24.365)	0.9686*** (102.41)	0.8330*** (15.045)	0.9463*** (64.0891)
μ	0.6099*** (5.5711)	0.8259*** (7.0212)	0.5408*** (7.2478)	0.5985*** (5.0308)	—	0.4591*** (4.8604)	—
η	−0.0368*** (−6.0909)	−0.1544*** (−13.539)	0.0777*** (21.204)	−0.0368*** (−6.1414)	−0.0356*** (−6.7134)	—	—
样本数	496	496	496	496	496	496	496
似然函数对数值	286.09	137.49	118.26	285.76	282.53	266.33	263.30

注：括号内为 t 统计值，*、**、***分别表示 10%、5%、1% 的显著性水平，双尾检验。

表 3—6 对模型（B—1）～（B—6）的假设检验结果

	模型(B—1)	模型(B—2)	模型(B—3)	模型(B—4)	模型(B—5)	模型(B—6)
λ	297.20	335.68	0.66	6.47	38.87	44.93
受约束变量	3	3	3	2	2	1
$\chi^2_{0.05}$	7.815	7.815	7.815	5.991	5.991	3.841
检验结果	拒绝	拒绝	接受	拒绝	拒绝	拒绝

根据模型（B—3）的回归结果，结合公式（3—3）～（3—8）可计算出 2001—2015 年 31 个省（区、市）工业技术进步率、配置效率、规模效率及全要素生产率增长率，具体结果详见表 3—7 和图 3—2。

表 3—7 2001—2015 年 31 个省（区、市）工业全要素生产率增长率及其分项的平均值

年份	TFP 增长率	技术进步率	配置效率	资本配置效率	劳动配置效率	规模效率
2001	0.1647	0.1543	0.0124	0.0139	−0.0015	0.0009
2002	0.1424	0.1446	0.0019	0.0052	−0.0033	0.0002
2003	0.1293	0.1359	0.0000	0.0045	−0.0045	−0.0007
2004	0.1096	0.1280	−0.0087	0.0011	−0.0098	−0.0026
2005	0.0853	0.1167	−0.0241	−0.0190	−0.0051	−0.0031
2006	0.0760	0.1047	−0.0220	−0.0277	0.0057	−0.0025
2007	0.0635	0.0940	−0.0203	−0.0265	0.0062	−0.0041
2008	0.0556	0.0850	−0.0141	−0.0291	0.0150	−0.0068
2009	−0.0137	0.0699	−0.0699	−0.0815	0.0116	−0.0107
2010	0.0042	0.0582	−0.0403	−0.0578	0.0175	−0.0066
2011	0.0074	0.0493	−0.0273	−0.0366	0.0093	−0.0041
2012	−0.0413	0.0380	−0.0656	−0.0682	0.0027	−0.0048
2013	−0.0513	0.0287	−0.0614	−0.0836	0.0222	−0.0070
2014	−0.0617	0.0176	−0.0621	−0.0779	0.0158	−0.0066
2015	−0.0936	0.0059	−0.0850	−0.0836	−0.0014	−0.0037

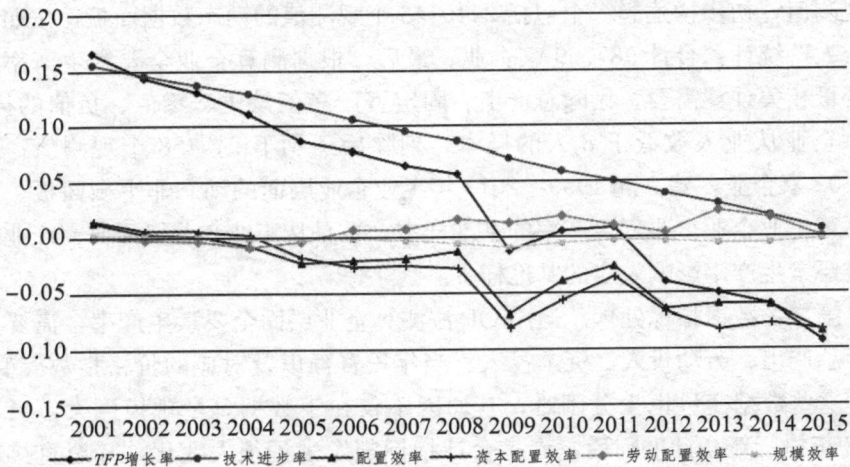

图3-2　2001—2015年区域工业全要素生产率增长率的变化趋势

3.2.1.3　企业层面全要素生产率测算

基于国家统计局维护的《中国工业企业数据库》中1999—2013年企业微观数据，本书运用OP半参数法，以投资作为生产率冲击的代理变量，先按行业分类估计出劳动、资本产出弹性系数，计算出不同企业全要素生产率水平，再以企业总产值为权数，按全部样本、不同行业分类对企业全要素生产率进行加权汇总，详细考察了2000—2013年我国工业企业全要素生产率的动态变迁。

第一，动态非平衡面板数据构建。《中国工业企业数据库》的样本范围为全部国有工业企业以及规模以上非国有工业企业，统计单位为企业法人。企业微观数据数量规模非常大，变量处理和动态面板构建相当复杂，本书主要借鉴勃兰特等人[1]（Brandt et al.，2012）、杨汝岱[2]（2015）处理面板的一些思路。首先利用法人代码信息识别面板，如果法人代码匹配不上或者法人代码重复，则先保留已经匹配过的数据，再将没有匹配的数据使用企业名称匹配，如果企业匹配依然匹配不上或者企业名称重复，将没有匹配的数据利用"开业年份＋产业名称＋登记注册号"再次进行匹配。为了部分变量、指标跨期计算的需要，本书将仅有一年统计信息或统计时间不连续的样本企业予以剔除，删除重

---

① Brandt L，Van Biesebroeck J，Zhang Y. Creative accounting or creative destruction? Firm-level productivity growth in Chinese manufacturing [J]. Journal of Development Economics，2012，97（2）：339-351.

② 杨汝岱. 中国制造业企业全要素生产率研究 [J]. 经济研究，2015（2）：61-74.

复观测值，初步构建起一个包括2440746个观测值的动态数据面板，按照"企业法人"统计，合计987769家企业。最后，根据测算企业全要素生产率的核心变量相关计算需要，剔除总产出、固定资产净值缺失、零值、负值的样本，剔除企业从业人数低于8人的样本，剔除后还剩下945468个观测值，合计342602家企业，建立起1999—2013年工业企业层面的动态非平衡面板。这既是测算工业企业全要素生产率的基准样本，也是从工业企业层面研究产业政策对全要素生产率影响效应的基准样本。

第二，数据指标处理。运用OP法测算企业层面全要素生产率，需要预先处理总产出、劳动投入、资本投入、当年投资额以及对应的价格指数等变量。处理这些数据变量也十分困难，其原因不仅在于数据总量规模巨大，更在于2008年执行新会计准则后，许多会计指标都发生了很大变化，甚至直接就没有再公布部分指标了，比如企业增加值、固定资产净值、固定资产折旧以及与产业政策直接相关的企业补贴收入等等，这些核心指标的缺失为本书的研究造成了极大障碍。本书对相关变量的处理方法如下：一是总产出指标用工业总产值替代工业增加值作为工业增加值。2004年《中国工业企业数据库》中缺少了工业总产值这个指标，本书采用了"全部营业收入＋年末存货－年初存货"的方法对当年总产出进行估算。再利用工业生产者出厂价格指数对工业总产值进行消胀。二是以企业每年平均就业人数作为劳动投入指标。三是由于固定资产的统计指标在2008年后发生了变化，为此1999—2007年以固定资产净值作为资本投入指标，2008—2013年以固定资产合计作为资本投入指标。现实中大部分企业都没有计提固定资产减值准备，因此固定资产合计与固定资产净值总体上是比较接近的。四是消除内生性问题的当期投资额的确定。1999—2007年期间可用"长期投资"指标作为当期投资额的代理变量，但是2008年以后这个指标便不再更新。为此，本书借鉴张军等[1]（2004）的研究成果，假定企业折旧率为9.6%，通过公式"当年固定资产总值－去年固定资产总值（1－9.6%）"对各企业当期投资额进行估算，再利用固定资产投资价格指数对固定资产净值、固定资产合计、当期投资额进行消胀。此外，数据整理过程中还涉及企业存续时间、企业所属行业、企业注册登记类型等变量的处理。

第三，投入要素产出弹性估计。理论上，每个企业所面临的约束条件、采用的生产技术都是存在差异的，很难用统一的生产函数模型来估计劳动、资本

---

[1] 张军，吴桂英，张吉鹏. 中国省际物质资本存量估算：1952－2000 [J]. 经济研究，2004（10）：35—44.

产出弹性系数，给企业全要素生产率测算造成不便。为尽可能真实反映企业技术水平和生产行为，本书假定同一行业内企业采用相近的技术水平，以2位数行业分类（国民经济行业大类）为标准，以C—D生产函数为基础，分行业估算劳动、资本产出弹性系数。回归结果可见，除化学纤维制造业的资本产出弹性系数通不过检验之外，其余大多数结果均能在1‰的显著性水平下通过检验，模型结果总体较好，可靠性较高。各行业资本、劳动要素产出弹性之和的波动范围集中分布在0.7～1.0之间，其中，劳动要素产出弹性总体上要高于资本要素产出弹性，这与杨汝岱（2015）[①] 的研究结论也是基本吻合的。

结合上述估计出的资本、劳动要素产出弹性，可计算出每个企业的全要素生产率，再以企业总产值为权数，可汇总计算出加权的35个行业内工业企业全要素生产率。如图3—3所示，2000—2013年各行业内企业全要素生产率总体上呈现缓慢上升趋势，不同行业内企业全要素生产率存在显著差异。从整体来看，加权的工业企业全要素生产率从2000年的5.250上升到2013年的6.638，其中，2000—2008年呈波动上升趋势，2009—2011年下降较快，2012年有较大幅度的反弹。2000—2013年加权的工业企业全要素生产率年均增速为1.8%，总体上呈现波动下降趋势，如图3—4所示。

不可否认，由于方法、数据、期限等方面的原因，不同研究者对工业企业全要素生产率测算的结果存在差异，李玉红等[②]（2008）研究发现2000—2005年我国工业企业全要素生产率年均增长2.5%，鲁晓东和连玉君[③]（2012）研究发现1999—2007年我国工业企业全要素生产率年均增长速度在2%～5%之间，杨汝岱（2015）研究发现1998—2007年我国工业企业全要素生产率年均增速为3.83%。本书测算出的2001—2013年我国工业企业全要素生产率年均增速在1.8%左右，与这些代表性文献研究结果基本吻合，可靠性较高。

---

① 杨汝岱. 中国制造业企业全要素生产率研究 [J]. 经济研究，2015（2）：61—74.

② 李玉红，王皓，郑玉歆. 企业演化：中国工业生产率增长的重要途径 [J]. 经济研究，2008（6）：12—24.

③ 鲁晓东，连玉君. 中国工业企业全要素生产率估计：1999—2007 [J]. 经济学（季刊），2012，11（2）：541—558.

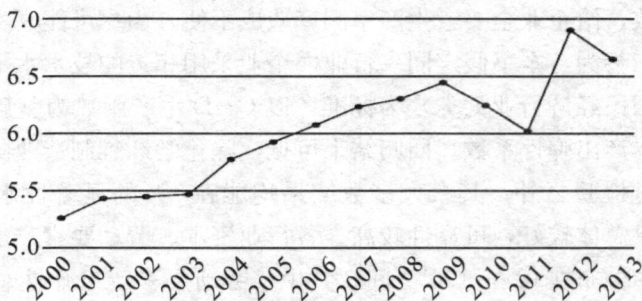

图 3—3　整体加权的企业 *TFP* 的变化

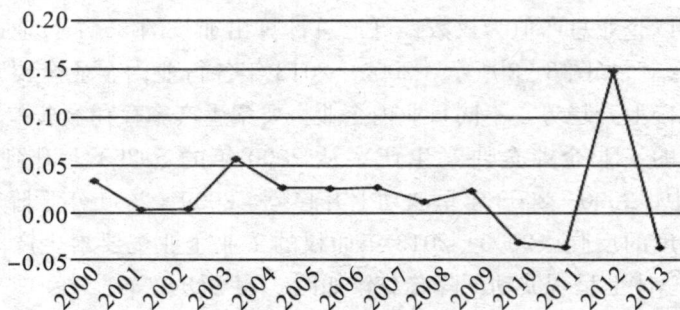

图 3—4　整体加权的企业 *TFP* 增长率变化

3.2.1.4　企业间资源错配指数测算

首先，企业间资源配置效率测算上已有相当的研究成果，其中绝大多数学者都是基于谢和克列诺（Hsieh and Klenow，2009）的方法开展研究的，本书也采用该方法测算企业间资源错配指数。该方法假定 r_c、w_c 分别表示企业 c 在竞争性条件下资本与劳动要素的价格水平，η_{kc}、η_{lc} 分别表示企业 c 资本和劳动的错配程度，即由于某些不确定因素[①]的存在使企业获取同量要素所需多付出的成本代价，那么企业 c 所实际付出的要素价格水平分别为：$(1+\eta_{kc})\,r_c$ 和 $(1+\eta_{lc})\,w_c$。在产品价格为 P 的情况下，企业的利润函数可表示为

$$\pi_c = PA_c K_c^{\alpha} L_c^{\beta} - (1+\eta_{kc})r_c K_c - (1+\eta_{lc})w_c L_c \qquad (3-10)$$

其利润最大化可通过一阶条件为 0 来表示：

---

① 例如，在国家信贷政策的干预下，无法获得信贷的企业 η_k 就会很高，而能够获得优惠信贷的企业 η_k 就会很低。

$$\frac{\partial \pi_c}{\partial K_c} = \alpha PA_c K_c^{\alpha-1} L_c^{\beta} - (1+\eta_{kc})r_c = 0 \qquad (3-11)$$

$$\frac{\partial \pi_c}{\partial L_c} = \beta PA_c K_c^{\alpha} L_c^{\beta-1} - (1+\eta_{lc})w_c = 0 \qquad (3-12)$$

通过式（3—11）和式（3—12）可以得到如下资本和劳动要素错配公式：

$$1+\eta_{kc} = \frac{\alpha(PA_c K_c^{\alpha} L_c^{\beta})}{r_c K_c} \qquad (3-13)$$

$$1+\eta_{lc} = \frac{\beta(PA_c K_c^{\alpha} L_c^{\beta})}{w_c L_c} \qquad (3-14)$$

根据李静等（2012）[①] 的研究，企业要素边际生产率 α 和 β 是要素错配的函数，可以将个体企业错配指数定义为

$$D_c = (1+\eta_{kc})^{\alpha} (1+\eta_{lc})^{\beta} \qquad (3-15)$$

D_c 是一个负向指标，其值越大意味着企业面临的资源错配指数越高。α 和 β 为企业 c 所在 2 位数编码工业行业的资本和劳动产出弹性。$PA_c K_c^{\alpha} L_c^{\beta}$ 以企业 c 总产值衡量。参照谢和克列诺（Hsieh and Klenow，2009）做法，将资本成本率 r_c 设定为 0.1，可计算出 $r_c K_c$ 的值。$w_c L_c$ 为企业支付的总劳动报酬。

3.2.2　工业资源配置效率波动下降

2001—2015 年，我国工业资源配置效率主要为负数，对工业全要素生产率增长起负作用，同时工业配置效率的阶段性波动也是工业全要素生产率波动的主要原因。从资本和劳动两个主要投入要素来看，资本配置效率水平及其变化趋势与工业配置效率基本保持一致，是工业配置效率大幅波动的主要原因；劳动配置效率的波动特征则有所不同，具有逐渐改善的趋势。这说明我国资源配置扭曲主要是由资本要素配置不合理造成的，过度的资本投入降低了资本要素的边际生产率，再加上增量资本并没有完全投入到资本边际生产率水平更高的领域，存量资本特别是垄断性行业的存量资本流动性相对较差，这是资本配置效率波动性下降的根源。相比较而言，劳动要素的流动性则更高，加上交通日益便捷、信息通达性更好等外部环境的改善，劳动配置效率日趋提高。

---

① 李静，彭飞，毛德凤. 资源错配与中国工业企业全要素生产率 [J]. 财贸研究，2012，23（5）：46—53.

行业层面，2001—2009 年工业行业配置效率持续下降，从 2.16％下降到最低点−11.14％，特别是 2008—2009 年期间工业行业配置效率下降幅度超过 90％；2009—2011 年工业行业配置效率有所好转；2011—2013 年工业行业配置效率又从−3.1％下降到−9.39％；2013 年以来工业行业配置效率逐渐上升。从工业行业配置效率的变化趋势中可以看出，宏观经济政策特别是其中的工业产业政策对配置效率具有较大的影响。2008 年推出的四万亿投资计划及一系列扩大内需的刺激措施，是配置效率严重下降的主要原因之一。经济新常态以来，我国实施一系列结构性调整措施和全面深化改革，矫正扭曲的资源配置，对改善配置效率起到了积极作用。区域层面工业配置效率的变化趋势与行业层面测算的结果基本一致，呈现波动性下降的趋势。

企业层面，2001—2013 年企业间资源错配指数总体呈上升趋势，企业间资源配置效率日趋恶化。其中，国有企业间的资源错配指数略低于非国有企业之间的资源错配指数，但企业全要素生产率测算结果显示，国有企业全要素生产率水平整体上要低于非国有企业全要素生产率水平。之所以出现这样的结果，首先是因为产业政策补贴使国有企业获得同样要素或实现同等产出所付出的实际成本相对更低。其次，企业间资源错配指数相对较高的行业主要有交通运输设备制造业、纺织业、黑色金属冶炼及压延加工业、医药制造业、化学纤维制造业等，虽然其中多数并非高度垄断的行业，但是国有企业分布却相对较多，资源配置扭曲相对严重。最后，工业企业全要素生产率增长率与企业间资源错配指数的相关系数为−0.647，二者呈高度负相关关系，是造成工业全要素生产率增速下降的重要原因。

3.2.3 工业规模效率变化幅度较小

工业规模效率水平总体较低，波动幅度较小，对工业全要素生产率增长具有较小的负作用。行业层面，2001—2008 年工业行业规模效率呈波动下降趋势，从−1.98％下降到−4.05％；2008—2015 年规模效率逐渐提升，从−2.51％上升到−1.99％。区域层面工业规模效率水平大多在−1％～0 之间。从数据结果来看，无论是行业层面还是区域层面，资本和劳动要素边际生产率之和多数都小于 1，不具备规模经济效益。这说明过度的产业集中并不一定能够实现规模经济。自 20 世纪 90 年代以来，国家重点提高汽车、钢铁等行业的集中度，但这些行业的规模效率并不具有规模经济优势，反而是纺织服装、鞋、帽制造业（I_{11}），皮革、毛皮、羽毛（绒）及其制品业（I_{12}），纺织业（I_{10}）等竞争性行业的规模效率水平较高。比较而言，劳动密集型工业行业的规模效率水平较高且上升较快，而资本密集型工业行业的规模效率水平较低且下降十分严重，这显然不符合资本密集型行业规模经济效益更为显著的理论判断，也不符合工业产业政策的初衷。原因在于，规模经济是市场竞争的结果，而非竞争的开始，"规模经济"并不意味着竞争优势的获得。区域布局上亦是如此，江苏、山东、广东等工业开发区布局较多的省份，其规模经济效率反而相对较低。

3.2.4　工业技术进步率持续性下降

工业技术进步率为正数，对全要素生产率增长起正向的促进作用，甚至可以说是促进全要素生产率增长的决定性因素。同时，工业技术进步率呈快速下降趋势，也是工业全要素生产率增速下降的主要原因。行业层面工业技术进步率的平均值从 2001 年的 24.44% 下降到 2015 年的 19.99%，竞争性行业的技术进步率比垄断性行业更高，且下降幅度较低。区域层面工业技术进步率的平均值从 2001 年的 15.43% 下降到 2015 年的 0.59%，北京、上海、重庆、广东等地的技术进步率水平较高。长期以来，我国工业技术进步带有强烈的劳动节约型特征，主要依靠机器化、编码化、标准化等形式的大规模生产实现技术进步。这需要依靠大量的投资来完成，受资本边际报酬递减规律作用，资本投入量超过一定界限又会导致资本边际报酬率递减，限制技术进步率的提高。区域层面工业技术进步率下降幅度更大的原因是，区域技术进步率提高的规律不同于行业技术进步率提高的规律，行业内企业之间的关联性较强、共性技术更多，领先企业的技术突破更容易带动所在行业的技术进步，区域内企业所属行业不同且相对分散，区域技术进步率提高更多需要依赖于各行业技术水平的整体突破。

3.2.5　工业全要素生产率增速波动下降

尽管在研究对象、实证方法、数据筛选等方面存在差异，但无论是从行业层面、区域层面，还是从企业层面来看，我国工业全要素生产率增长率均呈现波动下降趋势，如图 3-5 所示。其中，2001—2009 年工业全要素生产率增长率总体上是持续下降的，2009 年以后工业全要素生产率增长率波动性较大，呈现出先上升再下降的趋势。通过比较可见，本书对我国工业全要素生产率增长率变化的测算结果具有较高的可靠性。

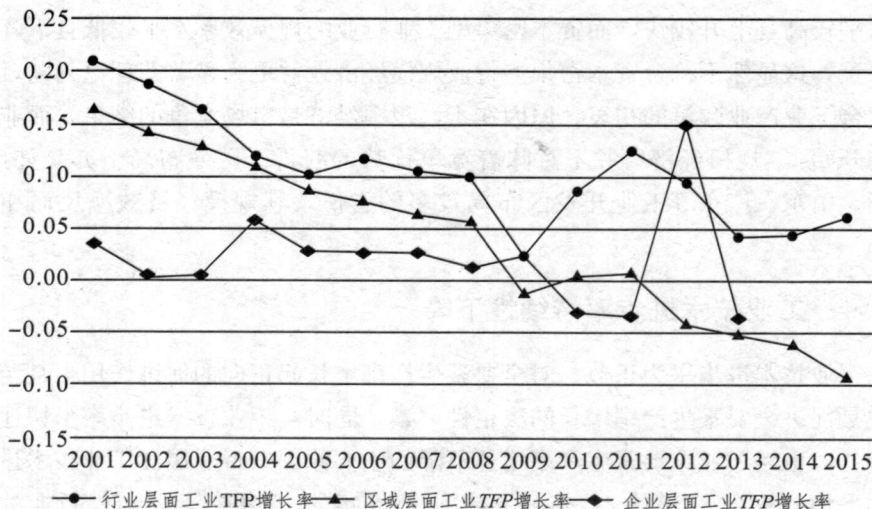

图3—5 行业层面、区域层面、企业层面工业全要素生产率波动趋势的比较

　　从行业层面和区域层面的测算结果发现，工业技术进步率对全要素生产率增长的贡献最大，配置效率特别是资本配置效率、规模效率以及技术效率变化率对全要素生产率增长主要起负作用。工业技术进步率和资本配置效率的下降是全要素生产率增速呈下降趋势的主要原因。劳动配置效率和规模效率的变动较小，且有缓慢改善的趋势，对全要素生产率增长率增速下降的负向影响较小。2009—2015年，工业全要素生产率增速的波动主要由资本配置效率波动所引起。

　　结合对实际生产情况的观察，我国技术进步为典型的劳动节约型技术进步，生产过程中侧重于物质资本的投入，以投资拉动经济增长，各行业、各区域人均资本存量比率均大幅上升。如图3—6所示，2001—2015年在行业层面我国工业人均资本存量从11.56万元上升到32.56万元，年均增长7.68%；在区域层面我国工业人均资本存量从11.18万元上升到38.67万元，年均增长9.28%。①

―――――――――

　　① 行业层面与区域层面工业人均资本存量的差异主要源于2003年以后的行业调整，剔除了其他采矿业、工艺品及其他制造业、废弃资源和废旧材料回收加工业等新增行业。

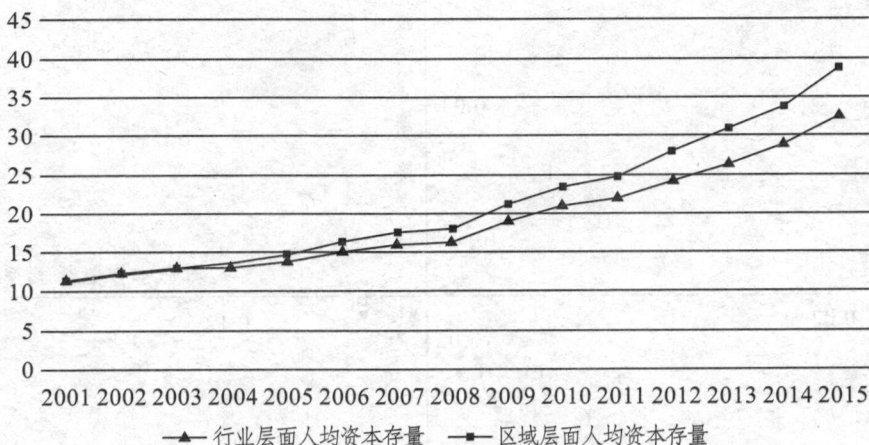

图 3-6　我国工业人均资本存量变化趋势（单位：万元/人）

另一方面，本书对资本、劳动要素产出弹性的估算结果显示，无论是行业层面、区域层面，还是企业层面，资本要素产出弹性总是低于劳动要素产出弹性。这是由于劳动节约型技术进步对资本边际生产率的提升作用不及由于追加资本要素投入所导致的资本边际生产率的递减作用。劳动节约型技术进步条件下，就单个企业而言，增加资本投入能够提高企业的生产效率，但是就宏观整体而言，个体理性容易引发集体非理性，随着大规模的资本要素投入，在资本边际生产率递减规律的作用下，必定会导致资本要素的边际生产率下降。在资本要素边际生产率已经低于劳动要素边际生产率的情况下，继续增加资本要素投入，必然导致资本边际生产率进一步下降，这不仅会造成资源要素配置扭曲，还会导致规模不经济，阻碍工业全要素生产率增长。如图 3-7 所示，我国工业人均资本存量增长与技术进步率下降之间存在明显的正相关关系。不可否认，劳动节约型技术进步是我国工业化进程中不可逾越的特殊阶段，对工业经济增长起到了重要作用。特别是在工业化初期和中期，机器生产代替手工劳动，需要大量的物质资本投入和积累，形成规模化生产能力，劳动节约型技术进步能够有效减缓资本边际生产率下降的趋势，提高资本要素的产出效率和投资积极性。相反，如果不存在劳动节约型技术进步，那么必然导致生产效率低下和投资积极性受阻，不利于工业经济持续健康增长。但是，随着我国工业技术水平与发达国家越来越接近，通过技术转移，引进先进设备、"干中学"效应、模仿学习创新等途径实现技术进步的空间在不断缩小，以"市场换技术"的传统产业政策工具的有效性将大打折扣，于是迫切需要提高自主创新能力。

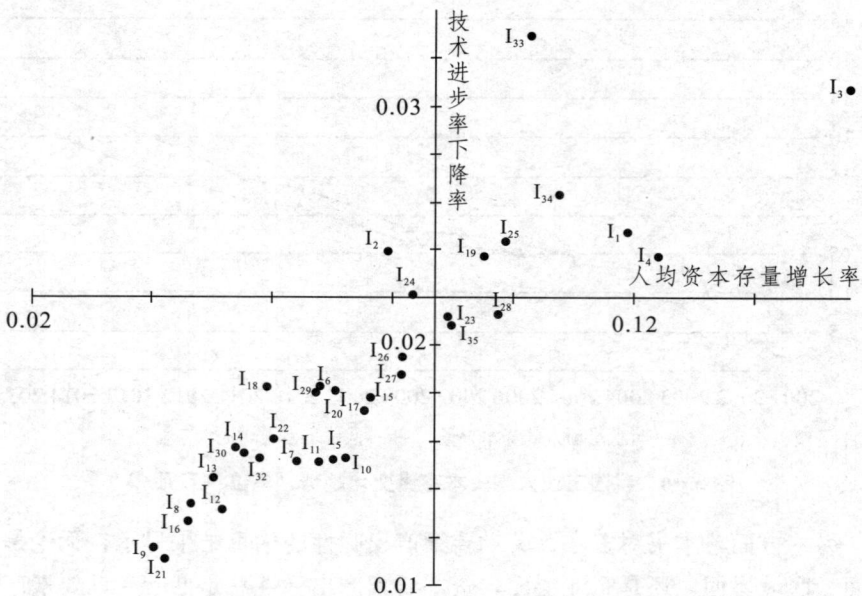

图 3-7　我国人均资本存量增长与技术进步率下降之间的关联

3.3　基于提高全要素生产率的我国工业产业政策效应评价分析框架

　　工业产业政策对全要素生产率波动具有重要影响是无可置疑的，但是这些影响主要体现在哪些方面，这些影响是怎样形成的，影响程度到底如何，还有待进一步的理论探讨。根据全要素生产率分解理论和工业产业政策的目标任务，本书将基于提高全要素生产率的工业产业政策效应具体分解为资源配置效应、规模经济效应、技术进步效应，构建起我国工业产业政策效应评价的分析框架。

3.3.1　资源配置效应

　　资源配置是在资源数量既定的条件下，根据一定的规则或分配机制，按照生产活动的需要把有限的资源分配给不同部门、不同行业、不同区域以及不同企业，以期获得最大的投入产出效率。根据现代微观经济理论，帕累托最优均衡状态下，各种投入要素的边际生产率是相等的。如果要素边际生产率不相等，通过调整投入要素的分配，可以增加总产出，即所谓的帕累托改进。其原则是，减少边际生产率更低领域的要素投入，增加边际生产率更高领域的要素投入，改变要素投入方向后的总产出大于原总产出水平，就说明资源配置是有效率的。反之则相反，说明资源配置是无效率的。在市场经济下，资源配置除了受市场机制作用的影响外，还受到政府干预特别是工业产业政策的影响。

工业产业政策作为政府配置资源的重要手段，会通过工业结构政策、工业组织政策、工业布局政策等多种政策手段，引导资源要素在产业间、企业间、区域间的重新配置，影响资源配置效率和全要素生产率变动。

首先，工业结构政策重在调节产业间的比例结构关系，这种比例结构关系的调整最终又会体现在资本、劳动力、技术等资源要素在产业间的配置差异上，资源要素的配置差异将形成不同的资源配置效应。工业结构政策能够对配置效率和全要素生产率变化起到正向影响作用，至少要满足以下三个条件。第一，同一时期不同行业全要素生产率具有差异性。大量的理论研究和实践研究均已证实全要素生产率在行业间是存在差异的，例如早期工业率先采用机械化生产，工业生产率明显高于农业生产率，随着农业人口大量向工业转移，不仅提升了全社会全要素生产率，还有效地促进了经济增长。第二，至少有一部分资源和生产要素在行业间具有可流动性。资源要素的流动性受到行业准入规制、要素可替代性、要素流动成本等多方面的制约，资源要素流动性越强，意味着改善资源配置效率的可能性越大，如果资源要素不能流动，也就不存在配置效率改善的问题。第三，工业政策能够引导资源要素向具有更高生产率的行业流动。如果工业结构政策限制资源要素向生产率更高的行业流动，或者甚至将资源要素配置到生产率更低的行业部门，那么将造成资源错配和结构性扭曲，阻碍全要素生产率的提升。

其次，与工业结构政策所引致的资源配置效应不同，工业组织政策所面对的是行业内不同企业及其组织结构关系。该政策试图通过引导资源要素从生产率更低的企业流向生产率更高的企业，实现整个行业生产率的改善。由于行业内部各企业的技术和效率水平是不同的，其生产率水平也必然存在差异，而且行业内企业间资源要素的可流动性要明显高于跨行业的流动，满足通过以优化资源配置提高全要素生产率的基础和前提条件。具体而言，在某一市场环境下，企业总是处于动态变化之中，行业整体生产率水平取决于行业内单个企业的技术和效率水平及其所占资源份额。在技术和效率水平不发生改变的情况下，资源要素在不同企业之间的重新配置就会对行业整体生产率水平起到关键性影响作用。如果增加生产率水平较高企业所占资源的份额，或减少生产率水平较低企业所占资源的份额，那么行业整体生产率水平就会得到改善。此外，行业内企业数量是相当多的，不同企业生产率水平也是动态变化的，政府能够掌握的市场信息又是有限的，要准确判断行业内各企业生产率水平是极其困难的。因此，提升行业整体生产率水平，引导资源要素在企业之间重新配置，要充分依靠市场机制的作用。从这一方面来讲，产业政策的任务应是促进市场竞争，消除进入和退出壁垒，培育竞争有序的市场体系，以此改善资源配置效率和提升全要素生产率。

最后，不同区域之间全要素生产率水平也具有显著差异，资源要素在区域之间的倾斜配置也会形成资源配置效应，影响工业全要素生产率波动。工业布局政策是引导资源要素在不同区域进行再配置的重要干预手段，能够引导资源跨区域流动的政策工具是多样化的，例如：以区际产业转移的形式，发挥区域比较优势，加快资源要素跨区域流动；以国家直接投资的形式，支持重点发展区域的基础设施建设，或直接介入区域产业发展；以经济杠杆的形式，引导资金、劳动力等生产要素更多向重点发展区域流动，增强区域自我积累能力。总之，工业布局政策如果能够引导资源要素向生产率水平更高的区域倾斜配置，将形成资源配置正效应，对全要素生产率增长起到促进作用。反之，如果由于区域性行政分割或地方政府无序竞争，限制了资源要素的跨区域流动，或强制性干预使资源要素向更低生产率区域流动，那么将形成资源配置负效应，不利于促进全要素生产率增长。

3.3.2 规模经济效应

促进工业规模化发展、提高规模经济效益是工业产业政策的重要内容。工业产业政策对规模经济的干预主要反映在外部规模经济上，即行业规模经济和区域规模经济。长期以来，我国工业产业政策以经济高速增长、做大产业规模为主要的目标导向，工业产业政策对规模效率变化的影响尤为突出。影响规模效率变化的工业产业政策中，既包括产业组织政策、产业布局政策，也包括产业结构政策。

首先，工业组织政策在调节产业内企业间关系过程中，不仅影响着企业间资源配置效率，还对规模效率变化发挥着重要影响。行业过于分散不利于提高产业链上下游企业的分工协作能力，导致"协调失灵"问题，影响行业内资源利用效率。行业过于集中又会形成垄断，导致资源配置缺乏效率，不利于全要素生产率的提高。既有理论研究表明，有效的工业组织政策，既要保护有效竞争，又要充分利用规模经济，把二者结合起来才能使产业组织合理化，解决

"马歇尔冲突"的难题，提升产业效率。从实践来看，我国工业组织政策也主要致力于这两个方向，通过反垄断政策、发展中小企业等政策手段，激发市场活力，通过鼓励兼并重组、扶持龙头企业等政策手段，做大行业规模和提高行业集中度，寻求规模效率的改善。因此，工业组织政策另一重要任务在于适度提高行业集中度，培育一批具有行业优势的大企业，并在行业内形成示范效应，增强产业链上企业间的协调能力，降低市场信息获取成本、交易成本和学习成本，使行业内企业获得外部规模经济，降低行业平均成本，形成行业规模经济效应，以此促进全要素生产率增长。

　　除了企业规模扩大、行业集中度提高可能形成规模经济效应以外，具有关联性、共同指向的企业在空间范围上的集聚也能带来规模经济效应，有助于降低生产成本，使企业获得外部规模经济。工业布局政策特别是其中的开发区政策，对这种规模经济效应的形成具有至关重要的影响。一定空间范围内的企业聚集，不仅可以获得生产协作上的便利，使产业链上下游企业配套更加齐全，更加容易获得专业化的生产和服务，还可以共用产业发展的基础设施，降低企业生产成本，有效克服"协调失灵"问题，提高聚集区域内的整体生产率水平。我国工业开发区政策在实践中也得到了广泛运用，例如国家层面的经开区、高新区、出口加工区、边境经济合作区、保税区等，区域层面的经开区、工业园区等，甚至部分达不到建设产业园区条件的某些区县还会规划建设产业集中发展区。这些开发区政策的目的在于追求由产业集中所形成的区域规模经济效应。

　　此外，工业组织政策、工业布局政策多数是与工业结构政策组合实施的，特别是《产业结构调整指导目录》的实施，使得工业结构政策对规模经济效应有着重要的间接引导作用。一是工业结构政策中被列为主导产业、支柱产业的行业部门，一般也是工业组织政策需要提高行业集中度、培育大企业的重点行业部门。二是能够进入工业开发区的企业一般要符合特定的产业结构调整导向，只有特定行业部门企业才能享受到工业开发区所形成的规模经济效应。因此，工业结构政策对于规模经济效应的形成具有导向作用。

3.3.3　技术进步效应

　　作为工业产业政策体系核心组成的工业技术政策，以推动工业技术进步为政策目标，通过资本、劳动等投入要素的节约，形成技术进步效应，影响全要素生产率波动。企业虽是技术创新的主体，但是完全依靠市场机制的作用难以满足产业技术发展的需要，其关键性原因在于广泛存在"信息外溢"。具体而言，技术开发的成本与收益存在非对称性，技术进步具有正向外部性，带有一定公共产品属性。技术开发还存在较大的商业风险，特别是在产权保护不力的情况下，容易被别人学习、模仿，让他们坐享其成。同时，技术开发过程具有不可分割性，尤其是重大技术开发需要相当数量的资金投入，规模较小的单个企业是难以承受的。由于这些因素的影响，政府有必要通过产业技术政策进行适当干预，增加资金投入，参与技术进步活动，鼓励技术创新、支持技术研究和开发。

工业技术政策的内容是比较宽泛的，可通过行业、区域、企业等多个层面推动工业技术进步。行业层面，通过重点培育和发展高新技术产业、战略性新兴产业等途径，增强整个产业技术创新能力，提高产业效率。区域层面，各个地方政府也会积极对接国家政策，出台一些促进区域产业技术进步的具体政策举措。企业层面，通过 R&D 补贴、减免税、技术改造等多种工具，创建企业技术中心、工程实验室、工程研究中心等技术创新平台，提升企业技术创新水平和生产率水平。

综上分析，如图 3-8 所示，工业产业政策影响全要素生产率变动主要体现在资源配置效应、规模经济效应、技术进步效应三个方面，工业结构政策、工业组织政策、工业布局政策、工业技术政策对这三个方面的影响又有所区别和侧重。其中，工业结构政策通过引导资源要素在行业间的倾斜配置，影响行业间配置效率变化，同时又在工业组织政策、工业布局政策实施过程中具有一定导向作用，间接地对规模效率变化形成影响。工业组织政策既可调节资源要素在行业内各企业间的再配置，影响企业间配置效率变化，又通过做大行业规模和提高行业集中度，影响行业规模效率变化。工业布局政策既可调节资源要素在不同区域间的再配置，影响区域间资源配置效率变化，还可通过建立各类工业开发区引导工业企业在空间范围上聚集，影响区域规模效率变化。工业技术政策则直接以推动工业技术进步为目的，将通过企业技术进步、行业技术进步、区域技术进步作用于工业全要素生产率增长变化。从图 3-8 中还可见，工业产业政策对全要素生产率的最终影响并非仅是某一个方面的，而是落在工业行业全要素生产率增长变化、区域工业全要素生产率增长变化、工业企业全要素生产率增长变化三个层次上。

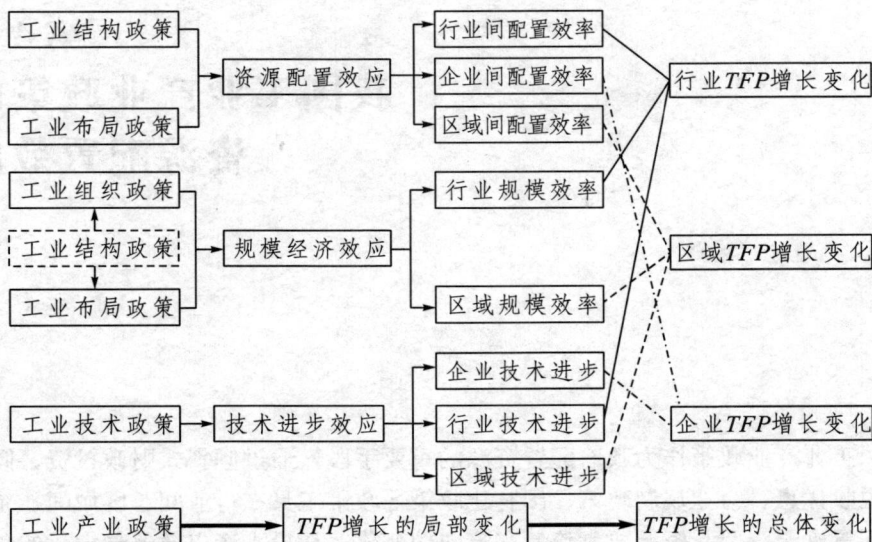

图 3-8　基于提高全要素生产率的工业产业政策效应分解

　　基于提高全要素生产率的工业产业政策效应可分解为资源配置效应、规模经济效应、技术进步效应，为确保工业产业政策效应评价内容的系统性、评价过程的客观性与评价结果的可靠性，工业产业政策效应评价理应按照资源配置效应评价、规模经济效应评价、技术进步效应评价的线索展开。具体而言，工业产业政策的资源配置效应评价包括对行业间资源配置效率影响的评价、对区域间资源配置效率影响的评价、对企业间资源配置效率影响的评价。工业产业政策的规模经济效应评价包括对行业规模效率影响的评价、对区域规模效率影响的评价。工业产业政策的技术进步效应评价包括对行业技术进步率影响的评价、对区域技术进步率影响的评价、对企业技术进步率影响的评价[①]。另一方面，基于提高全要素生产率的工业产业政策效应分解最终将落脚在行业层面、区域层面、企业层面的工业全要素生产率波动上，因此还有必要从这三个层面对工业产业政策影响全要素生产率波动的总体效应进行评价。简言之，工业产业政策的局部效应评价是总体效应评价的中间环节和基础，要客观评价基于提高全要素生产率的工业产业政策效应，需要以准确研判工业产业政策的技术进步效应、资源配置效应、规模经济效应为前提。

---

① 　由于缺乏的相关数据资料和技术方法，未评价工业产业政策在企业层面的技术进步效应。

第 4 章
我国工业产业政策的
资源配置效应

　　工业产业政策作为政府配置资源的重要手段,通过倾斜式财政投资、倾斜式税收优惠、行业规制政策、国有化政策等政策工具在行业间、区域间、企业间配置资源,引起资源要素流量和流向的变化。从投入产出效益最大化的角度讲,如果工业产业政策配置资源符合这一原则,就会产生要素之间的协同作用,实现资源要素的节约,带来资源配置的正效应。反之,如果引导资源流向生产率更低的领域,就会造成资源的浪费和资源配置扭曲,带来资源配置的负效应。本章围绕调节资源配置的重点产业政策工具,从行业层面、区域层面以及企业层面检验工业产业政策的资源配置效应。

4.1　工业产业政策调节资源配置的动因

　　政府利用工业产业政策调节资源配置既是因为市场配置资源存在缺陷,也是因为对赶超型经济发展的追求。一方面,市场经济环境中以价格、供求、竞争为基础的市场机制对资源配置起着主导性作用。但由于存在市场失灵和市场缺陷,市场机制配置资源的结果不尽完美,不一定能够实现资源要素的最优配置。另一方面,欠发达国家具有后发优势,可以从发达国家的经济发展过程、产业结构变动规律、制度变迁过程中吸取经验和教训,以更低的成本获得发达国家长期探索而获得的知识、技术,然而这种后发优势是潜在的,需要在政府干预下才能发挥出来。

4.1.1　市场配置资源存在缺陷

　　理论研究表明,在完全竞争市场条件下,"看不见的手"能使资源的配置效率实现最优，但现实中由于公共产品、外部性、垄断力量、信息不对称等不完备市场的存在，市场机制配置资源存在缺陷，纯粹依靠市场机制不太可能实现资源要素的最优配置。从某种程度上说，工业产业政策的形成和存续就是为了完善资源配置机制、弥补市场配置资源的缺陷。正如小宫隆太郎（1988）所言，"产业政策的中心课题是在价格机制下，针对在资源分配方面出现的'市场失败'而进行的政策性干预"①。青木昌彦等（1998）提出了"市场扩张见解"（market-enhancing view），进一步解释了政府在增进市场功能、协调信息方面的作用，认为资源配置过程中政府与市场之间并非是相互排斥的替代物。政府是市场的参与者，政府利用工业产业政策的干预行为不能置之于市场经济运行之外，更不是对市场机制配置资源作用的直接替代。对世界经济发展现实的考察，可以发现发展中国家的市场往往是不完全的，市场有效运作的制度保障往往是缺失的，广泛存在着市场协调失灵的问题，需要政府利用产业政策等手段来增进民间部门在经济发展上的协调关系。② 正是由于市场配置资源缺陷的存在，才需要政府利用工业产业政策进行适当干预，提高资源配置效率。

4.1.2　赶超型经济发展的驱使

　　一般来讲，经济发展不同阶段资源比较优势变化会遵循这样的轨迹：经济发展初期阶段，资本是最为稀缺的要素，劳动力和土地则是相对密集的要素；经济发展到达一定水平后，土地的相对稀缺性有所提高；经济发展达到更高水平后，劳动力成为相对稀缺的要素。资源比较优势的动态变化会直接影响产业结构的转变，在资本相对稀缺而劳动力丰富的资源禀赋结构下，劳动密集型的农业和轻工业便成为具有比较优势的产业；在劳动力相对昂贵而资本相对丰裕的资源禀赋结构下，资本和技术密集型的产业便成为具有比较优势的产业。从不同国家或地区横向比较来看，资源比较优势及其产业结构的动态变化在国家和地区之间存在转移的现象。如果这种变化规律能被准确认识并加以科学利用，相对落后国家就可以通过学习、模仿、观察等方式，以更低的成本获得发达国家长期探索而获得的知识、技术，甚至可以从发达国家的经济发展过程、产业结构变动规律、制度变迁过程中吸取经验和教训，从而具有"后发优势"。
　　资源比较优势及其产业结构的变化通常会通过各种要素相对价格的变化，

---

　　① 小宫隆太郎，奥野正宽，铃村兴太郎. 日本的产业政策［M］. 黄晓勇，韩铁英，吕文忠，等，译. 北京：国际文化出版公司，1988.
　　② 青木昌彦，金滢基，奥野－藤原正宽. 政府在东亚经济发展中的作用：比较制度分析［M］. 北京：中国经济出版社，1998.

影响生产者在要素、技术、产品等方面的选择，即表现为产业结构的变化。但是在存在市场缺失和结构刚性的条件下，要素相对价格的变动对资源再配置的推动作用有限。当经济增长速度较快、产业结构和技术结构迅速变化时，如果仅仅依靠市场要素价格变化对结构进行调整，使结构变化与经济增长速度和资源比较优势变化相适应，其过程是非常缓慢的，政府需要制定和实施产业政策，充分利用劳动力成本、引进技术、规模经济等方面存在的"后发优势"，加快产业结构转换，以实现快速追赶的目标。例如，筱原三代平（1957）的"动态比较成本说"认为，日本经济落后的主要原因在于其产业结构的不合理，如果完全依靠市场机制就不可能改变比较优势的劣势地位，需要通过政府制定产业政策进行干预，使其比较优势得以改变。再如斯蒂格利茨（Stiglitz，1996）所言，"部分东亚国家（地区）早期发展的过程中，在特定的内部和外部条件下，产业政策是有效的。这包括动态地引导产业部门前进，使他们得以利用规模经济、技术外溢、学习效应，协调他们的投资与上下游生产者的关系"。[①] 实际中，部分发展中国家的工业化历史就是以发达国家为目标实现经济赶超的历史，"赶超战略"就是建立在"后发优势"基础上的，是总结发展中国家实现赶超目标的成功经验所得出的理论认识。然而这种"后发优势"只是潜在的，需要在政府干预下才能发挥出来。

4.2 调节资源配置的重点产业政策工具

工业产业政策特别是其中的工业结构政策本身就是政府配置资源的一种手段，不仅调节着资源要素的流量与流向，还直接影响着资源要素的可流动性。工业产业政策中可调节资源配置的政策工具层出不穷，日益丰富，例如早期的政府直接投资、税收、银行贷款和一定的计划[②]，以及一系列综合的、专项的规定性政策和产业发展规划，通过调节行业间、区域间、企业间资源配置，促进重点领域的优先发展。结合这些政策工具各自的特点，可以将其划分为两类：一类是调节资源要素的流量与流向。采取倾斜式配置资源的方式，明确规定鼓励或限制发展的领域，从投资、税收等方面加以扶持或压制，直接影响资

---

① Stiglitz J E. Some lessons from the East Asian miracle [J]. The World Bank Research Observer，1996，11（2）：151—177.

② 国家重点支持的行业，可以优先安排原料和燃料供应、优先安排基本建设、优先安排银行贷款、优先安排交通运输等。

源要素的流量与流向。另一类是影响资源要素的可流动性。通过行业规制政策,设置行业进入壁垒、投资壁垒等,影响资源要素的流动能力。

虽然可以从政策文本中直观地看出工业产业政策扶持或限制的重点对象,但是因为缺乏必要的数据支撑,我们很难将工业产业政策对不同对象扶持或限制的强度直接量化。理论研究中,常使用资源配置偏度作为产业政策工具的代理变量,用以检验产业政策效应。对不同行业、区域、企业采取倾斜式产业政策,会导致增量资源配置的发展速度不同,进而反映在不同对象的资源拥有量占全社会资源总量的份额的变化,即资源配置偏度。政府针对不同对象实施的倾斜式产业政策,会导致行业间、区域间、企业间资源配置规模与速度发生变化,进而影响配置效率变化。通常情况下这种产业政策工具带有较强的选择性特征,而不是覆盖大多数行业的指导性政策。若某一项产业政策工具覆盖了全行业,那么它对某一对象偏离平均水平的部分就属于资源配置偏度所考察的范围。政府直接投资、税收优惠等政策工具直接影响着资源要素的流量与流向,属于该产业政策工具所考察的范畴,而规范市场秩序、营造市场环境等指导性政策则不属于该政策工具所考察的范畴。李昌宇(1994)较早提出资源配置偏度的测算方法,陈瑾玫(2007)、舒锐(2013)、邱兆林(2015)、于良春和王雨佳(2016)等学者均采用资源配置偏度作为产业政策工具的代理变量,对产业政策效应进行了实证评价。以资源配置偏度衡量产业政策工具的方法如下:

$$S_t^k = \frac{g_t^k}{\overline{G_t}} - 1 \quad (k=1,\ 2,\ \cdots,\ n;\ g_t^k > 0,\ \overline{G_t} > 0) \tag{4-1}$$

式(4-1)中,S_t^k 表示 t 时期政府对特定领域中样本 k 的资源配置偏度,g_t^k 表示 t 时期政府对特定领域中样本 k 的政策投入或征收水平,$\overline{G_t}$ 表示 t 时期政府对特定领域的政策投入或征收的平均水平。S_t^k 值越大表示工业产业政策越向具体对象 k 倾斜。实践中,倾斜式政府投资、倾斜式税收优惠是工业产业政策引导资源要素配置的两个重点工具,这类产业政策工具带有较强的选择性特征。

4.2.1　倾斜式政府投资

政府投资既是政府进行宏观调控特别是干预投资需求的重要措施,也是工业产业政策调节资源配置和调整产业结构的重要手段,直接影响着资源要素的流量与流向。在计划经济体制下,政府的经济职能无所不包,更多采取直接投资方式,负责完成每个建设项目的各环节和全过程。随着社会主义市场经济体制的不断完善，政府经济职能发生了很大变化，减少了对微观企业生产经营活动的直接干预，政府投资领域和投资方式也在改变。政府投资的领域主要集中在公益性、准公益性、基础性项目上，也包括部分一般竞争性项目。原因在于：公益性和准公益性建设项目具有很强的公共产品性质，外部性较强，个体企业投资意愿低；基础性工业项目大多都是资本密集型行业，需要大量资本投入，投资建设周期较长，投资形成生产能力和收回投资的期限较长，个体企业投资意愿也比较低，需要政府进行适当干预；尽管一般竞争性项目的外部性较弱，但由于受到企业规模、技术要求等多种因素的影响，完全依靠企业特别是中小企业的独立投资，也可能难以发挥更大的投资效益，特别是处于发展初期的高新技术产业化项目。根据不同投资领域资源配置活动性质的差异，政府投资的方式也呈现多样化特点。对于公益性项目主要采取投资拨款、土地划拨、资产划拨等直接投资方式；对于准公益性项目和基础性项目主要采取资本金注入、投资补助等政府投资方式，弥补外部性和市场失灵；对于一般竞争性项目主要采取产业引导基金、投资补助、政策性贷款、担保与贴息等间接援助方式，降低企业成本。

不同时期工业发展面临的问题具有差异性，需要结合实际问题制定具体的产业政策，明确产业发展的重点次序，如《产业结构调整指导目录》《外商投资产业指导目录》等的动态调整，而政府投资的基本方向就是工业产业政策规定优先发展的产业，进而调节资源配置和引导社会投资方向。社会主义市场经济环境下，政府投资主要以国家资本金注入的方式存在，例如1998年《关于中央级基本建设经营性基金本息余额转为国家资本金的实施办法》规定中央投资转为国家资本金，2005年《中央预算内固定资产投资补助资金财政财务管理暂行办法》规定"对投资补助总额占项目总投资的比例超过50%的，转作直接投资或资本金注入方式管理"。国家资本金指有权代表国家投资的政府部门或者机构以国有资产投入企业形成的资本金，既可以货币出资，也可以采用实物、土地使用权、工业产权等形式作价出资，在我国政府投资中占主导地位。

政府投资偏度指政府对不同行业和区域工业发展扶持力度的倾斜程度，如果政府投资偏度值较大，说明该领域是工业产业政策重点扶持的对象；如果政府投资偏度值较小，则说明该领域是工业产业政策非重点扶持的对象。结合式（4-1），以国家资本金衡量政府投资规模，通过下列式（4-2）可计算出2001—2015年各行业与区域的政府投资偏度（TGI）分布情况。

$$TGI = \frac{k \text{ 对象国家资本金}/k \text{ 对象实收资本}}{\text{国家资本金之和}/\text{实收资本之和}} - 1 \qquad (4-2)$$

式（4-2）中，k 为不同行业或不同省份。政府投资所重点倾斜与非重点倾斜的对象如表 4-1 所示。从行业层面看，政府投资重点倾斜的领域集中在电力、热力的生产和供应业（I_{33}），水的生产和供应业（I_{35}），煤炭开采和洗选业（I_1）等公益性行业和基础工业，而一些竞争性程度高、劳动密集型工业行业并非政府投资重点，如纺织服装、鞋、帽制造业（I_{11}），皮革、毛皮、羽毛（绒）及其制品业（I_{12}）等，符合政府投资基本方向性要求。从区域层面看，政府投资重点倾斜的领域集中在北京、陕西、甘肃、新疆、贵州等，尤其以西部地区为主，而对江苏、浙江、广东、上海、福建等东部沿海相对发达地区，政府投资规模虽然更大，但政府倾斜度却更低。

表 4-1　2001—2015 年政府投资偏度最高和最低的 5 名

领域	政府投资偏度前 5 名	政府投资偏度后 5 名
行业层面	电力、热力的生产和供应业（I_{33}） 水的生产和供应业（I_{35}） 煤炭开采和洗选业（I_1） 石油和天然气开采业（I_2） 烟草制品业（I_9）	纺织服装、鞋、帽制造业（I_{11}） 皮革、毛皮、羽毛（绒）及其制品业（I_{12}） 家具制造业（I_{14}） 文教体育用品制造业（I_{17}） 塑胶和塑料制品业（I_{22}）
区域层面	北京、陕西、甘肃、新疆、贵州	江苏、浙江、广东、上海、福建

数据来源：各年份《中国工业统计年鉴》。

4.2.2　倾斜式税收优惠

税收优惠也是影响资源要素流量与流向的重要工具，在我国工业产业政策中运用比较广泛。税收优惠包括直接优惠和间接优惠两种方式，工业产业政策中两种税收优惠方式都普遍存在。其中，直接优惠属于事后的利益让渡，包括税收减免、优惠税率等具体形式，主要目的在于政策性倾斜、补偿企业损失。间接优惠侧重于通过对征税税基的调整进行税前优惠，包括加速折旧、税前扣除、税收抵免、盈亏相抵等具体形式，主要目的在于激励企业按照政策导向调整生产经营活动。对工业企业实行税收优惠的政策目标主要围绕鼓励高新技术产业发展、吸引外资和促进国际交流、促进科技进步和自主创新、支持区域协调发展、支持能源交通等基础设施建设、促进环境保护和节能减排、扶持中小企业发展等方面，激励着企业生产与投资行为，对不同行业、不同区域之间的资源要素流动起着重要的调节作用。

尽管税收优惠政策是针对工业企业执行的，但企业间获得税收优惠的差异最终会反映在行业和区域上。从行业来看，国家对电子信息技术、生物与新医药技术、航空航天技术、新材料技术、新能源及节能技术、高新技术改造传统产业等八个重点支持的高新技术领域所认定的高新技术企业实行税收优惠，企业所得税税率优惠 10％且研发费用按照 75％（或 150％）加计扣除。软件产业和集成电路产业税收优惠力度也相当大，2008 年 1 月 1 日起，我国境内新办软件生产企业经认定后，自获利年度起，可享受"两免三减半"①的税收优惠。工业行业内部各细分行业之间适用的增值税率也有差异，例如 1994—2008 年金属矿采选产品、非金属矿采选产品增值税税率为 13％，2008 年以来调整为 17％；2007 年起，食用盐仍适用 13％的增值税税率；粮食、食用植物油，自来水、暖气、冷气、热水等领域也适用 13％的增值税税率。对不同行业实行倾斜式税率，必然会引起资源要素在行业间的配置差异，进而影响工业配置效率变化。从区域来看，我国制定了一系列不同地区税负存在差别的税收优惠政策，对投资者选择注册地具有重要影响，改变了资源要素在空间上的流量与流向。例如，对经济特区、高新技术产业开发区、贫困地区、保税区、自由贸易区等地区注册的企业特别是外商投资企业实行不同的税收优惠政策；对设在西部地区的鼓励类产业企业减按 15％的税率征收企业所得税；民族自治地区企业应缴纳的企业所得税中属于地方分享的部分，可以决定减征或者免征。

企业所得税、增值税是工业企业最主要的两个纳税项目，其中企业所得税优惠是各种税收优惠政策中最重要的形式。增值税属于一种流转税，2009 年 1 月 1 日起我国在所有地区、所有行业全面推行生产型增值税转为消费型增值税，允许固定资产投资进项税额享受抵扣，那么增值税额最终会转嫁给消费者，工业企业所承担的税负成本也相对较小。企业所得税则有所不同，直接以企业生产经营所得为课税对象，对工业企业投资决策时行业选择的引导调节作用更大。同时，无论是直接的税收优惠还是间接的税收优惠，最终都主要体现在企业所承担的所得税税负差异上，例如间接税收优惠中的加速折旧、税前扣除、税收抵免、盈亏相抵等项目实际上都是在减少企业缴纳的所得税。税收优惠偏度指不同领域所享受的税收优惠差异程度，本书以工业企业所得税优惠来考察工业产业政策中的税收优惠偏度问题。税收优惠偏度（TTS）的测算公式如下：

---

① 第一年和第二年免征企业所得税，第三年至第五年减半征收企业所得税。

$$TTS=\frac{(k\text{ 对象利润总额}\times\text{税率}-k\text{ 对象应交所得税})\,/\,k\text{ 对象应交所得税}}{(\text{利润总额之和}\times\text{税率}-\text{应交所得税之和})\,/\,\text{应交所得税之和}}-1$$

$$(4-3)$$

式（4-3）中，k 表示不同行业、不同省份或不同企业。2008 年企业所得税税率有所调整，在数据处理过程中 2001—2007 年适用 33% 的所得税率，2008—2015 年适用 25% 的所得税率。k 对象的 TTS 值越大，反映政府对其扶持力度就越大；反之，则越小。从计算方法也可看出，TTS 值既包括工业企业税收减免、税率优惠等形式的直接优惠，又包括加速折旧、税前扣除等形式的间接优惠，以此衡量税收倾斜性优惠政策的代表性较好。如表 4-2 所示，行业层面，针对工业企业的所得税优惠主要倾向于石油和天然气开采业（I_2），农副食品加工业（I_6），通信设备、计算机及其他电子设备制造业（I_{31}），皮革、毛皮、羽毛（绒）及其制品业（I_{12}），木材加工及木、竹、藤、棕、草制品业（I_{13}）等行业，这些工业行业之所以税收优惠倾斜力度较大是因为节能环保专用设备抵免较多、国家产业政策扶持的重点行业、所属行业中小企业较多等因素的影响。区域层面，黑龙江、新疆、海南、青海、重庆等地工业企业所得税优惠倾斜力度较大，山西、贵州、甘肃、云南、辽宁等地工业企业所得税优惠倾斜力度相对较小，这与国家产业政策导向、工业发展水平以及所处的地理区位等因素相关。

表 4-2 2001—2015 年税收优惠偏度最高和最低的 5 名

领域	税收优惠偏度前 5 名	税收优惠偏度后 5 名
行业层面	石油和天然气开采业（I_2） 农副食品加工业（I_6） 通信设备、计算机及其他电子设备制造业（I_{31}） 皮革、毛皮、羽毛（绒）及其制品业（I_{12}） 木材加工及木、竹、藤、棕、草制品业（I_{13}）	煤炭开采和洗选业（I_1） 烟草制品业（I_9） 石油加工、炼焦及核燃料加工业（I_{18}） 燃气生产和供应业（I_{34}） 水的生产和供应业（I_{35}）
区域层面	黑龙江、新疆、海南、青海、重庆	山西、贵州、甘肃、云南、辽宁

数据来源：各年份《中国工业统计年鉴》。

4.2.3 选择性补贴与竞争性补贴

工业产业政策中的税收优惠、低息贷款、R&D 援助等政策工具直接面向微观企业，必然会改变行业内部企业之间的资源配置状况。如果能使生产率增长更高企业的市场份额相对提高，降低企业之间的资源误置程度，那么也是提高全要素生产率的重要途径。本书借鉴阿吉翁等（Aghion et al.，2012，

2015）的研究思路和方法，对于特定行业的发展，政府可采取的补贴方式一般有两种。一是挑选行业内少部分企业进行补贴（选择性补贴），二是对行业内所有企业"一视同仁"（竞争性补贴），并分析其不同的政策效应。政策工具指标处理上，由于2008年实行新会计准则后取消了"补贴收入"这个会计科目，补贴收入指标缺乏连续性，再加上低息贷款等数据又难以获取，本书主要以税收优惠作为微观层面产业政策工具的分析载体。

这里的"特定行业"按两位数编码工业行业进行统计，选择性补贴可以按照公式（4-1）资源配置偏度的方法进行计算，具体如下：

$$TTS_{ct} = \frac{（c\ 企业利润总额×税率-c\ 企业应交所得税）/c\ 企业应交所得税}{（所属行业利润总额之和×税率-应交所得税之和）/应交所得税之和} - 1$$

$$(4-4)$$

在数据处理过程中，2001—2007年适用33％的所得税税率，2008—2015年适用25％的所得税税率。TTS_c 值越大，表明税收优惠越偏向于该企业，反之则相反。

另一方面，结合赫芬达尔-赫希曼指数（HHI），可将同一行业内不同企业之间实施税收优惠的集中度（反向）作为竞争性补贴的代理变量。运用如下公式计算所实施的税收优惠在不同企业之间分布的离散程度，用以表示竞争性补贴政策（ETS_c）：

$$ETS_{ct} = 1 - \sum_{c \in i} \left[\frac{TS_{cit}}{\mathrm{sum}(TS_{it})} \right]^2 \qquad (4-5)$$

式（4-5）中，ETS_{ct} 表示所得税优惠在 t 时期对行业 i 内不同企业间的离散程度；TS_{cit} 表示在 t 时期政府对行业 i 内 c 企业的税收优惠额，即 $TS_{cit} =$ 利润总额×利率-应交所得税；$\mathrm{sum}(TS_{it})$ 表示在 t 时期政府对行业 i 内所有企业的补贴之和，即 $\mathrm{sum}(TS_{it}) =$ 所属行业利润总额之和×税率-应交所得税之和。$ETS_{ct} \in （0，1）$，ETS_{ct} 越接近于0，表明优惠补贴在行业 i 内越集中于少数企业，越不利于促进企业之间的竞争；ETS_{ct} 越接近于1，表明优惠补贴在行业 i 内企业之间的分布越均匀，这意味着产业政策可以促进企业之间的相互竞争。竞争性补贴是一种更加公平、普惠的政策实施方式，类似于功能性产业政策。

从二者的比较来看，倾斜式、选择性产业政策主要通过挑选"赢家"、限制或淘汰"输家"的方式，加快产业结构调整和升级、实现经济赶超。这种产业政策带有两个显著特征，一是针对特定产业部门的偏向性特征；二是政策工具以后期保护为主，带有较强的行政性干预色彩。另一方面，普惠性、竞争性的产业政策也可被称为功能性产业政策，它们更多依靠完善市场机制、端正价格信号、公平的市场竞争来配置资源，而不是政府替代市场进行资源配置。这种产业政策的重点在于加强各种基础设施建设，推动和促进技术创新和人力资本投资，维护公平竞争，降低社会交易成本，创造有效率的市场环境，使市场功能得到更有效发挥。[①] 与选择性产业政策特征相比，功能性产业政策也有两个显著特征：一是非特定指向性。功能性产业政策是一种"一视同仁"的政策，政府不需要预先"圈定"部分产业作为主导产业或战略产业而对其进行扶持，而是要为所有产业和企业提供公平合理的竞争平台和发展环境，通过增强市场机能、扩展市场机制作用范围，让市场机制去决定产业和企业的发展方向。二是以前期支持为主。一般情况下，针对工业企业的后期支持多数都是选择性的，例如政府补贴、减免税收、低息贷款等，而前期支持更具有普惠性，例如引导和鼓励优化营商环境、提高人力资本、建设产业基础设施以及加强科学技术研究等，可以尽量减少或避免由产业政策实施所造成的价格扭曲、供求扭曲、竞争扭曲、激励扭曲等。

选择性产业政策有效发挥作用应具备两个条件。一是正确选择"赢家"或"输家"。如果选择存在偏差，那么产业政策的作用就会大打折扣甚至起反作用。在工业化初期，发展中国家可以借鉴发达国家工业化的经验，选择主导产业和战略产业，通过实施产业政策积极干预产业结构的调整和升级，发挥"后发优势"，实践也证明选择性产业政策对快速建立工业基础、促进重化工主导产业的发展作用明显。进入工业化中后期，发展中国家与发达国家之间的发展差距逐渐缩小，未来主导产业和战略产业如何选择存在较大不确定性，再加上工业经济增长将从主要依靠低成本优势、技术模仿向主要依靠人力资本质量、自主创新转变，选择性产业政策的作用空间越来越窄。二是以不违背市场机制为前提。无论什么样的产业政策工具要实现其功能作用，都要以发挥市场机制作用为基础，而不是违背经济客观规律，造成更严重的市场失灵。选择性产业政策的特征是"政府对微观经济运行的广泛干预，以'挑选赢家'、扭曲价格等途径主导资源配置"[②]，具有一定的政府选择替代市场机制的干预性和限制竞争的管制特征，在一定程度上造成了寻租和腐败行为，催生了产能过剩，其

① 黄先海，陈勇. 论功能性产业政策——从 WTO "绿箱" 政策看我国的产业政策取向 [J]. 浙江社会科学，2003（2）：66-70.

② 黄群慧，贺俊. "十三五" 时期的产业发展战略 [N]. 光明日报，2015-07-08 (15).

负面效果越来越突出。

当前，更应该辩证看待选择性产业政策与功能性产业政策之间的关系。从不同国家或地区来看，由于经济发展水平、市场制度完善程度、经济政策实施历史传统渊源等多方面的差异，欧美发达国家倾向于采用以市场制度建设、弥补市场不足等为重点的功能性产业政策，注重为产业发展提供一个良好的外部发展环境；多数发展中国家则倾向于采用以市场准入管制、事后补贴等为重点的选择性产业政策，试图通过强制性干预快速建立工业化基础、推动产业结构调整与升级，缩小与发达国家之间的发展差距。从一个国家或地区内部来看，也不可能只实施单一的产业政策。功能性产业政策特征最突出的美国、德国等发达国家，尽管一直将市场制度建设作为政策重点，但也不排除实施一些选择性产业政策，以此催化和加速新兴产业发展。例如美国联邦政府资助设立了增材制造、数字设计与制造、自动化传感控制技术等9家创新研究所①；德国积极实施"工业4.0"，针对特定新兴产业的发展，政府采取了一些积极的结构性财政和税收政策。中国的产业政策虽然带有选择性明显、覆盖面过广、直接干预市场等特点，但是功能性产业政策也广泛存在，例如我国市场制度和市场环境总体在改善，高度重视产业技术改造、企业技术中心和工程实验室建设、适应产业发展新需求的人才培养等。

4.2.4 行业规制政策

行业规制政策是工业产业政策调节资源配置的另一类重要政策工具，其主要是通过限制资源要素的流动能力，进而影响资源配置效率。行业规制政策具有强烈的行政干预色彩，包括进入规制、特许经营、价格规制、投资规制等多种具体形式，这些政策工具在我国工业产业政策制定和实施过程中运用较多。在社会主义市场经济体制确立以前，我国国民经济管理侧重于综合平衡，实现综合平衡的主要手段在于计划，计划管理成为社会主义经济管理的核心部分和基本形式。在此背景下，政府直接下达指令性计划或指导性计划给执行单位，对企业的进入与退出、产品价格与数量、行业投资规模等加以规定和管制。

21世纪以来，工业产业政策领域尽管计划手段运用得越来越少，行业规制政策却依然普遍存在。首先，对于能源、通信、军工、烟草、重要资源、重要交通等自然垄断性质突出的行业，通过特许经营、营业许可、资质审查、审批制、申报制等方式实行进入规制，通过核准定价、法定价格、地方政府定价

---

① 贺俊. 调整新经济结构性产业政策指向［N］. 中国社会科学报，2016-09-21（4）.

等形式实行价格规制，以防止发生资源配置的低效率和确保使用者的公平性。随着市场制度的不断完善，规制政策的负作用日益显现，尤其是价格规制和进入规制不仅难以达到资源最佳配置状态，反而阻碍了资源使用效率的改善。其次，工业产业政策主要以推进工业结构调整为政策目标，为了完成此目标，我国制定并实施了多项产业发展"指导目录"，例如《产业结构调整指导目录》《外商投资产业指导目录》《政府核准的投资项目目录》《西部地区鼓励类产业目录》《可再生能源产业发展指导目录》等。这些政策文本虽名为"指导目录"，实质上却与项目审批、投资核准、信贷获取、税收优惠等直接相关，特别是针对"指导目录"中限制类、淘汰类项目强制性特点更为显著，直接把控着资源要素的流动方向。最后，在解决部分行业产能过剩的产业政策制定中，也体现着行业规制的政策特点。在 2006 年制定并颁布的《国务院关于加快推进产能过剩行业结构调整通知》、2009 年制定并颁布的《关于抑制部分行业产能过剩和重复建设引导产业健康发展的若干意见》、2013 年制定并颁布的《国务院关于化解产能严重过剩矛盾的指导意见》等政策文本中，把严格项目审批、严格行业准入、严格控制固定资产投资、依法加强供地用地管理、严禁产能严重过剩行业新增产能项目等作为重要的措施，并在土地供应、能评、环评审批和信贷审核监管等方面给以限制，使行政性直接干预措施进一步被强化。

4.3 工业产业政策的资源配置效应检验

通过上述分析，可进一步深化对工业产业政策为什么要调节资源配置，以及如何调节资源配置的认识。至于工业产业政策调节资源配置的结果，到底是改善了资源配置效率，还是阻碍了资源配置效率提升，有待进一步探讨。为此，本节围绕调节资源配置的重点产业政策工具，分别从行业层面、区域层面和企业层面检验工业产业政策的资源配置效应。

4.3.1 资源配置效应评价模型构建与数据处理

资源的相对稀缺性，决定了在资源要素可替代和可流动的条件下，投入某个生产领域的资源增加必然会导致投入其他生产领域的这种资源减少。资源配置就是要对相对稀缺的资源在各种不同用途上加以比较并作出选择，引导资源的流向和流量，达到消费者、企业以及社会利益的最大满足。资源配置效率反映的是资源配置的结果，即在一定技术水平条件下资源要素的不同组合方式所形成的投入产出效益。资源配置效率主要受到要素边际生产率、要素使用成本、要素流向和流量、要素可流动性的影响。在要素边际生产率不发生变化的条件下，引导要素流向要素使用成本更低的生产领域，有利于提高资源配置效率；在要素使用成本不发生变化的条件下，引动要素流向要素边际生产率更高的生产领域，同样有利于提高资源配置效率。

结合上述调节资源配置的重点产业政策工具分析，可以发现政府对特定产业的政策倾斜度在很大程度上决定了该产业的发展方向和增长速度。为检验工业产业政策的资源配置效应，本书以工业配置效率为被解释变量，以政府投资偏度、税收优惠偏度为主要解释变量，以资本与劳动要素产出弹性、资本与劳动要素成本增长率、人均资本存量增长率为控制变量，建立如下面板回归模型：

$$AE_{it} = \alpha^A + \alpha_1^A TGI_{it} + \alpha_2^A TTS_{it} + \alpha_3^A KB_{it} + \alpha_4^A LB_{it} + \alpha_5^A KC_{it} +$$
$$\alpha_6^A LC_{it} + \alpha_7^A PC_{it} + \varepsilon_{it} \tag{4-6}$$

$$AE_{rt} = \beta^A + \beta_1^A TGI_{rt} + \beta_2^A TTS_{rt} + \beta_3^A KB_{rt} + \beta_4^A LB_{rt} + \beta_5^A KC_{rt} +$$
$$\beta_6^A LC_{rt} + \beta_7^A PC_{rt} + \varepsilon_{rt} \tag{4-7}$$

其中，i 表示不同行业，r 表示不同省份，t 表示时间，式（4-6）和式（4-7）分别代表工业产业政策在行业层面和区域层面的资源配置效应评价模型。AE 表示工业配置效率，可进一步分解为资本要素配置效率 KAE 和劳动要素配置效率 LAE，为被解释变量。TGI 和 TTS 分别代表政府投资偏度、税收优惠偏度，为主要解释变量。KB、LB、KC、LC、PC 为一组控制变量，分别代表资本产出弹性、劳动产出弹性、资本成本增长率、劳动成本增长率、人均资本存量增长率。α、β 为常数项或变量系数，ε 为随机扰动项。由于工业产业政策作用于企业间资源配置效率变化的机理有所不同，相关数据指标获取和处理上也有很大差异，工业产业政策在企业层面的资源配置效应评价方法及其数据处理在 4.3.4 节再作详细介绍。

数据处理与指标说明。AE、KAE 和 LAE 为第 3 章行业层面和区域层面的工业配置效率测算结果。TGI 和 TTS 两个指标的数据获取和处理在 4.2 节已进行过详细介绍。KB 和 LB 在第 3 章测算结果的基础上利用式（3-7）和式（3-8）计算而得。KC 为当年折旧额与利息支出之和的增长率，LC 为工资总额增长率，PC 为固定资产净值除以从业人数的增长率。以上均是我国 2001—2015 年规模以上工业企业数据，来源于 EPS 数据库，以及相关年份的

《中国统计年鉴》《中国工业统计年鉴》《中国劳动统计年鉴》《中国价格统计年鉴》等。

4.3.2 倾斜式扶持政策对行业间资源配置效率的影响

运用 stata14 软件进行面板数据回归前，首先通过豪斯曼检验来决定采用随机效应模型还是固定效应模型。检验结果拒绝了个体差异部分的扰动项和解释变量不相关的原假设，因此采用固定效应模型[1]进行回归分析。同时，为了确保回归系数和指标解释能力的可靠性，本书采用广义矩估计（GMM）方法[2]进行稳健性检验，如表 4-3 所示，除极少数变量外，固定效应模型和GMM 估计结果的变量系数符号及其显著性水平保持一致，说明模型设定比较合理，实证结果比较稳健。以下重点根据固定效应模型回归结果，对工业产业政策在行业层面的资源配置效应进行分析评价。

表 4-3 倾斜式扶持政策在行业层面的资源配置效应评价结果

变量	固定效应模型			GMM 估计		
	AE	KAE	LAE	AE	KAE	LAE
TGI_{it}^*	−0.011** (−2.023)	−0.013** (−2.533)	−0.005* (−1.655)	−0.011** (−2.292)	−0.010** (−2.460)	−0.003 (−1.265)
TTS_{it}^*	−0.006** (−2.190)	−0.004** (−2.170)	−0.003* (−1.877)	−0.007*** (−3.018)	−0.004** (−1.985)	−0.003** (−2.509)
KB_{it}	0.090*** (8.706)	0.087*** (9.229)	0.010* (1.775)	0.087*** (10.121)	0.079*** (10.283)	0.009* (1.965)
LB_{it}	0.045*** (5.544)	0.013* (1.777)	0.033*** (7.710)	0.047*** (7.182)	0.011* (1.947)	0.036*** (10.764)
KC_{it}	0.008*** (4.381)	0.002 (1.315)	0.005*** (5.668)	0.008*** (5.632)	0.002* (1.695)	0.006*** (8.058)
LC_{it}	−0.344*** (−15.908)	−0.192*** (−9.811)	−0.147*** (−12.663)	−0.352*** (−19.837)	−0.208*** (−13.079)	−0.146*** (−16.188)
PC_{it}	−0.323*** (−11.841)	−0.366*** (−14.761)	0.095*** (6.499)	−0.376*** (−15.523)	−0.444*** (−20.493)	0.071*** (5.742)

---

[1] 从图 3-1 和图 3-2 中可看出技术进步率随时间变化而呈现出的变化差异较小，但个体之间的差异却十分显著，因此本书采用了个体固定效应模型。

[2] 广义矩估计方法不需要满足经典计量假设，它使用滞后的被解释变量作为工具变量克服被解释变量与解释变量双向因果关系引起的内生性问题。

变量	固定效应模型			GMM 估计		
	AE	KAE	LAE	AE	KAE	LAE
常数项	0.001 (0.128)	−0.011* (−1.757)	0.003 (0.824)	0.006 (1.013)	0.002 (0.411)	0.004 (1.409)
样本量	525	525	525	525	525	525
R^2	0.589	0.568	0.490	—	—	—
F forθ_i=0	拒绝	拒绝	拒绝			
Sargan	—	—	—	45.70	29.15	28.06
AR (1)				0.034	0.002	0.050
AR (2)				0.392	0.971	0.330

注：括号内为 t 统计值。*、**、***分别表示10%、5%、1%的显著性水平，双尾检验。

虽然政府着眼于资源优化配置、提升产业竞争力或促进转型升级，根据自身信息优势制定产业政策以引导重点产业发展的初衷是好的，但是工业产业政策实施过程中却不一定能达到资源优化配置的政策目标。从表4-3回归结果中可见，政府投资偏度、税收优惠偏度对工业配置效率的影响系数均显著为负，说明政府选择性、倾斜式地扶持特定行业也可能导致资源配置扭曲，不利于改善资源配置效率。其中，由政府投资偏度所引起资源配置效率损失要大于由税收优惠偏度所引起的资源配置效率损失，政府投资偏度、税收优惠偏度对资本要素配置扭曲的影响要高于对劳动要素配置扭曲的影响。

其主要原因在于两个方面：一方面，我国倾斜式扶持政策特别是政府投资在实施过程中主要以提供公共产品和发展基础工业为主，这些领域投资收益率相对偏低。另一方面，政府对特定产业的政策倾斜度在很大程度上决定着行业的发展方向和增长速度，易造成过度投资。对地方政府而言，在以地区生产总值增长为核心的政绩考核体制下，加之干部轮岗交流①机制的存在，过往一些地方政府在制定工业产业政策时，难免更多考虑在任期内显著地拉动地区生产总值快速增长。要想实现地区生产总值短期内快速增长，往往要依靠投资拉动，政府投资自然地成为地方干部实现其短期目标和拉动经济增长的有力手

---

① 干部轮岗交流有六种形式：任期交流、培养交流、调整交流、回避交流、转任交流和提拔交流。

段。当然，政府投资方向也不能随意而定，特别是在产业发展问题上许多投资领域已经逾越了公共产品界线。尽管尚不具备坚实的产业基础或显著的资源比较优势，一些地方政府仍会加大向重点发展产业的投资倾斜力度，短时期内形成低效能重复建设和过度投资，导致资源配置效率特别是资本要素配置效率的下降。对企业和投资者而言，政府拥有一定信息获取优势，据此筛选出重点发展的行业，制定并发布相关产业发展规划，给予明确的优惠待遇，对企业和投资者形成很强的引导作用。通常情况下这些行业是短期内供不应求的行业、比较优势突出的行业或基础薄弱的新兴产业，这种具有"良好前景"的行业容易引导社会主体产生共识，再加之这些行业受到政府保护或扶持，在税收减免、土地审批、贷款获取等方面可享受优惠待遇，极易出现投资"潮涌现象"[①]，降低资源配置效率。这些从政策实践中也能获得佐证。改革开放以来我国历次工业产能过剩与结构失衡都与工业产业政策特别是政府投资紧密相关。例如，改革开放初期轻纺、棉花等轻工业在不到 3 年时间就从供不应求转为供应能力相对过剩；20 世纪 80 年代侧重发展能源、交通、原材料等基础工业；90 年代侧重发展机械电子、石油化工、汽车制造、建筑业等支柱产业，随后钢铁等行业产能相对过剩矛盾就开始凸显；到了 21 世纪初，产能过剩行业结构调整成为工业产业政策的重点任务。特别是为应对 2008 年国际金融危机所采取的"4万亿投资"和十大产业振兴规划，是造成 2012 年后工业产能严重过剩的主要直接原因。此外，税收优惠偏度比政府投资偏度对资源配置扭曲影响更小的原因在于，税收优惠属于间接干预手段，政府投资属于直接干预手段，二者配置资源能力及对市场干预程度不同，对资源配置效率的影响自然有所差异。工业产业政策对资本要素配置扭曲程度要大于对劳动要素配置扭曲程度，政府主要是通过调节资本要素以进行资源再配置，也进一步印证了政府倾斜式投资所导致的资源要素错配是资源配置效率下降的重要原因。

　　所选择的控制变量中，提高要素边际生产率（KB_{it}、LB_{it}）对改善资源配置效率具有显著的正向影响，这与预期基本相吻合。提高资本使用成本（KC_{it}）对资源配置效率的影响显著为正，这与预期相悖，说明在 2001—2015 年期间资本使用成本增长更高的行业其资源配置效率改善较为明显，而资本使用成本增长更低的行业其资源配置效率改善并不明显。其主要原因在于政府对某些行业实行低利率、补贴特殊政策，在一定程度上鼓励和保护了低效率企

---

　　① 林毅夫，巫和懋，邢亦青. "潮涌现象"与产能过剩的形成机制 [J]. 经济研究，2010，45（10）：4—19.

业，使得低效率企业获得资本的实际成本更低，而未获得保护的高效率企业获得资本的实际成本更高，因此出现高成本与高效率并存的"悖论"现象。尽管提高劳动使用成本（LC_{it}）对资源配置效率的影响系数显著为负与预期结论一致，但是这个负效应过于明显，说明随着人口红利的消失，劳动成本因素已经成为工业配置效率改善的重要制约。提高人均资本存量（PC_{it}）也严重制约着资源配置总体效率的改善，以及资本要素配置效率的改善，然而对劳动配置效率的改善有促进作用。这是因为随着资本要素投入的增多，在一定技术水平下资本要素边际生产率必然会持续下降，资本大量替代劳动后，劳动要素边际生产率会上升，导致提高人均资本存量对资本和劳动要素配置效率的影响效应截然相反。

4.3.3 倾斜式扶持政策对区域间资源配置效率的影响

不同区域之间工业生产活动中投入要素边际生产率及其使用成本存在差异，资源要素跨区域流动必然也会引发配置效率的变化。工业布局政策就是引导不同区域资源再配置的重要干预手段，例如以政府投资形式支持重点区域的经济建设、以经济杠杆的形式引导生产要素更多向重点区域流动、引导产业跨区域转移和承接产业转移等。本部分仍采用各省（区、市）的政府投资偏度、税收优惠偏度两个重点政策工具，从区域层面检验工业产业政策的资源配置效应。首先也在选择随机效应模型和固定效应模型问题上进行了检验，再采用GMM 估计方法进行稳健性检验，如表 4—4 所示，绝大多数变量系数符号及其显著性水平一致性高，说明模型设定相对合理，实证结果也相对稳健。

表 4—4 倾斜式扶持政策在区域层面的资源配置效应评价结果

变量	固定效应模型			GMM 估计		
	AE	KAE	LAE	AE	KAE	LAE
TGI_{rt}^*	-0.001** (-2.185)	-0.004** (-2.494)	-0.001* (-1.807)	-0.003* (-1.920)	-0.004* (-1.881)	-0.003** (-2.197)
TTS_{rt}^*	0.000 (0.712)	-0.001** (-1.983)	-0.000* (-1.791)	-0.001* (-1.850)	-0.001* (-1.687)	-0.001* (-1.949)
KB_{rt}	0.135*** (8.819)	0.182*** (10.833)	0.044*** (3.494)	0.137*** (12.343)	0.186*** (15.462)	0.045*** (4.653)
LB_{rt}	0.015* (1.858)	0.026* (1.659)	-0.011 (-0.901)	0.022** (2.097)	0.033*** (2.909)	-0.011 (-1.152)

变量	固定效应模型			GMM 估计		
	AE	KAE	LAE	AE	KAE	LAE
KC_{rt}	0.011*** (5.779)	0.008*** (4.150)	0.003* (1.780)	0.012*** (8.944)	0.009*** (6.268)	0.003*** (2.675)
LC_{rt}	−0.058*** (−4.215)	−0.146*** (−9.741)	−0.084*** (−7.478)	−0.065*** (−6.681)	−0.156*** (−14.779)	−0.087*** (−10.177)
PC_{rt}	−0.302*** (−18.227)	−0.325*.** (−17.915)	0.033** (2.426)	−0.335*** (−27.693)	−0.361*** (−27.541)	0.038** (3.622)
常数项	−0.070*** (−5.837)	−0.075*** (−5.712)	0.004 (0.366)	−0.068*** (−7.945)	−0.073*** (−7.821)	0.002 (0.314)
样本量	450	450	450	450	450	450
R^2	0.708	0.732	0.543	—	—	—
F for$\theta=0$	拒绝	拒绝	拒绝	—	—	—
Sargan	—	—	—	14.07	40.85	38.54
AR（1）	—	—	—	0.000	0.000	0.000
AR（2）	—	—	—	0.189	0.904	0.260

注：括号内为 t 统计值，*、**、***分别表示10％、5％、1％的显著性水平，双尾检验。

如表4-4，从行业层面检验工业产业政策效应所得结论在区域层面仍然成立，即政府投资偏度、税收优惠偏度对工业配置效率的影响显著为负，对资本要素配置扭曲的影响要高于对劳动要素配置扭曲的影响，同时政府投资偏度所引起资源配置效率损失要大于税收优惠偏度所引起的资源配置效率损失。

除上述结论外，还可看出工业产业政策在区域层面对资源配置效率的负向作用要低于在行业层面的负向作用。政府对各省（区、市）工业投资和税收优惠的规模总量由所在省（区、市）工业企业数量及分布特点所决定，江苏、广州、浙江等地政府投资和享受税收优惠的规模总量自然属全国前列，但是政府投资偏度与税收优惠偏度则主要由国家产业政策导向所决定，政府投资倾斜的主要地区为北京、陕西、甘肃、新疆、贵州等，税收优惠倾斜的主要地区为黑龙江、新疆、海南、青海、重庆等，这些地区主要集中于中西部地区特别是其中的少数民族集聚区。但是政府想要通过工业产业政策扶持某个区域特别是相对落后地区发展，往往不是一件能够在短时间内做成的事情。这些地区受资源禀赋条件、基础设施水平、劳动力素质等因素制约，投入产出效益难免不及相对发达地区。政府有意引导资源要素向中西部地区特别是相对落后地区倾斜，其目的在于促进区域协调发展，更多追求的是经济社会发展的公平性目标。但是产业政策实践中，多数工业企业选址时仍然会偏向于经济基础较好的地区。这类行为显然与国家政策的目的有偏差，但有时也在一定程度上缓解了政府投资偏度和税收优惠偏度所造成的投资"潮涌现象"。

4.3.4 选择性补贴与竞争性补贴对企业间资源错配的影响

2001 年以来，关于全要素生产率的研究逐渐从宏观转向微观，尤其是企业间市场份额的重新配置及其对生产率的影响，例如帕夫尼克（Pavcnik，2002)[①] 研究发现企业间资源再配置对行业层面生产率增长的贡献达 2/3，即近 2/3 行业的生产率增长是由于行业内部的低效生产者向高效生产者转换带来的。换言之，在特定市场环境下，企业总处于动态变化之中，行业整体生产率水平取决于行业内单个企业的技术和效率水平及其所占资源份额，在技术和效率水平不发生改变的情况下，资源要素在不同企业之间的重新配置就会对行业整体生产率水平起到关键性影响作用。如果增加生产率水平较高企业所占资源的份额，或减少生产率水平较低企业所占资源的份额，那么行业整体生产率水平就会得到改善。

受技术方法的限制，直接测算企业间资源配置效率存在许多困难，利用OP 半参数法也不能直接换算出企业间的资源配置效率，目前学术界较多采用企业间资源错配指数来衡量企业间资源配置效率。企业间资源错配指数是一个负向指标，其值越大意味着企业间资源配置效率越低。本书运用企业间资源错配指数（D_c）作为被解释变量，以选择性补贴（TTS_{ct}）、竞争性补贴（ETS_{ct}）作为主要解释变量，检验工业产业政策在企业层面的资源配置效应。微观上控制变量的选择也异于宏观层面，特别是不能直接测算各企业随时间变化的产出弹性。本书借鉴已有关于产业政策、企业间资源配置与全要素生产率关系的研究，把企业库存率（CH_{ct}）、国有资产比重（GC_{ct}）、人均资本存量增长（PC_{ct}）、企业规模增长（CS_{ct}）、企业资产利润率（RA_{ct}）、企业年龄（CA_{ct}）6 个变量作为控制变量，建立如下面板回归模型：

$$D_c = \alpha_0 + \alpha_1 TTS_{ct} + \alpha_2 ETS_{ct} + \alpha_3 CH_{ct} + \alpha_4 GC_{ct} + \alpha_5 PC_{ct} + \alpha_6 CS_{ct} + \alpha_7 RA_{ct} + \alpha_8 CA_{ct} + \varepsilon_{ct} \tag{4-8}$$

① Pavcnik N. Trade liberalization, exit, and productivity improvements: evidence from Chilean plants [J]. Review of Economic Studies, 2002, 69 (1): 245—276.

式（4—8）中，c 表示不同企业，t 表示时间，D_c 为企业间资源错配指数，企业库存率（CH_{ct}）以"存货/工业总产值"表示，国有资产比重（GC_{ct}）以"行业内国有企业固定资产净值之和/行业固定资产净值之和"表示，人均资本存量增长（PC_{ct}）以企业"固定资产净值/从业人数"的增长率表示，企业规模增长（CS_{ct}）以企业总资产增长率表示，企业资产利润率（RA_{ct}）以企业"利润总额/总资产"表示，企业年龄（CA_{ct}）以"当期年份－创办年份"表示。

式（4—8）为非平衡面板数据模型，551756 个样本对应 333485 个企业，平均每个企业存续时间不足 2 年，不适合采用 GMM 方法进行估计。同时，由于企业进入、退出的动态调整以及政策与外部环境的变化，企业间资源配置效率个体差异、时间差异都十分明显，理应采用双固定效应模型。但是由于样本企业数量多，如果采用双固定效应模型的话，会导致自由度损失严重，影响回归结果。为了避免这样的矛盾，本书分别采用个体固定效应模型和时间固定效应模型进行回归，这样既可以避免过于严重的自由度损失，又可以对回归结果进行稳健性检验，具体结果如表 4—5 所示。

表 4—5　选择性与竞争性补贴对企业间资源错配的影响

变量	个体固定效应	时间固定效应	变量	个体固定效应	时间固定效应
TTS_{ct}^*	0.001*** （3.860）	0.001*** （4.372）	RA_{ct}	−0.075*** （−42.804）	−0.070*** （−40.769）
ETS_{ct}^*	−0.001** （−2.023）	−0.001** （−2.575）	CA_{ct}	−0.000*** （−3.392）	−0.001*** （−6.579）
CH_{ct}	0.192*** （42.998）	0.167*** （37.673）	常数项	−1.476*** （−1125.569）	−1.454*** （−685.231）
GC_{ct}	0.055*** （93.425）	0.043*** （70.292）	样本量	551756	551756
PC_{ct}	0.001*** （37.607）	0.001*** （32.399）	R^2	0.073	0.102
CS_{ct}	−0.007*** （−46.443）	−0.004*** （−22.830）			

注：括号内为 t 统计值，*、**、***分别表示10%、5%、1%的显著性水平，双尾检验。

从表 4—5 回归结果可见，税收优惠偏度对企业间资源错配指数的影响系数显著为正，意味着产业政策实施过程中优惠政策越是偏向于少数企业，对企业间资源错配的影响就越大。从资源错配指数定义来看,受政府扶持的少数企业会获得补贴、信贷等多方面的便利,其获取资源要素的难度和成本必定会更小,η_{kc}、η_{lc} 将远远低于没有受到保护的企业,表面上看产业政策重点扶持对象与资源错配指数是一种负相关关系。但是,正是这种对少数企业的重点扶持,引导有限资源要素流向特定企业群体,增加了未受保护的大多数企业获取资源要素的成本,提高了大多数企业资源要素的错配程度。因此,选择性产业政策容易造成资源要素错配。前文行业与区域宏观视角下的实证检验也得出相似结论,即倾斜式产业政策并不会改善工业配置效率。相反,"一视同仁"的税收优惠对企业间资源错配指数的影响系数显著为负,说明产业政策实施过程中越是平等对待每一个企业,就越有利于抑制企业间的资源配置扭曲。其原因在于,实施普惠性的产业政策意味着降低了绝大多数企业的实际成本,有利于改善企业生产经营环境,同时又能最大限度减少政府干预。

从控制变量来看,企业库存增加、国有资产比重提高、人均资本存量提高将使企业间的资源配置状况更加扭曲,企业规模扩大、资产利润率上升、企业年龄增长将有利于改善企业间资源配置状况,这些变量指标与企业间资源配置扭曲程度的相互关系基本符合预期。一方面,企业库存增加说明企业生产的产品并非适销对路,如果将资源要素进一步投在这些没有市场的产品上,必定会造成更为严重的资源配置扭曲。以往产业政策实际操作中,税收优惠以及政府补贴主要偏向于少数国有企业和大型企业,国有资产比重提高意味着进一步造成不公平竞争和激励扭曲的可能增大,不利于改善资源配置效率。当前人均资本存量快速积累是过度投资的结果,过度投资必然导致资金需求增加,推升资本要素使用成本和获取难度,同时在资本边际生产率递减规律作用下,资本收益率下降,也不利于改善资源配置效率。另一方面,随着企业规模的扩大,企业内部专业化工业将更为细化,投入要素生产过程中的协同性更好,由此可能获得规模经济效应,形成资源要素投入的节约。企业资产利润率本身就是一个投入产出效益指标,企业为了提高资产利润率会想方设法降低投入要素使用成本,降低资源配置扭曲程度,因此多数情况下提高资产利润率与资源错配程度是正相关关系。随着企业年龄的增长,企业在获取市场信息上保持着一定竞争优势,更有能力获得相对低成本的投入要素。

以上分析以全部企业为样本,研究发现选择性补贴与竞争性补贴对企业间资源错配的影响不同,选择性补贴更容易导致资源配置扭曲,竞争性补贴有利于改善资源配置效率。本书认为这主要是工业产业政策的选择偏向所导致的结果。我国过往的工业产业政策实施过程中规模化导向明显,政府倾向于引导资源要素流向国有大型企业集团，中小企业特别是民营中小企业较难获得支持，导致部分中小企业获取资源要素的实际成本增加，形成资源错配。为了进一步论证以上结论和猜想，本书将对全部企业按照竞争环境不同、国有与非国有进行分组，再深入探讨选择性补贴与竞争性补贴对企业间资源错配的作用影响。

首先，探讨不同竞争环境下两种不同类型产业政策对企业间资源错配的影响差异。本书采用赫芬达尔—赫希曼指数（反向）来反映行业竞争程度，以符号 $\hat{HHI}$ 表示，以企业销售产值为基础计算出各行业 $\hat{HHI}$ 值[①]，再以 $\hat{HHI}$ 值将工业行业分为低度竞争性行业、中度竞争性行业和高度竞争性行业三个组，具体如表 4-6 所示。

表 4-6　不同竞争环境下的工业企业分组情况

竞争环境	$\hat{HHI}$ 的平均值	工业行业两位数代码
低度竞争行业	$\hat{HHI} \leqslant 0.99$	8 个行业：07、16、25、28、29、44、45、46
中度竞争行业	$0.99 < \hat{HHI} \leqslant 0.995$	11 个行业：06、08、09、15、32、37、39、40、41、42、43
高度竞争行业	$\hat{HHI} > 0.995$	其余的工业行业

根据企业间资源错配评价模型分别对三个组内工业企业所构成的面板数据进行回归，结果见表 4-7。

表 4-7　不同竞争环境下两种补贴对企业间资源错配的影响

变量	低度竞争性行业		中度竞争性行业		高度竞争性行业	
	个体固定效应	时间固定效应	个体固定效应	时间固定效应	个体固定效应	时间固定效应
TTS_{ct}^{*}	0.000*** (4.284)	0.000*** (2.863)	0.003*** (7.877)	0.003*** (10.209)	0.003** (2.293)	0.004*** (3.536)
ETS_{ct}^{*}	−0.000 (−0.134)	−0.000 (−0.269)	−0.001 (−0.881)	−0.002** (−2.479)	−0.003** (−2.371)	−0.001** (−2.736)
CH_{ct}	0.169*** (22.827)	0.147*** (20.911)	0.166*** (31.003)	0.138*** (26.385)	0.225*** (40.223)	0.202*** (36.490)

---

① $\hat{HHI} = 1 - \sum \left[\dfrac{Sale_{cit}}{\text{sum}(Sale_{it})} \right]^2$，$Sale_{cit}$ 表示单个企业销售产值，$\text{sum}(Sale_{it})$ 表示该企业所属行业销售产值之和。

变量	低度竞争性行业		中度竞争性行业		高度竞争性行业	
	个体固定效应	时间固定效应	个体固定效应	时间固定效应	个体固定效应	时间固定效应
GC_{ct}	0.042*** (48.390)	0.036*** (41.451)	0.061*** (70.923)	0.045*** (47.897)	0.051*** (72.425)	0.039*** (53.391)
PC_{ct}	0.003*** (43.607)	0.003*** (39.762)	0.000*** (13.417)	0.000*** (11.373)	0.002*** (51.172)	0.001*** (44.445)
CS_{ct}	−0.002*** (−13.285)	−0.001*** (−9.301)	−0.006*** (−32.590)	−0.004*** (−20.765)	−0.008*** (−37.069)	−0.003*** (−15.272)
RA_{ct}	−0.060*** (−18.324)	−0.059*** (−19.107)	−0.055*** (−22.849)	−0.052*** (−22.716)	−0.083*** (−40.421)	−0.076*** (−37.958)
CA_{ct}	−0.000*** (−4.389)	−0.000*** (−3.142)	−0.001*** (−4.517)	−0.000 (−1.381)	−0.000** (−2.325)	−0.001*** (−7.412)
常数项	−1.348*** (−758.405)	−1.370*** (−548.659)	−1.366*** (−724.669)	−1.388*** (−452.877)	−1.519*** (−606.775)	−1.497*** (−453.327)
样本量	33902	33902	125285	125285	392569	392569
R^2	0.337	0.412	0.166	0.222	0.082	0.117

注：括号内为 t 统计值，*、**、***分别表示10％、5％、1％的显著性水平，双尾检验。

根据表4－7的回归结果可见，选择性补贴对低度竞争性行业内企业间资源错配的影响较小，对高度竞争性行业内企业间资源错配的影响较大；竞争性补贴对低度竞争性行业内企业间资源错配的影响不显著，对高度竞争性行业内企业间资源配置效率改善较为明显。换言之，越是竞争性的行业，选择性补贴造成资源错配的结果越严重，竞争性补贴改善资源配置效率的作用更为明显。因此，为了提升工业行业内企业间资源配置效率，不能过多使用政府选择性、"挑选赢家"式的产业政策，特别是在一些竞争性行业，而要充分依靠市场机制的作用，产业政策主要任务应是促进市场竞争，消除进入和退出壁垒，降低普遍性交易成本特别是制度性交易成本，以此改善企业间资源配置效率和提升全要素生产率。

其次，我国国有企业数量多，长期存在国有经济部门与非国有经济部门二元经济结构现象。本书将全部企业分为国有企业与非国有企业两组，进一步探讨选择性补贴与竞争性补贴对企业间资源错配的影响差异。在删除控制变量 GC_{ct} 后，运用式（4－8）的评价模型，得到表4－8所示回归结果。

表 4−8 两种补贴对国有与非国有企业资源错配的影响

变量	国有企业间资源错配		非国有企业间资源错配	
	个体固定效应	时间固定效应	个体固定效应	时间固定效应
TTS_{ct}^{*}	0.000*** (4.939)	0.001** (2.483)	0.004*** (3.345)	0.003*** (4.576)
ETS_{ct}^{*}	−0.000 (−0.443)	−0.000 (−0.395)	−0.003*** (−3.084)	−0.003*** (−3.983)
CH_{ct}	0.094*** (12.725)	0.089*** (12.158)	0.202*** (41.978)	0.175*** (36.615)
PC_{ct}	0.003*** (31.555)	0.003*** (30.536)	0.001*** (34.947)	0.001*** (29.876)
CS_{ct}	−0.002*** (−3.942)	−0.001 (−1.210)	−0.007*** (−46.163)	−0.004*** (−22.633)
RA_{ct}	−0.039*** (−6.096)	−0.039*** (−6.113)	−0.075*** (−41.570)	−0.071*** (−39.644)
CA_{ct}	0.000 (0.750)	0.000 (0.997)	−0.001*** (−5.410)	−0.001*** (−9.706)
常数项	−1.292*** (−275.472)	−1.291*** (−200.055)	−1.483*** (−962.562)	−1.455*** (−611.453)
样本量	29978	29978	521778	521778
R^2	0.149	0.173	0.074	0.103

注：括号内为 t 统计值，*、**、***分别表示10%、5%、1%的显著性水平，双尾检验。

我国许多工业产业政策是依托国有企业来实施和完成的，国有企业是工业产业政策影响资源要素配置的一个重要工具。从表 4−8 回归结果来看，选择性补贴对国有企业间资源错配的影响较小，对非国有企业间资源错配的影响较大，不利于改善企业间资源配置效率；竞争性补贴对国有企业间资源错配的影响不显著，对非国有企业间资源错配的影响系数显著为负，有利于改善企业间资源配置效率。

从世界各国政策实践来看，工业化发展初期受到资金、技术的双重约束，国家需要集中力量为工业化发展提供其所需的基础设施，如交通、能源、通信、邮政等基础行业的发展，国有企业承担着这样的职能。此外，国有企业的存在也是为了防止部分具有自然垄断性质的行业里由于过度竞争造成的低效率。但是，随着市场力量的成长和市场制度的完善，很多国有企业的经营绩效并不理想，甚至有些进入竞争性市场的国有企业没有能力应对市场环境的变化。总之，国有企业效率相对偏低的主要原因在于其行为逻辑与市场行为逻辑不够匹配，国有企业产权界定较模糊、预算和信用约束不够严格，对市场变化较难做出理性及时的反应。相反，民营企业面临更大的市场竞争压力，预算和信用约束严格，需要依靠持续不断的创新来获取收益。而且，在追求经济增长速度规模的政策导向下，政府追求的是 GDP 最大化，市场主体追求的是利润最大化。GDP 与利润的来源是有差异的，政府更加倾向于扶持大企业、大项目以实现经济的高增速，造成许多政策市场响应不足，不得不依靠国有企业实施产业政策，这是造成我国资源配置效率下降的重要原因。

第 5 章
我国工业产业政策的
规模经济效应

长期以来，我国工业发展极为重视规模化导向，发展支柱产业、主导产业或扶持战略型新兴产业，无一不以做大产业规模为目标，尤其是在促进规模化发展过程中对大企业、大集团、大项目予以重点扶持。同时，地方政府在地区生产总值最大化的冲动下，纷纷以投资见效快、财政贡献大、经济增速高为政策目标，热衷于土地整理开发和基础设施建设，争相打造各类工业开发区，以期"筑巢引凤"，推动工业经济集群化规模化发展。简言之，无论是在做大行业规模上，还是在建立工业开发区上，政府为了获得规模经济效益，都进行了大量直接和间接的扶持和资助。这些扶持和资助到底有没有提高工业规模效率呢？仍有待检验。

5.1 工业产业政策干预规模经济的动因

规模经济反映的是大批量生产的经济性规模，即随着经营规模的扩大，产出增长的比例大于全部要素投入的增加比例时，这种经营行为就具有规模经济效益。理论上，由于企业生产总成本中包括固定成本和变动成本两个部分，产业发展客观上存在生产成本最低的最优规模经济，达到最优规模经济之前，继续扩大规模是有利的。规模经济效益的形成主要有两种途径：一是企业对资源的充分利用、有效组织和生产率提高而形成的内部规模经济效益；二是多个企业之间因合理的分工和联合、合理的地区布局等所形成的外部规模经济效益。其中，内部规模经济主要与企业自身的经营决策有关，外部规模经济单个企业无法进行有效协调，存在"协调失灵"的可能，需要政府对外部规模经济的形成给予适当干预和引导。

5.1.1 行业集中形成的规模经济效应

以提高市场集中度作为政策目标，其主要依据在于寡头垄断的市场结构比分散型市场结构更有效率，特别是对一些自然垄断性行业。具体而言，在行业内部，规模经济存在工厂规模与企业规模的区别，工厂规模侧重于设备和生产线运用及其批量化生产，决定生产成本；企业规模侧重于同类型产品的经营规模及其在市场中的地位，决定竞争秩序。我国工业产业政策追求的更多是工厂规模经济，在工业化追赶进程中工厂规模与企业规模发生冲突时，政府一般会倾向于保证工厂规模达到最优，甚至容忍"寡头"垄断。原因在于，工厂规模更大的企业既能够克服生产要素的不可分割性，提高企业内部要素间的协同性，使生产要素和生产能力得到更加充分利用，还可以获得价格谈判上的优势，降低单位产品成本和增加收益。从工厂规模经济的角度讲，在部分资本密集型的行业适度提高行业集中度能够降低生产成本，提高规模经济效益。

产业链上下游各企业之间的协作水平，及其在数量、功能、规模结构上的合理性，也是影响行业规模经济的重要因素。这些企业集合体的规模大小会对相关行业产生很强的外部效应。当行业之间的规模结构比较合理时，可以有效满足其他行业对产品数量、质量和结构的要求，有助于降低生产成本；当行业之间的规模结构不合理时，要么出现"瓶颈产业"，使产业链上部分企业的生产成本增加，抑制规模扩大，要么出现"衰退产业"，市场需求减少，占用过多的资源而产生规模不经济。简言之，集中度较高的行业具有主导产业突出、品牌优势明显、研发优势显著等特点，专业化分工更加复杂和细化，更能及时把握市场需求的动态变化，这些对降低行业内企业生产成本均具有积极作用。反之，集中度过低的行业，可能存在大量低效率小企业充斥市场的情况，形成恶性竞争，不利于生产要素的有效利用。

基于上述分析可见，合理的行业规模和结构可以获得外部规模经济效益，但这种外部规模经济效益的实现依赖于行业内各企业的规模效益状况和相互之间的协调程度。市场机制本身对产业组织结构具有调整的能力，通过竞争机制和优胜劣汰，使优胜者保留在行业内，不断扩大其规模。但是，对于一些进入门槛比较低的行业，容易让过多企业进入行业内，过多的产品追逐有限的市场，使生产能力不能有效发挥，阻碍规模经济效应的形成。要突破这些限制，市场机制或单个企业自身的力量就略显不足，政府的参与、干预和协调就十分有必要。

5.1.2　空间聚集形成的规模经济效应

　　另一种外部规模经济效益，在于若干企业在一定空间范围内的集聚与联系，形成资源集聚效应、分工效应、竞合效应、协同效应，使区域内企业平均成本降低和经济效益增加。区域规模经济效益的实现得益于以下几个方面：首先，具有关联性的企业相互联结所组成的"联盟"，分工协作优势更加显著，产业链上下游企业配套更加齐全，比较容易获得规模化、专业化的生产和服务，使聚集区内的企业能够以更高的生产率来生产产品和提供服务，有利于提高经济效益。其次，集中布局有利于共同享用基础设施和社会服务，减少单个企业的负担和使用成本，物流也更加通达，企业可以较为便利地获得生产的原材料，可以以更低成本将产品运输到消费市场。此外，企业空间聚集还有利于各企业之间互通生产经营信息和市场供求信息，同类型企业聚集在一起还可以较快地进行技术学习和模仿等，这些都有利于实现区域规模经济效益。

　　尽管具有关联的企业在一定空间范围内聚集能够带来规模经济效益，但是要把企业聚集在一起却不是一件容易的事情。首先，空间聚集需要有一定载体的基础设施和公共服务。这些设施和服务具有公共产品性质，依靠市场机制无法有效提供，单个企业也无法进行有效协调。其次，由空间聚集所形成的外部规模经济给不同企业带来的效益有所不同。从全产业链角度看，部分企业虽然在集聚区内所处位置十分重要，但是聚集与否并不会对其经营效益带来多大变化，这种情况下企业并没有向特定区域聚集的内生动力，需要政府加以协调。再次，存在投资互补性的企业之间，在单个企业投资收益取决于其他企业是否进行投资，以及是否具有良好的配套设施时，就可能出现协调失灵的情况。特别是在产业建立和发展的初期，单个企业没有能力协调好上游、下游企业之间的关系，市场机制的力量也不足以协调不同投资者的行为。理论上政府可以通过产业政策引导市场主体投资行为，甚至可以直接执行某种投资，完善配套设施，形成规模经济效应。

5.2　干预规模经济的重点产业政策工具

　　政府主要通过工业组织政策和工业布局政策两种手段对工业规模经济发展进行干预。一方面，根据产业组织理论，工业组织政策旨在协调"马歇尔冲突"，发展规模经济是其重点任务之一，通过鼓励企业兼并联合、扶持大企业大集团等行业规模政策，推动产业组织合理化，提高行业集中度和规模经济效益。另一方面，具有关联性、共同指向的企业在一定空间范围聚集也能带来规模经济效应，工业布局政策特别是开发区政策，对区域规模经济的形成具有至关重要的影响。

5.2.1　行业规模政策

合适的产业规模是政府在制定工业产业政策时，需要考虑的一个重要方面。工业组织政策调节工业行业内各企业间关系，不仅影响着企业间资源配置效率，还对行业规模效率变化有着重要影响。理论研究表明，有效的工业组织政策，既要保护有效竞争，又要充分利用规模经济，把二者结合起来才能使组织合理化，提升工业效率。行业过于分散不利于提高产业链上下游企业的分工协作能力，影响行业内资源利用效率；行业过于集中又会形成垄断，影响市场秩序和竞争环境。因此，工业组织政策的一项重点任务在于适度提高行业集中度，培育一批具有行业优势的大企业，并在行业内形成示范效应，增强产业链上企业间的协调能力，降低市场信息获取成本、交易成本和学习成本，使行业内企业获得外部规模经济，降低行业平均成本，增强规模经济效益。

工业化追赶的早期阶段，鉴于我国绝大部分工业行业集中度都很低，工业产业政策更加倾向于追求规模经济，广泛运用企业兼并联合、扶持大企业大集团等行业规模政策，甚至可以暂时容忍"寡头"垄断和损害市场竞争活力。我国产业政策成型于计划经济向市场经济的过渡期，各行业、各部门都有大量的国营企业，国家不仅仅拥有企业所有权，并且直接出面经营，拥有经营权。这时期产业政策以计划管理、直接投资等方式向国营大中型企业重点倾斜。1986年在"七五"计划中重大技术改造工程的重点对象是技术改造后能够在赶超国际先进水平中起示范带头作用的大中型骨干企业。1989年《国务院关于当前产业政策要点的决定》中所重点支持的企业也是国营大中型企业。1990年政府工作报告中指出，"调整企业组织结构是改善工业生产结构的重要方面，核心是要发挥国营大中型企业和企业集团的骨干作用。国家在资金、物资和运力的分配上，实行重点倾斜措施，优先保证那些产品质量高、适销对路、物质消耗低、经济效益好的大中型企业的需要"。1993年采取兼并破产、组建大型企业集团、实行大公司战略等政策手段，对国有企业进行战略性结构调整。1994年2月，我国制定的第一部行业性的产业政策，即《汽车工业产业政策》，其目的在于尽快解决散乱的问题，实现规模经济，促进产业组织结构合理化。《90年代国家产业政策纲要》中也明确提出"对规模经济效益显著的产业，应形成以少数大型企业（集团）为竞争主体的市场结构"，"鼓励企业通过平等竞争和合并、兼并、相互持股等方式，自主进行联合改组，或组建跨地区、跨部门、跨所有制乃至跨国经营的企业集团"。1997 年中共十五大正式把"抓大放小"确立为新的经济改革战略。一些地方政府出于发展大型企业和企业集团的考虑，行政力量主导、国有企业强强联合等现象普遍存在。1998 年政府工作报告指出，"在一些重要行业和关键领域，鼓励组建大型企业集团，增强在国内外市场的竞争能力"。

进入 21 世纪以来，推动企业兼并重组、实施重点产业大企业集团战略、提高产业集中度仍然是工业组织政策的主要内容。2006 年，政府工作报告中提出"推动部分产能过剩行业调整，要推动企业并购、重组、联合，支持优势企业做强做大，提高产业集中度"。"十一五"期间政府大力推进企业兼并重组，支持优势企业并购落后企业和困难企业，调整优化行业组织结构。2010 年，中央经济工作会议指出"加快改造升级传统制造业，培育一批适应市场需要、拥有核心技术、重视创新、机制灵活的优势企业和产业，提高产业集中度"。同年，国务院制定并颁布《国务院关于促进企业兼并重组的意见》（国发〔2010〕27 号），提出"以汽车、钢铁、水泥、机械制造、电解铝、稀土等行业为重点，推动优势企业实施强强联合、跨地区兼并重组、境外并购和投资合作，提高产业集中度，促进规模化、集约化经营"。从十大产业振兴规划到十二五规划，都毫无例外地提出了要"引导企业兼并重组，提高产业集中度"。2012 年政府工作报告提出"以汽车、钢铁、造船、水泥等行业为重点，控制增量，优化存量，推动企业兼并重组，提高产业集中度和规模效益"。在工业领域产能过剩的背景下，2013 年 1 月国家 12 部委联合发布《关于加快推进重点行业企业兼并重组的指导意见》（工信部联产业〔2013〕16 号），明确提出了汽车、钢铁、水泥、船舶、电解铝、稀土、电子信息、医药、农业产业化龙头企业等 9 个行业企业兼并重组的目标任务，特别是明确提出了 2015 年要实现的产业集中度目标，具体见表 5-1。

表 5-1　重点行业企业兼并重组的主要目标

序号	重点行业	主要目标（到 2015 年）
1	汽车行业	前 10 家整车企业产业集中度达到 90%，形成 3~5 家具有核心竞争力的大型汽车企业集团
2	钢铁行业	前 10 家钢铁企业集团产业集中度达到 60% 左右，形成 3~5 家具有核心竞争力和较强国际影响力的企业集团，6~7 家具有较强区域市场竞争力的企业集团

序号	重点行业	主要目标（到2015年）
3	水泥行业	前10家水泥企业产业集中度达到35%，形成3～4家熟料产能1亿吨以上，矿山、骨料、商品混凝土、水泥基材料制品等产业链完整，核心竞争力和国际影响力强的建材企业集团
4	船舶行业	前10家造船企业造船完工量占全国总量的70%以上，进入世界造船前10强企业超过5家
5	电解铝行业	形成若干家具有核心竞争力和国际影响力的电解铝企业集团，前10家企业的冶炼产量占全国的比例达到90%
6	稀土行业	基本形成以大型企业为主导的行业格局
7	电子信息行业	形成5～8家销售收入过1000亿元的大型骨干企业，努力培育销售收入过5000亿元的大企业
8	医药行业	前100家企业的销售收入占全行业的50%以上，基本药物主要品种销量前20家企业所占市场份额达到80%，实现基本药物生产的规模化和集约化
9	农业产业化龙头企业	支持农业产业化龙头企业通过兼并重组、收购、控股等方式，组建大型企业集团

资料来源：根据《关于加快推进重点行业企业兼并重组的指导意见》（工信部联产业〔2013〕16号）整理而得。

十八届三中全会提出"使市场在资源配置中起决定性作用"，此后我国更加注重通过市场优胜劣汰竞争机制来推进企业兼并重组，而不是以行政力量为主导。2016年国务院《关于在市场体系建设中建立公平竞争审查制度的意见》要求从市场准入和退出、商品和要素自由流动、影响生产经营成本和生产经营行为等方面进行市场竞争环境公平性审查，确立竞争政策基础性地位，最大限度减少对微观经济的干预。综上分析，可以看出我国工业组织政策的两个显著特点：一是工业组织政策侧重扶持大型企业（尤其是中央企业），强化以行政力量推动企业兼并重组，通过准入、审批等一系列规制政策抑制中小企业对大企业市场地位的挑战。在钢铁行业、汽车行业以及部分产能过剩行业的产业政策中，对中小企业的项目进行限制的特征尤为突出。二是工业组织政策的重点任务随工业发展阶段特征而动态调整。工业化早期阶段，侧重于提高行业集中度和追求规模经济，在面对企业规模与市场竞争之间的冲突时，甚至不惜以行业寡头垄断和破坏市场竞争秩序为代价。工业化中后期阶段，告别了物质短缺的经济时代，工业基础和工业体系基本健全，工业生产规模相当庞大，供需平衡关系变得更加复杂，工业产业政策侧重以市场竞争中优胜劣汰机制实现企业之间的兼并重组，工业组织政策也更加注重防止行业垄断和维护市场竞争秩序，而不是盲目扩大行业规模。

5.2.2　工业开发区政策

除了扩大企业规模、提高行业集中度可能形成规模经济效应以外，具有关联性、共同指向的企业在空间范围上的集聚也可能实现规模经济效应。一定空间范围内的企业聚集，不仅可以获得生产协作上的便利，使产业链上下游企业配套更加齐全，更加容易获得专业化的生产和服务，还可以共用产业发展的基础设施，降低企业生产成本，有效克服"协调失灵"问题，提高聚集区域内的整体生产率水平。工业布局政策特别是开发区政策，对这种规模经济效应的形成具有至关重要的影响作用。

我国各类工业开发区基本上都是在政府主导下形成的，开发区内具有较为完备的基础设施，产业集约化程度高，企业之间的关联性强。1979 年，我国成立了第一个工业开发区（蛇口工业区），经过近 40 年的发展，开发区经历了从无到有、从分散到集中、从单一出口加工导向到多功能多目标导向的转变，中央和地方开发区数量成千上万，开发区类型不断拓展，例如经济技术开发区、高新技术产业开发区、特色产业园区、出口加工园区、保税区、边境经济合作区等，开发区成为工业聚集发展的重要平台和区域最具潜力的经济增长点。甚至部分达不到建设工业开发区条件的某些区县还会规划建设工业集中发展区，这些集中发展区在一定意义上发挥着由产业集中所形成的规模经济效益。各类工业开发区中数量最多、规模最大、最具影响力的是经济技术开发区和高新技术产业开发区。

经济技术开发区（简称"经开区"）以增加经济总量为直接目标，对区内工业企业实行经济特区的某些优惠政策和措施[①]，具有"企业结构以外商投资为主、产业结构以现代工业为主、产品结构以出口为主，致力于发展高新技术"的特点。1984 年我国集中设立了首批沿海经济技术开发区，根据不同时期经济建设需要，经开区建设从沿海向沿江、沿边和内陆城市拓展，截至2015 年 9 月，国家级经济技术开发区已经达到 219 个，遍及 31 个省（区、市）。2001—2013 年这些经开区的工业总产值之和从 0.56 万亿元增加到 19.50

[①]　例如，开发区部分企业按 15% 的税率征收所得税，其中经营期在 10 年以上的企业从获利年度起可享受"两免三减半"；部分外商的利润汇出境外，免征汇出税；开发区企业进口自用的设备和材料，免征关税和进口税等。

万亿元，增长了 34.81 倍，年均增长 34.42％，占全部规模以上工业企业总产值的比重也提高至近 20％。其中，江苏、浙江、山东等省（区、市）经开区的数量最多，天津、山西、江苏、青海等省（区、市）经开区工业企业总产值占地区工业总产值的比例最高。[①]

高新技术产业开发区（简称"高新区"）是为发展高新技术为目的而设置的特定区域，通常由一系列从事高新技术产业开发的企业所构成，具有知识与技术密集度高、工业增长率高、产品附加值高等特点。根据 1988 年国家高新技术产业化发展计划（火炬计划）要求，创办首批高新技术产业开发区以来，各地高新技术产业开发如火如荼，高新区建设进入高速发展时期，截至 2015 年底国家级高新区已经达到 146 个，除西藏以外均有高新区布局。2001—2015 年这些高新区的工业总产值之和从 1.01 万亿元增加到 18.60 万亿元。[②]

无论是经开区还是高新区，都吸引了大量国际知名企业、跨国公司进入园区，引进了一批相对先进的生产技术和管理方法，直接推动了我国工业现代化进程。地方政府纷纷鼓励企业"进区入园"，这使得工业园区推动工业规模聚集发展的载体作用得以加强，也使工业园区在出口和利用外资方面的聚集效应日益显著。另一方面，工业开发区政策也存在一些问题，特别是省级以下开发区存在"GDP 锦标赛"下短期模仿的严重倾向，开发区建设中存在数量规模盲目扩张、低水平重复建设、恶性竞争等诸多问题，削弱了开发区的聚集效应。通常情况下，开发区建立初期主要依靠一系列优惠政策吸引企业在园区内聚集，这种聚集更多是企业在同一地理范围内的简单集中，开发区内企业之间缺乏有机的联系。甚至少部分开发区建设中大量圈占土地搞房地产开发，有碍于工业企业发展规模效应的形成。

---

① 统计范围包括 2001—2013 年的 210 个国家级经开区相关数据，数据源于《中国火炬统计年鉴》《中国开发区统计年鉴》《中国商务年鉴》《科技统计报告》等。虹桥经济技术开发区只涉及第三产业而不涉及工业，曹妃甸经开区无独立统计，旅顺、威海临港、滨州经开区暂未上报数据，故剔除了这 5 个国家级经开区数据，实际计算了 210 个经开区数据。广安经开区 2013 年数据仍在核算，以 2012 年数据乘以 2011—2012 年增长率估算。

② 统计范围包括 2001—2015 年的 146 个国家级高新区相关数据，数据源于《中国火炬统计年鉴》《中国开发区统计年鉴》《中国商务年鉴》《科技统计报告》等。其中，2001 年、2004—2005 年、2007—2015 年各高新区工业总产值数据可直接获取，2002—2003 年、2006 年高新区数量没有发生变化，采用线性插值法补值。

5.3　工业产业政策的规模经济效应检验

前文对工业产业政策干预规模经济的动因与理论依据，以及干预规模经济两个重点产业政策工具进行了详细阐释。本节将继续围绕干预规模经济的重点产业政策工具，分别从行业层面、区域层面检验工业产业政策的规模经济效应。

5.3.1　规模经济效应评价模型构建与数据处理

规模经济效应不同于规模经济的概念，规模经济可以看作是一个状态，即随着生产规模的扩大而长期平均成本下降的现象。而规模经济效应可以看作是一个过程，达到最优经济规模之前追加相关资源要素投入，以及超过最优经济规模之后减少相关资源要素投入，二者都可以提高规模效率，实现规模经济效应。最优经济规模取决于规模弹性[①]的大小，如果规模弹性大于 1，按同比例增加各要素能够带来更高比例的产出增加，随着投入要素的增加，规模弹性会趋于下降，直至规模弹性等于 1 时为最优经济规模；反之，如果规模弹性小于1，随着投入要素的减少，规模弹性会逐渐上升。规模弹性等于各投入要素的生产弹性之和。在一定的技术和价格水平，规模经济效应主要受要素产出弹性、投入要素流向及其在特定领域集中程度的影响。

结合上述分析可知，行业规模政策、开发区政策对于促进投入要素在行业、区域集中发挥了重要作用，是政府干预规模经济的重点产业政策工具。为了检验工业产业政策的规模经济效应，本书以工业规模效率为被解释变量，在行业层面以行业规模政策为主要解释变量，在区域层面以开发区政策为主要解释变量，以资本与劳动要素产出弹性、人均资本存量增长率[②]为控制变量，分别构建如下两个面板回归模型：

$$SE_{it} = \alpha^s + \alpha_1^s IR_{it} + \alpha_2^s KB_{it} + \alpha_3^s LB_{it} + \alpha_4^s PC_{it} + \varepsilon_{it} \tag{5-1}$$

[①]　即生产力弹性，指在技术与投入价格不变的条件下，所有要素按同一比例变动时产出的相对变动程度，它度量的是生产函数的规模报酬程度。

[②]　如果投入要素同比例增加，人均资本存量增长率等于 0；如果投入资本增长率高于投入劳动增长率，人均资本存量增长率大于 1；如果投入资本增长率低于投入劳动增长率，人均资本存量增长率小于 0。

$$SE_{rt} = \beta^s + \beta_1^s RR_{rt} + \beta_2^s KB_{rt} + \beta_3^s LB_{rt} + \beta_4^s PC_{rt} + \varepsilon_{rt} \qquad (5-2)$$

式中，i 表示不同行业，r 表示不同省份，t 表示时间，式（5-1）和式（5-2）分别代表工业产业政策在行业层面和区域层面的规模经济效应评价模型。SE 表示工业规模效率，为被解释变量。IR 代表行业规模政策，RR 代表工业开发区政策，为主要解释变量。KB、LB、PC 为一组控制变量，分别代表资本产出弹性、劳动产出弹性、人均资本存量增长率。α、β 为常数项或变量系数，ε 为随机扰动项。

关于数据处理与指标作如下说明。SE 为第 3 章行业层面和区域层面的工业规模效率测算结果。尽管行业规模政策 IR 在产业规划和政府报告中时常提及，政策实践中广泛存在并使用，但是并没有相关的统计数据和统计资料，其指标量化相对比较复杂。鉴于我国行业规模政策扶持的主要对象是大型国有企业，本书利用《中国工业企业数据库》微观数据，按行业分类筛选出销售产值排名前 10 的大型国有企业集团，计算这些国有企业销售产值之和占全行业的比例，并以该比例值作为衡量行业规模政策的代理变量。采用《中国工业企业数据库》数据可计算 2001—2013 年行业规模政策的代理变量值，2014—2015 年采用前 3 年年均增速乘以上一年值估算而得。工业开发区政策 RR 的代理变量为国家级经开区和高新区工业总产值之和占所在省（区、市）工业总产值的比例。计算 RR 所需的数据中，2001—2011 年各省（区、市）工业总产值可直接从统计年鉴中获取，2012—2015 年各省（区、市）工业总产值由"当年工业销售产值＋当年产成品－上一年产成品"计算而得。此外，2001—2013 年经开区数据和 2001—2015 年高新区数据获取和处理已在 5.2.2 节中说明，2014—2015 年国家级经开区数据通过估算而得。由于 2014—2015 年国家级经开区数量变化较小（新增 4 个），本书以各省（区、市）上一年经开区总产值乘以当年所属省（区、市）工业总产值增长率估算而得。KB、LB 和 PC 三个指标的数据获取与处理在 4.3.1 节已有介绍。以上均是我国规模以上工业企业相关数据，来源于历年《中国工业统计年鉴》《中国火炬统计年鉴》《中国开发区统计年鉴》《中国商务年鉴》《科技统计报告》《中国工业企业数据库》等。

5.3.2 行业规模政策对行业规模效率的影响

运用 stata14 软件进行面板数据回归前，首先也采用豪斯曼检验来决定选择随机效应模型还是固定效应模型，检验结果拒绝了个体差异部分的扰动项和解释变量不相关的原假设，因此采用固定效应模型进行回归分析。再采用 GMM 估计方法进行稳健性检验，如表 5-2 所示，所有变量系数符号及其显著性水平一致，实证结果比较稳健。

表 5-2　行业规模政策在行业层面的规模经济效应评价结果

变量	固定效应模型	GMM 估计	变量	固定效应模型	GMM 估计
IR_{it}^*	0.021 (0.601)	0.021 (1.478)	R^2	0.335	—
KB_{it}	0.033*** (5.842)	0.035*** (9.749)	F for $\theta_i=0$	拒绝	—
LB_{it}	0.020*** (4.502)	0.018*** (6.284)	Sargan	—	76.60
PC_{it}	−0.076*** (−5.980)	−0.067*** (−7.308)	AR (1)	—	0.000
常数项	−0.016*** (−6.762)	−0.016*** (−9.888)	AR (2)	—	0.711
样本量	525	525			

注：括号内为 t 统计值，*、**、***分别表示10％、5％、1％的显著性水平，双尾检验。

根据表 5-2 的回归结果可见，行业规模政策 IR_{it}^* 对工业规模效率的影响不显著，说明政府以提高行业集中度为目标导向的规模经济政策效果并不明显。在我国工业产业政策推动行业规模化、集约化发展过程中，存在行政力量主导、国企强强联合等现象。政府之所以通过扶持大企业等手段提高产业集中度，是因为政策部门认为国内企业与主要国际企业在效率上的差异很大程度上源自企业规模[1]。然而，这些做法具有限制竞争的特点，没有真正充分发挥工业组织政策在协调"马歇尔冲突"上的功能作用。

从控制变量来看，提高资本和劳动要素边际生产率有利于提高规模弹性，对工业规模效率的影响系数显著为正，符合预期。提高人均资本存量对工业规模效率的影响系数显著为负，这是因为在劳动节约型技术进步下，对于微观企业而言，资本要素边际生产率高于劳动要素边际生产率，增加资本投入能够提高企业的生产效率，形成"投资偏向"。但是，对于宏观行业而言，随着新进企业的增多和资本投入的增加，必然导致资本要素边际生产率下降，进而抵消技术进步对资本边际生产率提高的贡献。最终结果就是，增加资本要素投入与

---

① 江飞涛，李晓萍. 直接干预市场与限制竞争：中国产业政策的取向与根本缺陷 [J]. 中国工业经济，2010（9）：26-36.

资本边际生产率递减并存，减少劳动要素投入与劳动边际生产率提高并存，因此由于过度投资导致的人均资本存量提高，将阻碍工业规模效率改善。另外，企业间联合、兼并、重组多以资本为纽带，行政力量主导下的产业集中度提高，更多是资本要素的简单集中，虽然提高了行业人均资本存量，但是对改善工业规模效率并没有实际益处。

5.3.3 工业开发区政策对区域规模效率的影响

在随机效应模型和固定效应模型选择上进行了检验后，再采用 GMM 估计方法进行稳健性检验，如表 5-3 所示，所有变量系数符号及其显著性水平一致，实证结果比较稳健。

表 5-3　开发区政策在区域层面的规模经济效应评价结果

变量	固定效应模型	GMM 估计	变量	固定效应模型	GMM 估计
RR_{rt}^*	-0.006^{***} (-3.167)	-0.006^{***} (-4.871)	R^2	0.324	—
KB_{rt}	0.039^{***} (12.833)	0.039^{***} (21.552)	F for $\theta_i=0$	拒绝	—
LB_{rt}	0.038^{***} (13.898)	0.039^{***} (23.651)	Sargan	—	33.39
PC_{rt}	0.001 (0.324)	0.003 (1.009)	AR (1)	—	0.000
常数项	-0.042^{***} (-15.770)	-0.043^{***} (-26.638)	AR (2)	—	0.428
样本量	450	450			

注：括号内为 t 统计值，*、**、***分别表示10%、5%、1%的显著性水平，双尾检验。

从回归结果看，开发区政策对提升工业规模效率的影响系数显著为负。理论上看，各类开发区应该成为工业企业实现外部规模经济的重要载体，但是经过一段快速扩张式的发展后，开发区低水平重复建设、毗邻地区同质化发展与恶性竞争等一些顽症逐渐凸显，并没有实现预期的聚集效应。

其他学者也从我国工业企业微观数据的相关研究中得出类似结论，例如，郑江淮等（2008）① 发现"政策租"是企业进入开发区的主要动机，由此导致的是开发区企业"扎堆"而不是真正的产业聚集效应，即通过"扎堆"可以获得靠近要素或靠近市场的好处。王永进和张国峰（2016）② 研究发现开发区内企业通过"集聚效应"提升生产率所持续的时间非常短，由制度和政策优惠所形成的"选择效应"③ 是开发区长期生产率优势的主要来源。另一个重要原因在于开发区缺乏合理的产业集群。通常情况下，开发区建立初期主要依靠一系列优惠政策吸引企业在园区内聚集，这种聚集更多是企业在同一地理范围内的集中，企业之间缺乏细致而紧密的分工与合作关系，削弱了开发区的聚集效应。

---

① 郑江淮，高彦彦，胡小文. 企业"扎堆"、技术升级与经济绩效——开发区集聚效应的实证分析 [J]. 经济研究，2008（5）：33—46.

② 王永进，张国峰. 开发区生产率优势的来源：集聚效应还是选择效应？ [J]. 经济研究，2016，51（7）：58—71.

③ 选择效应：开发区政策导致竞争加剧形成的优胜劣汰机制，即开发区政策在吸引企业进入的同时，也会加强企业间的竞争，促使低效率企业退出市场或者转移到区外，将资源从低效率企业转移到区内的高效率企业，从而提升园区内的资源配置效率和企业的平均生产率水平。

第 6 章
我国工业产业政策的
技术进步效应

　　工业技术政策作为工业产业政策体系的重要组成，以引导、促进和干预工业技术进步为直接的政策目标。针对工业企业而言的技术进步与一般发明创造有很大区别，这种技术进步更多指科技成果的商业化和产业化过程，将知识、发明及其他科技成果引入生产体系，制造出市场需求的商品，与经济效益提高和总产出增加直接相关。换言之，科技成果应用后能够节约生产要素、提高要素边际生产率的程度可视为技术进步率，即在一定资源要素约束下推动生产可能性边界向外移动的能力。但发明创造却不一定能够节约资源，反而可能是使用更复杂工艺、更高质量的生产要素，需要更多资源要素投入，以致本领域技术进步率相对更低。因此，发明创造可以不计成本，但是技术进步首先考虑的就是工业企业利益和发展需要。政府为了提高工业企业开展技术创新活动的积极性，通过工业产业政策实施了财政科技活动补助、促进技术进步的减免税、企业技术改造补助等一系列政策措施，降低企业技术进步成本。但是，这些投入到底有没有促进工业技术进步率增长呢？目前来看，仍有待检验。

6.1　工业产业政策干预技术进步的动因

　　科学技术对经济增长的作用是毋庸置疑的，但技术创新并不是一个自发实现的过程，技术创新过程中会出现市场失灵现象。原因在于技术创新带有公共产品性质，技术创新成果具有很强的正外部性和溢出效应，同时技术创新过程又具有极高的不确定性风险，严重制约着工业企业开展技术创新活动的积极性。为此，政府有必要对工业企业技术创新活动进行干预和扶持，弥补市场机制的不足。

6.1.1　技术创新具有公共产品性质

从基础性的科学研究到科技成果的产品化、商业化、产业化，技术研究开发过程大致要经过三个阶段，即基础性研究阶段、应用性研究阶段、产品和工艺的技术开发阶段。① 每个阶段研究开发的主要任务和成果公共性特点不同，政府在各个阶段的作用也不相同。基础性研究阶段的主要任务是认识和发现自然规律，提供知识。这类研究活动并不试图将其研究成果拿来解决实际问题，应用的方向不确定，其效益要经历很长一段时间才能发挥出来，具有很强的公共产品属性，单个企业没有实力也没有动力进行这样的研究行为，通常是大学和科研机构在政府的资助下完成的，例如建立中国遥感卫星地面站、中国散裂中子源、北京正负电子对撞机、上海光源装置、合肥同步辐射装置、兰州重离子加速器与冷却储存环装置、500 米口径球面射电望远镜等等。应用性研究阶段的主要任务是使科学知识逐渐进入应用领域，产品形态上表现为"专利"技术，即以实现特定用途为目的的研究开发活动。这类研究活动兼有公共产品和竞争性产品的性质，应由政府、企业、大学和科研机构等多主体密切合作来完成，尤其需要政府对企业技术研发进行引导和支持，例如建立国家工程实验室、企业技术创新中心、标准化的技术平台、关键共性技术研发平台等等。第三个阶段则主要是面向市场进行产品和工艺的研究与开发，是与特定市场需求紧密相关的，以营利为目的的，可直接利用技术创新成果生产新材料、新产品、新设备，或者安装新工艺。这类研究活动具有较强的竞争性和排他性特点，应由企业结合自身的商业化目的来完成。结合上述技术研究开发的三个阶段，可见发挥政府在促进工业企业技术进步的作用，主要是对技术研究开发的第二个阶段进行扶持和第三个阶段进行适当引导。

6.1.2　技术创新具有外部性

技术创新具有显著的外部性特点。一方面，获得技术创新溢出效应的企业不需要投入过多的研发资金，通过技术获取和改造的方式就可以使用技术创新成果，节约资源要素和提高要素生产率。同时，理论研究和实践表明，多数技术创新产生的社会收益率都大于单个企业的收益率，通过加速技术扩散，可为市场提供更多物美价廉的新产品和服务，促进全社会财富的增长。另一方面，正是由于这种技术外溢效应的存在，开展技术创新的企业不一定能够得到全部

---

① 张玉臣，陈德棉. 企业技术进步过程中政府作用的边界与手段［J］. 预测，2002（2）：1—4.

的创新收益。当企业创新收益小于创新成本时，如果不对技术创新溢出效应进行适当干预，就会抑制企业创新的积极性。豪斯曼和罗德里克（Hausman and Rodrik，2003）强调"自我发现"过程中的知识外溢，认为企业在引入新产品、新技术，试验新的生产线并建立适应本地条件的新产业过程中会出现知识外溢。搜寻新产品、新技术和发展新产业本质上属于创新活动，这种创新活动也具有巨大的社会价值，有利于推动一国或地区生产结构、技术结构、产业结构的调整和升级。但是，对于单个企业而言这种创新行为却存在较大的不确定性。一旦创新成功并实现盈利，由于模仿者的存在，创新者不得不分享其创新成果；如果创新失败，创新者就必须承担所有的创新成本。正因如此，创新者的个体收益要低于社会收益，创新活动受到抑制、激励不足，其政策含义在于政府应当补贴创新者，使其个体收益与社会收益相吻合。因此，政府有必要对技术创新溢出效应大的行业给予更优惠的政策，如高新技术产业。

6.1.3　技术创新具有不确定性

技术创新过程是一个曲折复杂的过程，最终能达到预期目标的技术创新活动甚少，技术创新本身就是一项具有高风险和不确定性的行为。技术创新的不确定性至少来自三个方面，即创新过程的不确定性、市场需求的不确定性、创新收益的不确定性[①]。其中，创新过程的不确定性既与创新对象难度和复杂性有关，也与技术创新过程主体多、环节多有关。技术创新过程中不同主体存在不同的利益偏好和价值选择，需要突破的关键环节一个扣一个，使技术创新过程的不确定性问题增大。市场需求的不确定性在于创新产品能否被市场所接受，创新企业在事前也是很难预测的。况且，从科学技术发明到第一次商业化应用需要很长的周期，专利发明需要得到企业认可，依托专利生产出的产品需要得到消费者认可，这个环节也存在较大的不确定性。创新收益的不确定性与市场认可度有关，但更多是由于技术创新的外部性特点，创新企业并不能完全获得创新成果的全部收益。通常情况下，创新企业进行创新活动时，需要大量的人力、物力和财力投入，并把创新成果的全部收益作为开展创新活动的决策依据。可一旦创新成功后，难免创新收益向其他企业溢出，最终创新企业能够获得多大收益是不确定的。因此，由于技术创新的高风险性和不确定性，直接

---

① 曾方（2003）在其《技术创新中的政府行为——理论框架和实证分析》中将技术创新的不确定性划分为技术的不确定性、市场的不确定性、技术创新收益的不确定性和制度环境方面的不确定性四种类型。

影响着企业开展技术创新活动的积极性,需要政府的适当干预,刺激企业进行高风险的技术创新活动。

6.2 促进技术进步的重点产业政策工具

我国政府历来重视工业企业技术进步,把工业产业政策特别是工业技术政策作为促进工业技术进步的重要手段,通过企业技术改造政策、财政科技活动投入、各级政府对技术开发的减免税、研究开发费用加计扣除减免税、高新技术企业减免税以及创建各类技术创新平台等系列政策工具,引导和扶持工业企业开展技术创新活动。总体来看,政府刺激工业企业技术创新活动的重点产业政策工具主要有三个:一是财政科技支出,特别是对工业企业的 R&D 援助;二是以促进技术进步为目的的税收减免;三是企业技术改造政策。

6.2.1 财政科技支出

科技活动主要包括 R&D 活动、R&D 成果应用和科技服务三个内容,其中 R&D 活动是科技活动的核心部分。由于科技活动资金投入规模大、正外部性强,再加上创新过程的不确定性,绝大多数工业企业开展科技活动的动力不足,需要政府对工业企业科技活动经费予以一定的补助和扶持。从世界各国实践来看,针对工业企业的科技活动扶持特别是 R&D 援助都被列为政策重点。改革开放以来,我国政府逐年加大对工业企业科技活动的财政支持[1],财政科技支出呈持续增长态势。

如图 6-1 所示,2001—2015 年针对工业企业的财政科技活动投入从 41.01 亿元增加到 537.34 亿元,翻了 13.11 倍,年均增长 20.18%,充分反映了政府对工业技术进步的重视。从中央与地方支出比例来看,各年份中央财政科技支出要远高于地方财政科技支出,中央财政科技支出占中央财政支出的比重为 4.5%左右,地方财政科技支出占地方财政支出的比重为 2.5%左右。[2]

---

① 除企业外,政府财政科技活动投入对象主要还包括研究与开发机构、高等学校及其他。
② 数据来源:2006—2016 年《工业企业科技活动统计年鉴》。

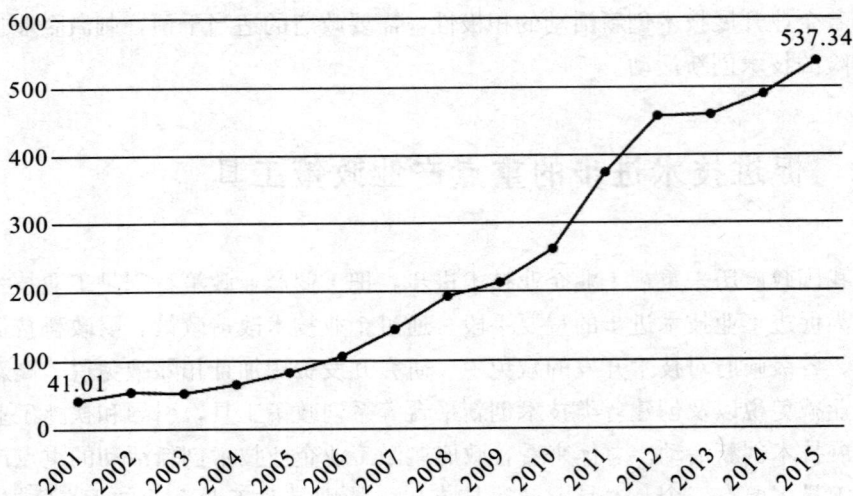

图 6-1　针对规模以上工业企业的财政科技支出（单位：亿元）

如表 6-1 所示，对于不同工业行业，政府财政科技支出的分布具有显著差异。总体上看，政府财政科技支出主要投向了交通运输设备制造业（I_{29}），通信设备、计算机及其他电子设备制造业（I_{31}），专用设备制造业（I_{28}），通用设备制造业（I_{27}）等行业部门，中国能够在高铁技术、超级计算机方面处于全球领先地位，与大量的政府财政科技支出是分不开的。专用设备制造业、通用设备制造业政府科技支出较大，这两个行业主要生产其他各部门用作中间产品的部分，推动设备的更新换代，偏向于劳动节约型技术进步。相比较而言，政府对燃气生产和供应业（I_{34}）、家具制造业（I_{14}）、烟草制品业（I_9）、黑色金属矿采选业（I_3）等行业的财政科技支出较少，这与行业技术进步特点及其在国民经济中地位相关。

表 6-1　2001—2015 年不同行业财政科技支出的平均值与增长率

行业	平均值/万元	年均增长/%	行业	平均值/万元	年均增长/%	行业	平均值/万元	年均增长/%
I_1	26466	6.66	I_6	36393	29.89	I_{11}	5406	16.33
I_2	38004	38.85	I_7	23942	18.09	I_{12}	2506	22.43
I_3	1666	31.09	I_8	19174	21.33	I_{13}	5438	16.23
I_4	5309	24.85	I_9	1661	0.28	I_{14}	1524	31.53
I_5	3155	24.96	I_{10}	25827	10.88	I_{15}	10289	11.31

行业	平均值/万元	年均增长/%	行业	平均值/万元	年均增长/%	行业	平均值/万元	年均增长/%
I_{16}	2780	9.94	I_{23}	42868	14.88	I_{30}	141222	18.74
I_{17}	5793	26.05	I_{24}	43925	15.12	I_{31}	327806	21.92
I_{18}	12731	9.78	I_{25}	61529	21.33	I_{32}	54837	20.68
I_{19}	119669	18.87	I_{26}	45647	37.68	I_{33}	11668	24.61
I_{20}	110096	24.07	I_{27}	150405	24.56	I_{34}	715	12.85
I_{21}	8953	21.16	I_{28}	156781	15.66	I_{35}	3801	10.40
I_{22}	23570	13.93	I_{29}	679847	20.52			

数据来源：2006—2016年《工业企业科技活动统计年鉴》。

如表6-2所示，工业企业的财政科技支出，在区域空间[①]分布上也有显著差异，广东、陕西、江苏、山东、辽宁、上海等地政府财政科技活动投入较多，海南、青海、甘肃、吉林、内蒙古、云南等地政府研发资金投入相对较少，财政科技支出最高的省（区、市）与最低的相差35.65倍。

表6-2 部分区域工业科技活动中政府资金筹集额的平均值与增长率

区域	平均值/万元	年均增长/%	区域	平均值/万元	年均增长/%	区域	平均值/万元	年均增长/%
北京	127431	27.30	浙江	87472	22.70	海南	2335	47.44
天津	48462	34.67	安徽	105383	29.07	重庆	41902	19.10
河北	38335	22.15	福建	39075	20.36	四川	123995	18.00
山西	36086	11.60	江西	41562	12.96	贵州	33851	13.40
内蒙古	23245	15.42	山东	164594	20.83	云南	26870	23.07
辽宁	158257	16.92	河南	58033	18.14	陕西	195296	18.88
吉林	22749	24.73	湖北	81811	18.60	甘肃	17122	15.44
黑龙江	92064	17.22	湖南	82243	21.17	青海	5616	8.96
上海	156703	28.71	广东	200189	19.80	宁夏	10809	18.85
江苏	171566	15.66	广西	24731	20.98	新疆	12987	29.05

数据来源：2006—2016年《工业企业科技活动统计年鉴》。

---

① 由于西藏地区没有相关统计数据，因此没有纳入比较范围。

从国际比较来看，如表 6-3 所示，我国政府对 R&D 援助的规模比例较低且有下降的趋势。2003—2015 年我国 R&D 经费支出中来源于政府资金的规模比例从 29.9% 下降到 21.3%，来源于企业资金的规模比例却从 60.1% 上升到 74.7%。从 R&D 经费来源中政府资金与企业资金比例的国际比较来看，我国 R&D 经费政府投入的比例低于美国、英国、法国等世界主要发达国家，仅高于日本，说明我国政府财政科技活动经费投入相对不足。

表 6-3 部分国家 R&D 经费来源于政府资金、企业资金的比例（单位：%）

年份	中国		美国		英国		法国		德国		日本	
	政府	企业	政府	企业	政府	企业	政府	企业	政府	企业	政府	企业
2003	29.9	60.1	31.2	63.1	31.4	43.9	39.0	50.8	31.1	66.1	17.7	74.5
2004	26.6	65.7	31.0	63.7	32.8	44.2	37.6	51.7	30.4	67.1	18.1	74.8
2005	26.4	67.0	—	—	—	—	38.4	52.2	28.4	67.6	—	—
2006	24.7	69.1	29.3	64.9	31.9	45.2	38.4	52.4	27.8	68.1	16.2	77.1
2007	24.6	70.4	—	—	29.3	47.2	—	—	27.7	67.9	15.6	77.7
2008	—	—	26.9	67.4	30.7	45.4	39.4	50.5	28.4	67.3	15.6	78.2
2009	23.4	71.7	31.3	61.6	—	—	—	—	29.7	66.1	—	—
2010	24.0	71.7	—	—	32.1	45.1	37.0	53.5	30.3	65.6	17.2	75.9
2011	21.7	73.9	33.4	60.0	32.2	44.6	35.4	55.0	29.8	65.6	16.0	77.0
2012	21.6	74.0	30.8	59.1	28.9	45.6	35.0	55.4	29.2	66.1	16.8	76.1
2013	21.1	74.6	—	—	27.0	46.5	35.2	55.0	—	—	17.3	75.5
2014	20.3	75.4	—	—	—	—	—	—	28.8	65.8	—	—
2015	21.3	74.7	—	—	—	—	—	—	—	—	—	—

数据来源：EPS 数据库。

6.2.2 促进技术进步的减免税

我国将税收优惠作为引导工业企业加大科技活动投入、激励创新行为的重要手段，相继出台了一系列以促进工业企业技术进步为直接目的的税收优惠政策，特别是高度重视对高新技术企业技术创新活动的引导和扶持。21 世纪以来，鼓励工业企业技术创新活动的税收优惠政策工具逐渐丰富，例如对符合条件的高新技术企业减按 15% 的税率征收企业所得税、研究开发费用税前加计扣除、科学研究和技术开发用品进口关税和进口环节增值税减免、创业投资企业采用股权投资方式投资于未上市的中小高新技术企业 2 年以上的进行所得税抵扣、国家高新区内的中外合资经营高新技术企业和新创办的高新技术企业给予所得税优惠过渡政策、对高新技术企业境外所得税使用优惠税率等。

促进技术进步的主要减免税在统计口径上进行了三次调整，1988—1995年国家对促进技术进步的减免税的统计口径为"新产品减免税"，1996—2008年改为"享受各级政府对技术开发的减免税"，2009 年以来将其分解为"研究开发费用加计扣除减免税"与"高新技术企业减免税"两项。《国家中长期科学和技术发展规划纲要（2006—2020 年）》提出 3 个激励企业增加研发投入和研发活动的税收政策，给予企业研发投入 150％税前抵扣、对企业研发设备给予快速折旧、给予获得高新技术企业资格的企业 15％的税收优惠税率。2008年 4 月多部委联合印发了《高新技术企业认定管理办法》，明确高新技术企业的税收优惠政策，2009 年以后促进工业企业技术进步的税收优惠力度明显加大。如图 6-2 所示，我国针对工业企业以促进技术进步为目的的减免税总额快速增长，从 2001 年的 21.71 亿元增加到 2015 年的 1151.61 亿元，增长了52.04 倍，年均增长 32.80％。分项来看，享受各级政府对技术开发的减免税从 2001 年的 21.71 亿元增加到 2008 年的 111.23 亿元，年均增长 26.29％；研究开发费用加计扣除减免税从 2009 年的 150.44 亿元增加到 2015 年的 449.27亿元，年均增长 16.92％；高新技术企业减免税从 2009 年的 260.52 亿元增加到 2015 年的 702.34 亿元，年均增长 15.22％。①

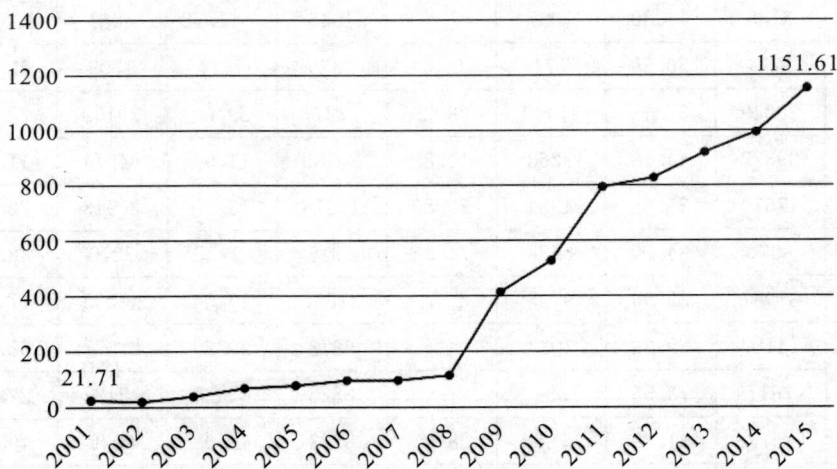

图 6-2　促进规模以上工业企业技术进步的税收优惠（单位：亿元）

① 数据来源：2006—2016 年《工业企业科技活动统计年鉴》。

如表 6-4 所示，行业分布上政府促进技术进步的税收优惠主要集中在交通运输设备制造业（I_{29}），通信设备、计算机及其他电子设备制造业（I_{31}），电气机械及器材制造业（I_{30}），医药制造业（I_{20}），通用设备制造业（I_{27}），专用设备制造业（I_{28}），化学原料及化学制品制造业（I_{19}）等 7 个行业，占到 35 个工业行业总额的 74.34% 以上。这与财政科技支出的重点方向基本一致，集中分布在高端装备制造、新一代信息技术、生物医药、节能环保、新能源、新材料和新能源汽车等战略性新兴产业。黑色金属矿采选业（I_3）、水的生产和供应业（I_{35}）、非金属矿采选业（I_5）、有色金属矿采选业（I_4）、燃气生产和供应业（I_{34}）等 5 个行业所享受的促进技术进步的减免税较少，占 35 工业行业总额的比例不足 10%。

表 6-4 促进技术进步的税收优惠在工业行业上的分布情况

行业	税收优惠		2001—2008 年技术开发减免税		2009—2015 年研发费用加计扣除减免税		2009—2015 年高新技术企业减免税	
	平均值/万元	年均增长/%	平均值/万元	年均增长/%	平均值/万元	年均增长/%	平均值/万元	年均增长/%
I_1	37999	21.89	10360	35.16	54163	2.60	24096	71.49
I_2	20103	21.04	2569	11.18	40092	6.07	3259	72.91
I_3	427	—	50		717	31.62	708	—
I_4	3186	11.80	1037	—	1945	−11.52	4081	186.87
I_5	1774	26.59	171	5.32	2339	7.11	1509	12.05
I_6	28349	37.43	15147	23.25	17277	29.90	30109	28.75
I_7	39323	44.18	3263	40.82	20788	14.96	64974	11.19
I_8	17610	25.68	4354	29.80	13518	13.25	20913	22.05
I_9	8070	34.70	6528	74.95	3715	−11.35	7270	48.84
I_{10}	37957	22.99	9703	9.81	31637	16.04	43085	17.32
I_{11}	14187	29.36	1034	—	9373	29.29	21677	68.61
I_{12}	7617	73.55	351		3823	7.29	12127	22.83
I_{13}	7572	31.29	758	28.97	8333	45.08	8079	49.22
I_{14}	17914	83.30	1268	74.01	13550	27.56	21190	7.87
I_{15}	32174	59.62	9527	34.32	18383	42.14	43255	15.92
I_{16}	26063	50.64	3336	83.35	9323	16.46	46277	23.93

行业	税收优惠		2001—2008年技术开发减免税		2009—2015年研发费用加计扣除减免税		2009—2015年高新技术企业减免税	
	平均值/万元	年均增长/%	平均值/万元	年均增长/%	平均值/万元	年均增长/%	平均值/万元	年均增长/%
I_{17}	12580	—	621	—	9823	43.54	14800	25.64
I_{18}	16341	10.62	7773	13.90	17671	−3.33	10040	20.96
I_{19}	266498	29.77	71368	24.10	156382	19.85	367024	22.40
I_{20}	353420	43.71	28371	37.85	168027	19.75	605935	21.06
I_{21}	26306	17.77	2753	—	18738	−4.01	37600	4.85
I_{22}	84762	36.49	15403	30.77	54401	15.10	121260	13.01
I_{23}	89265	30.12	25765	24.16	54789	17.90	117670	9.53
I_{24}	152891	20.12	76755	26.77	191599	−0.05	68051	9.35
I_{25}	90445	26.64	22540	20.19	51903	15.87	128195	11.37
I_{26}	78487	51.40	6269	59.99	57232	22.26	114966	28.39
I_{27}	339371	40.37	42545	42.16	240620	14.29	484952	13.63
I_{28}	282443	40.13	32560	41.88	222141	8.75	384436	17.51
I_{29}	612641	34.52	97407	32.39	552542	17.16	734357	19.79
I_{30}	484567	33.62	48390	18.25	337714	31.92	710580	13.58
I_{31}	512097	29.93	70724	13.17	418263	22.73	661729	6.57
I_{32}	105227	47.97	8422	38.40	80844	22.62	149908	21.18
I_{33}	22875	27.57	10538	40.64	20578	3.39	19527	19.49
I_{34}	3440	—	21	—	290	16.64	7591	35.23
I_{35}	1284	31.46	73	—	744	51.81	2452	—

数据来源：2006—2016年《工业企业科技活动统计年鉴》。

　　如表6—5所示，促进工业企业技术进步的减免税在区域空间①分布上也有显著差异。政府促进技术进步的税收优惠主要集中分布在广东、江苏、浙江、上海、山东等五个东部沿海省份，占全国的58.01%左右，而优惠额较少的青海、宁夏、甘肃、海南、贵州等五个内陆省份，仅占全国的1.80%。比较而

---

①　由于西藏地区没有相关统计数据，因此没有纳入比较范围。

言，北京、福建、安徽、山东、河北、海南、江苏等省（区、市）从高新技术企业减免税中获得的优惠相对比例更高，而青海、吉林、陕西、重庆、山西、甘肃、四川、湖北等省（区、市）从研发费用加计扣除中获得的优惠相对比例更高。

表 6—5　促进技术进步的税收优惠在区域空间上的分布情况（单位：万元/％）

区域	税收优惠		2001—2008 年技术开发减免税		2009—2015 年研发费用加计扣除减免税		2009—2015 年高新技术企业减免税	
	平均值/万元	年均增长/％	平均值/万元	年均增长/％	平均值/万元	年均增长/％	平均值/万元	年均增长/％
北京	170984	47.32	27668	54.85	70452	15.47	288655	14.06
天津	75132	37.11	9162	33.81	65441	3.99	95017	20.27
河北	115835	29.71	14235	24.20	74212	12.06	173005	28.35
山西	59695	33.33	21578	63.67	73179	−6.09	38479	37.80
内蒙古	26764	40.74	2202	41.48	21474	1.83	36945	11.84
辽宁	101875	34.56	46329	38.30	79696	8.24	99361	15.62
吉林	78638	42.81	11956	18.87	123978	41.98	41785	35.59
黑龙江	36960	33.85	10413	47.15	22560	0.17	49933	−5.87
上海	344868	32.94	77624	42.29	291918	13.52	401289	15.33
江苏	534165	30.77	51454	12.17	353701	23.19	801928	16.26
浙江	422247	42.03	38920	40.62	345328	18.32	574198	20.70
安徽	139236	40.61	15689	40.88	82730	14.18	217075	20.27
福建	109523	30.69	9713	6.03	64507	21.79	174044	18.99
江西	47210	53.85	4200	69.85	37993	22.79	65074	23.82
山东	263901	23.53	72785	22.19	149204	7.03	364575	15.23
河南	113377	32.96	17972	31.41	90478	10.22	147066	13.87
湖北	125476	22.15	51200	5.85	118884	20.46	107739	21.09
湖南	161819	39.24	9677	23.56	110938	24.04	247383	23.35
广东	669345	38.45	76877	19.16	457112	36.22	980610	7.94
广西	27461	28.56	10111	30.22	24441	8.03	26246	35.46
海南	11729	—	87	—	4023	48.44	9370	41.15
重庆	32409	32.66	9693	28.74	42422	8.72	20382	15.17

区域	税收优惠		2001—2008年技术开发减免税		2009—2015年研发费用加计扣除减免税		2009—2015年高新技术企业减免税	
	平均值/万元	年均增长/%	平均值/万元	年均增长/%	平均值/万元	年均增长/%	平均值/万元	年均增长/%
四川	73045	30.47	16855	24.46	89523	9.47	57462	27.41
贵州	11559	20.71	5096	10.40	6738	−4.47	13624	23.51
云南	17905	15.11	11341	16.80	11910	13.82	15749	9.53
陕西	49706	28.21	6615	24.57	73642	−1.45	31755	4.81
甘肃	7983	29.87	3288	51.44	9173	0.30	5053	23.35
青海	1912	—	582	—	3339	2.01	171	−4.37
宁夏	7083	14.71	3820	38.07	5678	−3.46	5969	−9.87
新疆	14167	31.67	2429	2.70	12590	26.94	16909	11.29

数据来源：2006—2016年《工业企业科技活动统计年鉴》。

6.2.3 企业技术改造政策

工业企业技术改造指采用先进适用的新技术、新工艺、新设备、新材料等对现有设施、生产工艺条件进行的改造、更新和提升。企业技术改造是技术进步的重要组成部分，是实现内涵式发展的投资活动，也是提高生产效率、淘汰落后产能的重要途径。企业技术改造扶持政策是我国工业产业政策中的一项重要内容，自产业政策提出以来，政府就十分重视企业技术改造和新技术应用。1984年政府工作报告中指出，"新技术的应用，要着眼于中国现有行业和企业的改造，使它们较快地转到现代化技术和现代化管理的基础上来"。1986年在"七五"计划中全民所有制单位技术改造和更新措施投资2760亿元，比"六五"期间增长了87%，安排部署了600项重大技术改造工程。[①] 同时，还提出"有重点地开发知识密集型和技术密集型产品"，"大力开发和普遍推广效果好、见效快的科技成果，积极采用新技术改造传统产业、传统工艺和传统产品，加速国内新技术的转移和扩散，显著提高全社会的生产技术水平"。1987年中共十三大报告中指出，"要着重推进大规模生产的产业技术和装备现代化，使农业、能源、原材料、交通、通信、机械制造等重点产业主干部分的技术面貌有明显改善；积极推广普遍适用的科技成果，加速企业的技术改造"。1988年政

---

① 《中华人民共和国国民经济和社会发展第七个五年计划》。

府工作报告中指出，"集中必要的财力物力人力，围绕农业、能源、交通运输、邮电通信和原材料工业、机械和电子工业等国民经济发展重点，进行重大科技课题的攻关以及工业性试验，用先进的工艺、技术和设备改造企业特别是大中型企业"。1991 年在"八五"计划中提出今后十年要用先进的技术装备和先进工艺改造现有企业，围绕生产技术和装备现代化，组织好科技和生产攻关。

21 世纪以来，我国政府更是加大了对工业企业技术改造的支持力度，政府工作报告、五年发展规划以及工业行业专项规划中都无不提及企业技术改造任务。2011 年国务院制定并颁发的《工业转型升级规划（2011—2015 年）》把加强企业技术改造作为工业转型升级的重点任务之一，并列出了"十二五"期间的一系列技术改造专项工程。2012 年《国务院关于促进企业技术改造的指导意见》（国发〔2012〕44 号）提出了推进技术创新和科技成果产业化、提高装备水平等 9 项技术改造重点任务，并从加大财政支持、完善税收优惠、拓宽融资渠道等方面加大产业政策扶持力度。各级地方政府也纷纷成立工业企业技术改造专项资金，提高工业企业技术改造补助标准，例如《河南省企业技术改造专项资金管理办法》（豫财企〔2011〕19 号）、《四川省企业技术改造资金管理办法》（川财建〔2012〕347 号）、《河北省工业企业技术改造专项资金管理办法》（冀财建〔2015〕122 号）等。

6.3　工业产业政策的技术进步效应检验

为了弥补市场失灵，提高企业创新积极性，降低企业创新成本，形成创新激励机制，工业产业政策以财政科技活动投入、技术开发过程的减免税、企业技术改造等为重点产业政策工具，对工业企业创新活动进行了大量直接和间接的扶持和资助。但是，这些政府支持科技创新的投入及创新成果到底有没有转化为现实生产力，促进工业企业技术进步率增长呢？目前来看仍有待检验。本章围绕促进技术进步的重点产业政策工具，分别从行业层面、区域层面检验工业产业政策的技术进步效应。需要说明的是，部分产业政策工具直接面向微观企业，对获得补助的企业技术进步率形成影响，但是由于缺乏相关政府补贴数据，本书未从微观企业层面检验工业产业政策的技术进步效应。

6.3.1　技术进步效应评价模型构建与数据处理

除了工业产业政策之外，影响工业技术进步的因素还有很多，例如技术创新能力、技术扩散能力、技术转移速度以及人力资本水平等。技术创新包括开发新技术、科学研究和发明创造，依赖于持续充足的 R&D 经费投入，是推动技术进步的源泉动力。其后，通过技术扩散、技术转移推动技术创新成果在更宽领域、更大范围内应用，形成现实生产力。技术扩散发生在技术创新之后，在促进技术进步中发挥着重要作用，因为技术创新成果除非得到广泛应用推广，否则其不可能对实际产出形成影响。不同国家和地区技术进步途径上存在差异。相对而言，发达国家已经处于世界的技术前沿，技术进步主要依靠研发和自主创新，而多数发展中国家除了研发和自主创新之外，还可以发挥"后发优势"，通过发达国家的技术转移，引进、消化、吸收再创新，即"模仿创新"，提升本国技术水平。鼓励外商直接投资一定程度上就是为了学习借鉴国外先进生产技术。技术转移与技术扩散有联系，也有区别，技术转移侧重技术在国际之间的流动，而技术扩散主要指一国范围内；技术转移侧重已有技术的流动，而技术扩散主要指新技术的推广。最后，无论是技术创新，还是技术扩散或技术转移，最终都需要人去完成，充足的人力资本积累在技术进步过程中起着关键性作用。人力资本是个体学习和积累形成的生产能力，由知识储备、研发经验、创造能力、对新技术的消化吸收能力等众多内容构成。人力资本的积累，既可以提高个人的劳动生产率，又可以加速技术创新和扩散的速度，推动技术进步和全要素生产率增长。

　　基于以上分析，为了检验工业产业政策的技术进步效应，本书以工业技术进步率为被解释变量，以财政科技支出、促进技术进步的减免税两个重点产业政策工具作为解释变量，以企业 R&D 投入[①]、企业技术获取和改造支出[②]、人力资本水平、人均资本存量、外商直接投资等作为控制变量[③]，分别从行业和区域两个层面建立如下面板回归模型：

$$TP_{it} = \alpha^T + \alpha_1^T GRD_{it} + \alpha_2^T GT_{it} + \alpha_3^T CRD_{it} + \alpha_4^T TR_{it} + \alpha_5^T HC_{it} +$$
$$\alpha_6^T PC_{it} + \alpha_7^T FDI_{it} + \varepsilon_{it} \tag{6-1}$$

$$TP_{rt} = \beta^T + \beta_1^T GRD_{rt} + \beta_2^T GT_{rt} + \beta_3^T CRD_{rt} + \beta_4^T TR_{rt} + \beta_5^T HC_{rt} +$$
$$\beta_6^T PC_{rt} + \beta_7^T FDI_{rt} + \varepsilon_{rt} \tag{6-2}$$

---

①　规模以上工业企业 R&D 经费来源中企业自己投入的部分。

②　包括引进技术经费支出、消化吸收经费支出、购买国内技术经费支出、技术改造经费支出。

③　由于被解释变量技术进步率是一个变化率指标，如果直接以企业自身 R&D 投入、技术获取和改造支出等指标绝对值作为自变量的话，可能导致回归系数过小，不利于反映工业产业政策的影响效应，所以有必要将所有自变量都转为增长率或比率数据。

式中，i 表示不同行业，r 表示不同省份，t 表示时间，式（6-1）和式（6-2）分别代表工业产业政策在行业层面和区域层面的技术进步效应评价模型。TP 表示工业技术进步率，为被解释变量。GRD 和 GT 分别代表财政科技支出、促进技术进步的减免税的增长率，为主要解释变量。CRD、TR、HC、PC 分别代表企业 R&D 投入、企业技术获取和改造支出、人力资本水平、人均资本存量的增长率，FDI 表示外商直接投资比例，这五个变量为控制变量。α、β 为常数项或变量系数，ε 为随机扰动项。

关于数据处理与指标作如下说明。TP 为第 3 章行业层面和区域层面的工业技术进步率测算结果。GRD_{rt} 与 GRD_{it} 获取方式略有差异，2000—2015 年区域层面的财政科技支出数据可直接从《工业企业科技活动统计年鉴》中获取；2005—2015 年行业层面的财政科技支出数据也可从《工业企业科技活动统计年鉴》中获取，但 2000—2004 仅可获取制造业细分行业相应数据，可获取采掘业与电力、煤气及水的生产和供应业 2 个行业大类的财政科技支出总额，其细分行业数据需要估算。本书根据 2005 年这 2 个行业内各细分行业财政科技支出计算相对比例，对 2000—2004 年这 2 个行业内 8 个细分行业的财政科技支出进行估算。以下 2000—2004 年行业层面的促进技术进步的减免税、企业 R&D 投入、技术获取和改造支出、人力资本水平相应数据也采用该处理方法。GT 指标数据处理过程中，2000—2008 年该指标为"享受各级政府对技术开发的减免税"，2009—2015 年为"研究开发费用加计扣除减免税+高新技术企业减免税"。技术获取和改造支出为技术改造经费、技术引进经费、消化吸收经费、购买国内技术经费四项之和。人力资本水平难以直接量化，借鉴张倩（2015）[①] 的处理方法，以 R&D 人员折合全时当量来代替。人均资本存量为固定资产净值与从业人数之比。外商直接投资比例为外商资本金与实收资本金之比。以上均是我国规模以上工业企业数据，来源于相关年份的《工业企业科技活动统计年鉴》《中国工业统计年鉴》《中国统计年鉴》等。

6.3.2　工业技术政策对行业技术进步率的影响

运用 stata14 软件进行面板数据回归前，首先采用豪斯曼检验来决定选择随机效应模型还是固定效应模型，检验结果拒绝了个体差异部分的扰动项和解释变量不相关的原假设，因此采用固定效应模型进行回归分析。再采用 GMM

---

① 张倩. 市场激励型环境规制对不同类型技术创新的影响及区域异质性 [J]. 产经评论，2015，6（2）：36-48.

估计方法进行稳健性检验，如表 6—6 所示，所有变量系数符号及其显著性水平基本一致，实证结果相对稳健。

表 6—6　工业技术政策在行业层面的技术进步效应评价结果

变量	固定效应模型	GMM 估计	变量	固定效应模型	GMM 估计
GRD_{it}^*	−0.002 (−0.490)	−0.007 (−1.364)	常数项	0.126*** (11.991)	0.129*** (7.065)
GT_{it}^*	−0.001* (−1.758)	−0.002* (−1.878)	样本量	525	525
CRD_{it}	−0.004 (−0.452)	−0.017 (−0.995)	R^2	0.295	
TR_{it}	0.010** (2.220)	0.015* (1.668)	F for $\theta_i=0$	拒绝	—
HC_{it}	0.026* (1.770)	0.012*** (3.691)	Sargan	—	159.7
PC_{it}	−0.319*** (−3.285)	−0.436*** (−6.093)	AR（1）	—	0.002
FDI_{it}	0.030 (0.882)	0.024 (0.210)	AR（2）	—	0.291

注：括号内为 t 统计值，*、**、***分别表示10%、5%、1%的显著性水平，双尾检验。

首先，表 6—6 的回归结果显示，政府财政科技支出对工业技术进步率的影响并不显著，表面上看这不符合工业技术政策的初衷。但是，并不能根据这个不显著的结果就否定财政科技支出的特殊作用，财政科技支出对实际经济运行的影响主要在中长期。原因在于：长期内没有发明创造就难以推进科技成果的商业化和产业化，难以提高工业企业技术水平。虽然技术进步可以提高要素边际生产率，但短期内发明创造却不一定能够节约资源，反而可能需要更多的资源投入。同时，从财政科技支出所重点扶持的行业部门看，R&D 活动具有显著的正外部性特点，存在"生产率悖论"现象[①]。我国政府财政科技活动补助集中投向了交通运输设备制造业，通信设备、计算机及其他电子设备制造

---

① 20 世纪 80 年代末，美国学者查斯曼（Strassman）调查了 292 个企业，结果发现了一个奇怪的现象，这些企业的 IT 投资和投资回报率（ROI）之间没有明显的关联。1987 年罗伯特·索洛（Robert Solow）将这种现象称为"生产率悖论"，"我们到处都看得见计算机，就是在生产率统计方面看不见计算机"。

业，专用设备制造业，通用设备制造业等行业部门，虽然这些行业的技术进步率并非最高的，但是却对提高整个工业生产过程的要素流动性、产品流通性、信息化程度、自动化程度等方面发挥了重要作用。对于享受这些新技术、新设备的行业而言，不需要投入过多的研发资金，通过技术获取和改造的方式就可以使用技术创新成果，节约了资源要素，提高了要素边际生产率和技术进步率。

其次，以促进技术进步为目标的减免税对提升工业行业技术进步率起阻碍作用。造成这样结果的原因也不难理解，与财政科技支出类似，促进技术进步的减免税主要集中在高新技术企业和战略性新兴产业领域，补助项目中很大比例为研究开发费用加计扣除减免税，其政策效用应侧重于中长期和正向外溢分析。此外，2009 年以后"高新技术企业减免税"与"研究开发费用加计扣除减免税"两项税收优惠的侧重点不同，研究开发费用税前加计扣除是针对技术创新行为的税收优惠，高新技术企业减免税是针对技术创新主体的税收优惠，其政策效应可能有所差异。政府对技术创新主体的所得税减免，其结果可能更多激励了物质资本投资，容易造成行业"投资拥挤"，而对创新行为本身的激励有限，特别是在资本边际生产率递减的作用下，短期内将有碍于技术进步率的提升。

从所选择的控制变量来看，工业行业技术进步率的改善主要得益于技术获取和改造支出、人力资本水平提升，而企业自身 R&D 投入、外商直接投资对工业技术进步率的改善作用不显著，提高人均资本存量对工业技术进步率的负向影响较大。其中，企业技术获取和改造支出主要是用于引进新技术、新设备，更新换代传统设备，采用新的生产工艺和生产流程，直接有利于提高技术进步率。新技术的研发、新设备的使用等各方面都离不开人的中心作用，尤其是在劳动节约型技术进步的经济环境下，提高人力资本水平对提高技术进步率和全要素生产率的作用更大，如果人力资本积累跟不上偏向于物质性技术进步速度，就可能会导致"人机"不匹配、不协调的矛盾。企业自身 R&D 投入的增加并没有显著提高工业技术进步率，与财政科技活动补助一样，从企业 R&D 投入到实现经济效益需要一个时间过程。外商直接投资也并没有显著提高工业技术进步率。人均资本存量增长对提升技术效率具有十分明显的阻碍作用，这是因为我国劳动节约型技术进步下所形成的重物质资本投资偏向所致，新增资本投入所导致的资本边际生产率下降程度大于技术进步所带来的资本边际生产率提升程度，其结果是降低了资本边际生产率，不利于技术进步率和全要素生产率增长。

6.3.3 工业技术政策对区域技术进步率的影响

运用 stata14 软件进行面板数据回归时，首先对随机效应模型和固定效应模型的选择进行检验，采用 GMM 估计方法进行稳健性检验，如表 6-7 所示，除了变量 HC_{rt} 和 FDI_{rt} 显著性水平差异较大外，其余变量系数符号及其显著性水平基本保持一致，说明模型设定相对合理，实证结果也相对稳健。以下内容主要根据固定效应模型的回归结果，对工业产业政策在区域层面的技术进步效应做进一步分析评价。

表 6-7 工业技术政策在区域层面的技术进步效应评价结果

变量	固定效应模型	GMM 估计	变量	固定效应模型	GMM 估计
GRD_{rt}^*	0.001*** (2.998)	0.008* (1.708)	常数项	−0.012*** (−3.028)	−0.015* (−1.724)
GT_{rt}^*	0.000* (1.883)	0.004*** (4.489)	样本量	450	450
CRD_{rt}	0.012* (1.666)	0.033*** (3.010)	R^2	0.324	—
TR_{rt}	0.005** (2.431)	0.007** (2.097)	F for $\theta_r=0$	拒绝	
HC_{rt}	0.006* (1.817)	0.004 (0.475)	Sargan	—	146.0
PC_{rt}	−0.288*** (−8.196)	−0.349*** (−9.462)	AR (1)	—	0.000
FDI_{rt}	0.028* (1.936)	0.003 (0.037)	AR (2)	—	0.318

注：括号内为 t 统计值，*、**、***分别表示10%、5%、1%的显著性水平，双尾检验。

从表 6-7 的回归结果可见，工业产业政策在区域层面与行业层面的进步进步效应截然相反，区域层面财政科技支出、促进技术进步的减免税对工业技术进步率的影响系数显著为正，说明增加政府财政科技支出、促进技术进步的减免税均有利于提升工业技术进步率。

区域层面评价结果不同于行业层面评价结果的原因是：首先，政府财政科技活动投入和促进技术进步的减免税重点倾斜广东、江苏、上海、浙江等省（区、市），同时这些省（区、市）也是工业技术进步率水平相对较高、下降速度较为缓慢的区域，二者存在高度一致性。这是由我国工业企业在空间上的分布特点所决定的，广东、江苏、浙江三个省（区、市）是工业大省，各类工业开发区、高新区较多，规模以上工业企业数量多，能够获得的财政科技活动援助和相关税收减免自然也更多。其次，技术进步的溢出效应在行业和空间上的表现也有差异，行业上交通运输设备，通信设备、计算机及其他电子设备，专用设备，通用设备等部门的技术研发活动对其他工业行业技术进步率提升的溢出效应更为显著，空间上各省（区、市）的研发活动对本区域工业技术进步率提升的溢出效应更为显著。各区域工业技术研发活动是源于工业发展基础，技术研发活动各具特点，更容易提升本区域工业技术进步水平。同时，各区域高新技术开发区的定位也有所不同，所聚集的企业虽属不同行业，但共性技术、关联技术更多，对带动区域内工业企业技术进步的溢出效应更强。

从控制变量来看，增加企业自身 R&D 投入、技术改造和获取支出、人力资本积累、外商直接投资规模均有利于提高工业技术进步率，而增加人均资本存量仍然不利于提高工业技术进步率水平。与行业层面实证结果不同的是，增加企业自身 R&D 投入、外商直接投资规模对工业技术进步率的影响显著为正。其中，区域层面增加企业自身 R&D 投入改善了工业技术进步率的原因与财政科技支出的作用机制类似，工业研发活动投入与区域技术水平、工业经济规模在空间上具有高度一致性，同时各区域工业研发活动投入所形成的科技创新成果对本区域的正向溢出效应要明显高于对其他区域的溢出效应。

6.3.4　财政科技支出影响技术进步率的中长期效应

政府财政科技支出对工业技术进步的影响不显著，其中一个重要原因是财政科技支出对实际经济运行的影响主要在中长期。为了进一步考察增加财政科技支出与工业技术进步之间的长期稳定关系，本书构建如下面板数据分布滞后模型：

$$TP_t = a^T + \sum_{j=1}^{n} b^T GRD_{(t-j)} + c^T Z_t + \varepsilon_t \tag{6-3}$$

式（6-3）中，Z_t 为影响 TP_t 变化的其余 6 个变量。j 为 GRD 滞后阶数，为了避免变量 $GRD_{(t-j)}$ 之间严重的多重共线性问题，删除了财政科技支出的当期值 GRD_t，即 j 从 1 开始取值。确定滞后期 j 值和避免严重的多重共线性问题是求解模型（6-3）的两个关键问题。首先，采用 AIC 准则和施瓦兹 SC 准则，按照信息量取值最小标准确定模型（6-3）的滞后阶数 $j=3$[①]。在确定滞

---

① 滞后期为 3 年比较符合我国实际情况，《高新技术企业认定管理办法》对高新技术企业科技成果转化认定时间为近 3 年。

后阶数的基础上，已知的分布滞后模型常用的估计方法有经验加权法、阿尔蒙多项式滞后法，其核心思想均是通过对滞后变量进行加权，缓解多重共线性，保证自由度。由于经验加权法具有简单易行、不损失自由度、避免多重共线性干扰以及参数估计一致性等优点，本书根据科技成果转化的一般特点，对滞后三期变量以"1/8、1/4、1/2"为权数进行加权。最后再采用固定效应模型分别从行业层面、区域层面数据进行回归，结果如表 6-8 所示。

表 6-8　GRD 滞后期对工业技术进步率影响的回归结果

变量	行业层面			区域层面		
	$j=1$	$j=2$	$j=3$	$j=1$	$j=2$	$j=3$
GRD^*_{t-1}	0.002 (0.948)	0.004* (1.698)	0.006** (2.221)	0.001 (0.471)	0.005* (1.928)	0.005** (2.063)
GRD^*_{t-2}	—	0.004* (1.650)	0.007** (2.539)	—	0.001 (0.403)	0.005* (1.845)
GRD^*_{t-3}			0.005* (1.966)			0.004* (1.820)
GT	−0.001* (−1.662)	−0.000* (−1.713)	−0.000* (−1.751)	0.001* (1.717)	0.001** (2.037)	0.002** (2.363)
CRD	−0.017*** (−2.926)	−0.026*** (−4.178)	−0.028*** (−4.444)	0.024*** (3.672)	0.022*** (3.222)	0.027*** (4.034)
TR	0.009* (1.842)	0.008* (1.806)	0.007* (1.657)	0.004** (2.467)	0.004** (2.347)	0.006*** (3.462)
HC	0.005** (2.526)	0.004** (2.437)	0.007** (2.790)	0.002 (0.406)	0.003 (0.513)	−0.001 (−0.203)
PC	−0.431*** (−9.340)	−0.411*** (−9.474)	−0.355*** (−8.144)	−0.315*** (−14.267)	−0.330*** (−15.137)	−0.349*** (−16.721)
FDI	−0.055 (−0.629)	0.023 (0.273)	0.114 (1.369)	0.057 (0.942)	0.110* (1.836)	0.119** (2.017)
常数项	0.141*** (9.946)	0.129*** (9.416)	0.114*** (8.191)	−0.021*** (−3.085)	−0.027*** (−3.975)	−0.035*** (−5.433)
样本量	490	455	420	420	390	360
R^2	0.195	0.243	0.253	0.430	0.490	0.580
F for $\theta=0$	拒绝	拒绝	拒绝	拒绝	拒绝	拒绝

注：括号内为 t 统计值，*、**、***分别表示 10%、5%、1%的显著性水平，双尾检验。

从回归结果中可见，无论是行业层面还是区域层面，政府财政科技补助滞后 2 期、滞后 3 期对工业技术进步率都有显著的正向影响，有利于提升工业技术进步率，同时这也印证了财政科技补助主要在中长期对提升工业技术进步率形成积极影响的论断。

6.3.5　不同减免税方式影响技术进步率的差异

税收优惠是为了特定经济社会发展目标对某些主体、行为、事项给予的鼓励。目前，我国政府以促进技术进步为政策目标的税收减免主要包括两种方式，即研究开发费用税前加计扣除和对高新技术企业所得税实行优惠税率。一种是针对技术创新行为的税收优惠，另一种是针对技术创新主体的税收优惠。前文在阐释行业层面促进技术进步的减免税效果不佳时，认为针对技术创新主体和技术创新行为的税收减免效果有差异，直接针对技术创新行为的税收减免政策效果更佳。基于这样的思考，结合式（6-1）和式（6-2）评价模型，将2010—2015 年促进技术进步的税收优惠增长变量 GT，分解为针对技术创新行为的研究开发费用税前加计扣除增长变量 GTY 和针对技术创新主体的高新技术企业减免税增长变量 GTS 两个部分。采用固定效应模型进行回归的结果如表 6-9 所示。

表 6-9　2010—2015 年不同减免税方式对技术进步率影响的差异

变量	行业层面	区域层面	变量	行业层面	区域层面
GTY^*	0.001*** (2.806)	0.001*** (3.796)	PC	−0.009 (−0.812)	−0.010 (−0.331)
GTS^*	−0.000** (2.609)	0.001 (0.631)	FDI	0.146*** (5.465)	0.218** (2.683)
GRD	−0.000 (−0.484)	0.002* (1.706)	常数项	0.191*** (51.821)	0.011 (1.181)
CRD	−0.003 (−1.220)	0.012 (0.666)	样本量	210	180
TR	0.001 (1.579)	0.001* (1.693)	R^2	0.563	0.451
HC	0.004** (2.068)	0.006* (1.817)	F for $\theta=0$	拒绝	拒绝

注：括号内为 t 统计值，*、**、***分别表示10%、5%、1%的显著性水平，双尾检验。

从表 6-9 中可以看出，以促进技术进步为目的的不同税收减免方式对工业技术进步率的影响效应具有显著差异，其中，直接针对技术创新行为的研究开发费用税前加计扣除对工业技术进步率改善具有显著正向影响，而针对技术创新主体的高新技术企业所得税减免对工业技术进步率改善的影响效果为负或不显著，说明直接针对技术创新行为的税收优惠比针对技术创新主体的税收优惠的政策效果更好。技术创新行为要根据市场需求的变化和企业发展的需要，并不一定每个企业每年都会有大规模的技术研发投入，重点支持技术创新行为可覆盖更多实际发生研发活动的企业，提高税收优惠的政策效果。重点支持技术创新主体的税收优惠则所有不同，高新技术企业要属于特定的行业领域和符合相关标准要求，一旦通过高新技术企业认定，有效期为3年，其间可以连续获得所得税减免优惠，换言之高新技术企业减免税是针对特定少数企业的税收优惠政策，而且通过认定后企业是否具备连续的技术创新行为却不得而知，税收优惠促进技术进步的作用也会大打折扣。从实践中来看，尽管政府对研究开发费用税前加计扣除达到150％，对技术创新行为的税收优惠力度大于对技术创新主体的税收优惠力度，但是高新技术企业减免税总额要远远高于研究开发费用加计扣除减免税总额，减弱了促进技术进步的减免税的政策效果。此外，在高新技术企业减免税的产业政策导向下，既有企业为了申报高新技术企业认定，必定会根据高新技术企业认定标准，加大相应的研发设施和设备的投入，以及从事高新技术产品研究、开发的科技人员聘用，既增加了企业生产经营成本，短期内又难以形成产出效益，短期内不利于提升技术进步率。新进企业也将积极涌入高新技术划定的行业领域，形成大量的新增投资，造成资本边际生产率的下降，短期内也有碍于技术进步率的提升。

第7章
我国工业产业政策的
全要素生产率增长总效应

根据以上局部效应评价结果可以发现，工业产业政策特别是倾斜式、选择性政策工具大都与工业配置效率、规模效率、技术进步率之间存在显著的负相关关系，这仍不足以从整体上反映工业产业政策与工业全要素生产率增长之间的总体关系。工业产业政策是一个多方面多层次的政策体系，针对工业经济发展面临的不同实际问题，工业产业政策在工业结构政策、工业组织政策、工业布局政策、工业技术政策中的选择有所不同，其影响工业全要素生产率增长的主要方面和侧重点自然也有所差异。然而，这些错综复杂的影响过程并非不可观测，从结果来看最终都将反映在行业层面、区域层面和企业层面的工业全要素生产率增长上。换言之，如果要全面系统分析工业产业政策与工业全要素生产率增长之间的总体关系，那么这三个层面的效应评价缺一不可。

7.1 工业产业政策在行业层面的总体效应

7.1.1 理论分析与研究假设

从行业层面看，工业产业政策主要指对不同行业采取差别对待的政策，其核心内容和主要特征是扶持或抑制某些行业发展，如汽车行业政策、钢铁行业政策、高新技术产业政策等。结合前文分析可知，这些工业产业政策将通过资源配置效应、规模经济效应、技术进步效应作用于工业全要素生产率增长。

工业产业政策在行业之间倾斜式配置资源要素，通过行业之间的资源配置效应作用于全要素生产率变化。工业产业政策在行业层面的资源配置效应实证检验发现，政府有选择性、倾斜式地扶持特定行业不利于改善资源配置效率，反而容易造成资源配置扭曲，其中对资本要素的配置扭曲要大于对劳动要素的配置扭曲，倾斜式政府投资所引起的资源配置扭曲要大于倾斜式税收优惠所引起的资源配置扭曲。造成如此结果的产业政策作用机制在于：一是倾斜式产业政策特别是政府投资的重点对象是公益性和基础性工业项目，这些领域投资收益率相对偏低，增加要素投入难免会造成资源配置效率下降；二是产业政策不当调控所导致的激励机制扭曲，即更多激励地方政府鼓励投资、企业增加投资，形成投资"潮涌现象"甚至是过度投资，进而造成产能过剩、资本边际生产率下降，这显然不利于改善工业配置效率，也不利于促进全要素生产率增长。

工业产业政策在行业层面培育扶持大型企业集团和提高产业集中度，通过行业规模经济效应作用于全要素生产率变化。工业产业政策在行业层面的规模经济效应实证检验发现，做大国有企业规模、提高产业集中度对提高工业规模效率的作用并不显著。实际上，小企业生产模式也可能存在价格竞争优势，因此不能在企业平均规模与经济整体竞争力之间确立简单的对应关系（孙洛平，2004）[1]，反而如果是盲目地扩大企业规模，极有可能带来规模不经济。之所以行业规模政策效应不显著，主要是因为产业政策执行中企业之间兼并联合重组多以行政力量为主导，以大型企业特别是国有企业为主要对象，具有限制竞争的特点，并非是在生产率或者效益准则基础上的兼并联合重组。再加上，为了避免大规模倒闭潮，兼并联合重组成为处理产能过剩的一种重要方式，行政直接干预色彩更加强烈，产业集中度提高往往是资本要素简单集中的结果，导致"虚胖"的症状，对于改善工业规模效率并没有实质意义，也不利于促进全要素生产率增长。

作为工业产业政策重要组成的工业技术政策，重点扶持高新技术产业和发展战略性新兴产业，以促进工业技术进步为直接政策目标，将通过行业技术进步效应作用于全要素生产率变化。工业产业政策在行业层面的技术进步效应实证检验发现，财政科技支出对提高工业技术进步率的影响效应不显著，促进技术进步的减免税对提高工业技术进步率起阻碍作用。其合理的解释是，发明创造不等于经济学意义上的技术进步，经济学意义上的技术进步强调科技成果应用后能够实现生产要素节约和边际生产率提高，这需要经历科技成果转化的过程，并非在短时间内就可形成，因此财政科技支出在中长期才可能发挥提高技术进步率的作用。此外，促进技术进步的减免税包括针对技术创新行为的和针

---

① 孙洛平. 竞争力与企业规模无关的形成机制 [J]. 经济研究，2004（3）：81—87.

对技术创新主体的两种减免方式，其政策效果有所差异，针对技术创新行为的减免税比针对技术创新主体的减免税更有利于提高工业技术进步率。

经过以上研究分析，结合行业层面工业全要素生产率的变化特征，可从行业层面勾勒出工业产业政策通过资源配置效应、规模经济效应、技术进步效应作用于工业全要素生产率增长的大致过程与预期结果。对此，本书从行业层面提出以下研究假设：(1) 行业倾斜式扶持政策有碍于工业全要素生产率增长，其中倾斜式政府投资的负效应要严重于倾斜式税收优惠的负效应。(2) 行业规模政策对工业全要素生产率增长的影响效应不显著甚至为负。(3) 行业技术政策中的财政科技支出对工业全要素生产率增长的短期效应不显著甚至为负，而中长期正效应显著；促进技术进步的减免税对工业全要素生产率增长存在负效应。

7.1.2　实证模型构建与变量说明

为了验证以上假设，本书以工业行业全要素生产率增长率为被解释变量，以行业倾斜式扶持政策、行业规模政策、行业技术政策三类产业政策工具作为解释变量，构建如下动态面板数据模型：

$$\dot{TFP}_{it} = \alpha_0 + \alpha_1 TGI_{it} + \alpha_2 TTS_{it} + \alpha_3 IR_{it} + \alpha_4 GRD_{it} + \alpha_5 GT_{it} + \lambda Control_{it} + \varepsilon_{it}$$

$$(7-1)$$

式 (7-1) 中，i 表示不同行业，t 表示时间，$\dot{TFP}_{it}$ 为工业行业全要素生产率增长率，TGI_{it}、TTS_{it}、IR_{it}、GRD_{it}、GT_{it} 为一组行业层面的产业政策工具代理变量，$Control_{it}$ 为一组行业层面的控制变量，α、λ 分别为解释变量和控制变量系数，α_0、ε_{it} 分别表示常数项和随机扰动项。

关于控制变量 $Control_{it}$ 的选择，为了尽量避免变量太多造成的多重共线性和新引入变量可能造成的内生性问题，本书主要选择与全要素生产率变化直接相关性较大的资本与劳动要素边际生产率（KB_{it}、LB_{it}）、企业自身 R&D 投入增长率（CRD_{it}）、企业技术改造和获取经费支出增长率（TR_{it}）、人力资本水平提高（HC_{it}）、人均资本存量增长率（PC_{it}）以及工业行业技术效率变化率（$\dot{TE}_{it}$）7 个变量作为控制变量。

数据处理上，$\dot{TFP}_{it}$、$\dot{TE}_{it}$ 这两个数据可从第 3 章行业层面工业全要素生产率增长的测算结果中获取，其余数据的获取和处理前文已有详细论述。

7.1.3　行业层面的实证结果分析

运用式（7-1），分别采用固定效应模型和 GMM 估计方法进行面板数据回归，结果见表 7-1。从回归结果中可以看出，两种估计方法所得结果的变量系数符号及其显著性水平基本保持一致，说明实证结果比较稳健。总体上，工业产业政策对工业全要素生产率增长的影响效应基本符合预期假设，行业倾斜式扶持政策、行业技术政策对工业全要素生产率增长的影响效应为负，行业规模政策对工业全要素生产率增长的影响效应不显著。

表 7-1　工业产业政策在行业层面的 TFP 增长效应评价结果

变量	固定效应模型	GMM 估计	变量	固定效应模型	GMM 估计
TGI_{it}^{*}	-0.045** (-2.233)	-0.028*** (-3.437)	PC_{it}	-0.154*** (-9.915)	-0.142** (-2.428)
TTS_{it}^{*}	-0.020*** (-2.803)	-0.028*** (-5.375)	$\dot{TE}_{it}$	2.076*** (4.863)	2.226*** (5.894)
IR_{it}^{*}	0.028 (0.381)	0.015 (0.901)	常数项	0.118*** (3.319)	0.123*** (5.246)
GRD_{it}^{*}	-0.003* (-1.774)	-0.003** (-2.036)	样本量	525	525
GT_{it}^{*}	-0.003*** (-7.241)	-0.003*** (-9.357)	R^2	0.445	
KB_{it}	0.200*** (3.436)	0.288*** (6.406)	F for $\theta_i=0$	拒绝	—
LB_{it}	0.256*** (7.541)	0.250*** (5.098)	Sargan	—	35.73
CRD_{it}	-0.013* (-1.667)	-0.015*** (-3.576)	AR (1)		0.002
TR_{it}	0.010** (2.077)	0.014** (1.999)	AR (2)		0.433
HC_{it}	0.017** (2.518)	0.022*** (7.137)			

注：括号内为 t 统计值，*、**、***分别表示10%、5%、1%的显著性水平，双尾检验。

具体结果分析如下：第一，行业倾斜式扶持政策对工业全要素生产率增长具有显著的负效应。倾斜式政府投资、倾斜式税收优惠对工业行业全要素生产率增长的影响系数分别显著为-0.045和-0.020，说明工业产业政策倾斜扶持力度越大，对工业全要素生产率增长的制约就越严重。由表7-2所示，除了烟草制品业之外，倾斜式政府投资主要投向了基础性工业，例如水的生产和供应业，石油和天然气开采业，电力、热力的生产和供应业等行业，其目的主要在于提供公共产品，这些行业全要素生产率增长率水平较低。同时，煤炭开采和洗选业、黑色金属冶炼及压延加工业、化学原料及化学制品制造业等政府投资偏度较高的行业，在"十一五"以来就一直存在着相对严重的产能过剩问题，全要素生产率增长率也属于相对偏低的行业。所得税优惠的主要对象是国家重点扶持和鼓励发展的产业和项目，在工业领域，税收优惠偏度较高的行业主要是高新技术企业、小型微利企业、资源综合利用企业分布较为集中的行业，例如通信设备、计算机及其他电子设备制造业，农副食品加工业，石油和天然气开采业等，这些行业的全要素生产率增长率水平多数都偏低。倾斜式税收优惠对工业全要素增长率的负向影响要低于倾斜式政府投资的主要原因是，小型微利企业税收优惠政策是企业所得税优惠的重点内容之一，相比于政府投资的重点行业，小型微利企业分布较为集中的行业市场竞争更加充分，资源要素配置扭曲程度较低，全要素生产率增长率水平相对较高。

表7-2　重点扶持行业资源配置偏度及其与 *TFP* 增长率的对应关系

政府投资重点扶持的5个行业			税收优惠重点扶持的5个行业		
行业名称	支持力度	*TFP*增长/%	行业名称	支持力度	*TFP*增长/%
水的生产和供应业	1	34	石油和天然气开采业	1	31
石油和天然气开采业	2	31	农副食品加工业	2	25
电力、热力的生产和供应业	3	35	通信设备、计算机及其他电子设备制造业	3	20
煤炭开采和洗选业	4	17	皮革、毛皮、羽毛（绒）及其制品业	4	5
烟草制品业	5	1	木材加工及木、竹、藤、棕、草制品业	5	23

注：按照2001—2015年相关指标的平均值排序。

　　第二，行业规模政策对工业全要素生产率增长的影响效应不显著，说明做大国有企业规模、提高产业集中度并没有显著提高工业规模效率。排名前10的大型国有企业集团销售产值之和占全行业比值相对较高的行业主要包括煤炭开采和洗选业，石油和天然气开采业，黑色金属矿采选业，有色金属矿采选业，烟草制品业，化学纤维制造业，黑色金属冶炼及压延加工业，电力、热力的生产和供应业，燃气生产和供应业等。这些行业多数都属于自然垄断性或者提供公共产品的行业部门，国有企业经营规模本身就比较大，如果再进一步盲目扩大经营规模和提高垄断程度，并不一定能提高规模效率。此外，历来我国工业产业政策制定和实施过程中都热衷于追求规模经济，广泛运用行业规模政策，尤其是 20 世纪 90 年代对汽车行业、钢铁行业的规模化发展作出详细安排和部署，其中不乏行政力量直接干预的行为，具有限制竞争的特点，但其结果仅是做大了企业规模，难以提高企业生产率。国家把行业规模政策作为化解严重产能过剩的重要政策工具，提出 2013—2015 年重点行业企业兼并重组的主要目标，即前 10 家整车企业生产集中度达到 90%、前 10 家钢铁企业集团产业集中度达到 60%、前 10 家水泥企业产业集中度达到 35%、前 10 家造船企业造船完工量占全国总量的 70% 以上等，为了在短时间内完成这些目标，行政直接干预色彩更加强烈，产业集中度的提高也更多是企业的简单合并和资本的简单集中，而并非是在市场机制、效益准则基础上的兼并联合重组，对改善工业规模效率不仅没有实际益处，甚至可能出现负面作用。

第三，行业技术政策对工业全要素生产率增长具有双重效应。从表 7-1 回归结果来看，以财政科技支出和促进技术进步的减免税为代表的两个工业技术政策对工业全要素生产率增长的影响效应均显著为−0.003，说明工业技术政策并不能有效提高工业全要素生产率。但是，我们并不能据此就否定工业技术政策的作用。一方面，受财政科技支出补助较多且增长较快的行业主要是交通运输设备制造业，通信设备、计算机及其他电子设备制造业，专用设备制造业，通用设备制造业等行业。这些行业的技术进步具有明显的溢出效应，存在"生产率悖论"现象，即某一行业技术进步对于整个国民经济全要素生产率的提升具有促进作用，例如计算机的广泛运用、信息化水平的提高等，但是对于本行业全要素生产率提升的作用可能并不明显。而且，从工业产业政策的技术进步效应评价中发现，财政科技支出在中长期对工业技术进步率增长具有显著的促进作用。为此，本书进一步运用（6-3）面板数据分布滞后模型，考察增加财政科技支出与工业全要素生产率增长之间的中长期关系，回归结果如表 7-3 所示。结果显示，滞后 1 期的财政科技支持对工业全要素生产率增长的影响不显著，滞后 2 期和 3 期的财政科技支出对工业全要素生产率增长具有显著的促进作用，这反映了财政科技支出在中长期对工业全要素生产率增长也具有明显的促进作用。换言之，工业技术政策对工业全要素生产率增长的双重效应，即短期负效应与中长期正效应。另一方面，受促进技术进步的减免税优惠较多且增长较快的行业主要是交通运输设备制造业，通信设备、计算机及其他电子设备制造业，电气机械及器材制造业，医药制造业，通用设备制造业，专用设备制造业等行业，这与国家扶持高新技术产业、战略性新兴产业的产业政策导向相吻合，与财政科技支出的重点方向保持一致，再加上税收减免中很大比例是研究开发费用加计扣除项目，其对工业全要素生产率增长的影响效应也应侧重于正向溢出效应和中长期。

表 7-3　财政科技支出对工业 *TFP* 增长的中长期影响

变量	$j=1$	$j=2$	$j=3$	变量	$j=1$	$j=2$	$j=3$
TGI_{it}	−0.041** (−2.279)	−0.049** (−2.619)	−0.047*** (−2.921)	CRD_{it}	−0.011 (−1.392)	−0.020*** (−2.676)	−0.015 (−1.526)
TTS_{it}	−0.018*** (−2.778)	−0.014** (−2.180)	0.003 (0.417)	TR_{it}	0.007* (1.708)	0.017* (1.880)	0.028** (2.218)
IR_{it}	0.043 (0.691)	0.010 (0.166)	0.029 (0.494)	HC_{it}	0.012* (1.721)	0.015** (2.478)	0.018** (2.233)
$GRD^*_{i(t-1)}$	−0.003 (−0.858)	0.003 (0.581)	0.010** (2.728)	PC_{it}	−0.187*** (−3.409)	−0.277*** (−6.872)	−0.218*** (−4.661)
$GRD^*_{i(t-2)}$	—	0.011*** (3.122)	0.010** (2.349)	$\dot{TE}_{it}$	2.114*** (7.413)	1.873*** (4.965)	1.887** (2.191)
$GRD^*_{i(t-3)}$	—	—	0.001** (2.508)	常数项	0.123*** (6.887)	0.143*** (4.058)	0.093 (1.230)
GT_{it}	−0.002*** (−4.427)	−0.002*** (−3.473)	−0.004*** (−3.254)	样本量	490	455	420
KB_{it}	0.163*** (3.460)	0.134** (2.628)	0.168* (1.971)	R^2	0.463	0.485	0.514
LB_{it}	0.228*** (4.727)	0.187*** (4.301)	0.183*** (3.017)	F for $\theta_i=0$	拒绝	拒绝	拒绝

注：括号内为 *t* 统计值，*、**、***分别表示10%、5%、1%的显著性水平，双尾检验。

除了工业产业政策之外，还有其他一些重要因素会影响工业全要素生产率增长。从回归模型所选择的控制变量来看，提高资本和劳动要素的边际生产率（KB_{it}、LB_{it}）是技术进步的直接反映，能够节约资源投入和扩大产出，有利于促进全要素生产率增长。从增加企业自身的 R&D 投入（CRD_{it}）到实现技术进步需要一个转化过程，这意味着短期内大量的资源投入并没有带来实际的产出，不利于促进全要素生产率增长，其对全要素生产率增长的促进作用主要体现在中长期。增加企业技术改造和获取经费支出（TR_{it}）旨在更新设备、采用最新技术，也是促进技术进步和提高全要素生产率的有效途径，有利于促进全要素生产率增长。提高人力资本水平（HC_{it}）不仅有利于提高劳动生产率，还能够显著增强劳动节约型技术进步下的"人机"匹配程度，对全要素生产率增长具有显著的促进作用。提高人均资本存量（PC_{it}）不仅制约着配置效率、规模效率和技术进步率的改善，对全要素生产率增长也具有显著的抑制作用。其根源在于，我国长期主要靠投资驱动的经济增长方式下，过度投资、盲目投资导致资本边际生产率下降程度大于技术进步所带来的资本边际生产率提升程度，资本边际生产率下降，不利于促进全要素生产率增长。提高技术效率（TE_{it}）意味着企业生产活动向前沿技术面靠近，即在一定技术水平和要素投入组合下能够带来更多的产出，将有利于提高工业全要素生产率。

7.2　工业产业政策在区域层面的总体效应

7.2.1　理论分析与研究假设

从区域层面看，工业产业政策作用于工业全要素生产率增长的影响机制与行业层面既有差异又有共同点。差异表现在二者作用对象不同，一个以工业行业为对象，另一个以区域工业为对象。与之对应的产业政策工具选择上也有所不同，区域层面工业产业政策选择和实施中以工业布局政策为主，选择国家重点扶持的区域，制定工业布局战略，规定不同区域重点支持发展的产业及其布局调整，并在开发区建设、投资政策、财税政策、产业转移、区域技术创新和R&D援助等方面予以倾斜式扶持。相同点在于，区域层面的这些产业政策也主要是通过资源配置效应、规模经济效应、技术进步效应作用于工业全要素生产率增长。

在不同区域之间倾斜式配置资源要素是工业产业政策，特别是工业布局政策的重要内容，这将通过区域之间的资源配置效应作用于工业全要素生产率增长。由于各区域工业基础、资源禀赋和比较优势不同，从来就没有不倾斜某些区域的工业布局政策。工业产业政策在区域层面的资源配置效应实证检验发现，政府倾斜式扶持特定区域的政策取向并没有充分改善区域之间的资源要素配置效率，其对资源配置扭曲的影响要低于行业层面倾斜式扶持政策对资源配置的扭曲程度。回顾历史可知，我国工业布局政策经历了两个明显不同的阶段，1995 年以前工业布局政策以效益为中心，引导资源要素向技术进步更快的东部沿海地区倾斜配置，1995 年以后工业布局政策以促进协调发展为中心，更加重视支持中西部地区经济发展，国家在产业政策和生产力布局等方面给予必要的支持，逐步缩小区域发展差距。国家利用产业政策引导资源要素向技术进步更慢的中西部地区特别是其中的少数民族地区流动，虽然短时间从经济效益最大化的角度讲，不利于改善资源配置效率，也不利于促进全要素生产率增长率，但这是实现公平性和协调发展目标所必需的。另一方面，受这些地区基础设施相对较差、产业配套不完善等因素的影响，尽管国家制定了一系列倾斜式扶持政策，但是市场响应时有不足，在一定程度上避免了投资"潮涌现象"，故这类政策所引发的资源配置扭曲相对有限。

追求工业企业空间聚集的开发区政策，将通过区域规模经济效应作用于工业全要素生产率增长。然而，实践中这种"集聚效应"并非把几个企业简单地圈在一起就可获得，要想实现空间集聚后的规模经济效应，合理的产业集群至关重要。只有企业之间形成了纵向与横向的协作关系，才能享受到由规模经济带来的成本优势、分工合作优势、区位品牌优势，进而提高产业竞争力。工业产业政策在区域层面的规模经济效应实证检验发现，工业开发区政策并没有提高工业规模效率。虽然造成如此结果的原因是多方面的，但其中最核心的是许多开发区缺乏高效合理的产业集群机制，开发区内企业"扎堆"现象较多，企业之间分工协作关系不紧密，再加上毗邻地区的产业同质化发展与恶性竞争，开发区低水平重复建设，这些都不利于改善工业规模效率。

工业技术政策在行业层面以战略性新兴产业、高新技术产业为重点扶持对象，而对各个省（区、市）工业技术创新的支持力度则由战略性新兴产业、高新技术产业的总量规模和发展速度所决定，这更多是工业技术政策对重点行业和企业支持后在空间上所呈现出的分布结果。一般情况下，经济发展水平越高的地区，越重视技术创新的驱动作用，技术进步率水平相对更高，同时这些地区也在高新技术产业、战略性新兴产业领域占据着规模和发展速度上的绝对优势，这些省（区、市）工业企业获得财政科技补助和促进技术进步的减免税的总量和增速也自然更高，二者应为正相关关系。再加上，工业技术政策在行业和空间上的溢出效应也有差异，行业上工业技术政策重点扶持交通运输、通信设备、计算机、专用设备、通用设备等行业部门，这些行业的技术研发成果应用后显然更有益于提高其他行业的工业技术进步率；空间上工业技术政策重点扶持的地区与其工业基础和特色优势直接相关，这些地区的技术研发成果应用后将进一步强化区域竞争优势和高端要素聚集能力，对本地区工业企业技术进步的溢出效应更显著。工业产业政策在区域层面的技术进步效应实证检验也发现，区域层面财政科技支出、促进技术进步的减免税对工业技术进步率的影响系数显著为正，均有利于提升工业技术进步率，也有助于提高全要素生产率。

经过以上研究分析，结合区域层面工业全要素生产率的变化特征，可从区域层面勾勒出工业产业政策通过资源配置效应、规模经济效应、技术进步效应作用于工业全要素生产率增长的大致过程与预期结果。对此，本书从区域层面提出以下研究假设：（1）区域倾斜式扶持政策仍然对工业全要素生产率增长具有显著的负效应，但这种负效应要弱于行业倾斜式扶持政策所带来的负效应。（2）开发区政策对工业全要素生产率的影响为负或不显著。（3）针对不同区域工业企业的财政科技支出、促进技术进步的减免税均有利于促进工业全要素生产率增长。

7.2.2　实证模型构建与变量说明

为了验证以上假设，本书以区域工业全要素生产率增长率为被解释变量，以区域倾斜式扶持政策、工业开发区政策、区域技术政策三类政策工具作为解释变量，构建如下动态面板数据模型：

$$\dot{TFP}_{rt} = \beta_0 + \beta_1 TGI_{rt} + \beta_2 TTS_{rt} + \beta_3 RR_{rt} + \beta_4 GRD_{rt} + \beta_5 GT_{rt} + \lambda Control_{rt} + \varepsilon_{rt}$$

$$(7-2)$$

式（7-2）中，r 表示不同省份，t 表示时间，$\dot{TFP}_{rt}$ 为区域工业全要素生产率增长率，TGI_{rt}、TTS_{rt}、RR_{rt}、GRD_{rt}、GT_{rt} 为一组区域层面的产业政策工具代理变量，$Control_{rt}$ 为一组区域层面的控制变量，β、λ 分别为解释变量和控制变量系数，β_0、ε_{rt} 分别表示常数项和随机扰动项。

关于控制变量 $Control_{rt}$ 的选择，本书也将资本与劳动边际生产率（KB_{rt}、LB_{rt}）、企业自身 R&D 投入增长率（CRD_{rt}）、企业技术改造和获取支出增长率（TR_{rt}）、人力资本水平提高（HC_{rt}）、人均资本存量增长率（PC_{rt}）以及区域工业技术效率变化率（$\dot{TE}_{rt}$）7 个变量作为控制变量。数据处理上，$\dot{TFP}_{rt}$、$\dot{TE}_{rt}$ 这两个数据也可从第 3 章区域层面工业全要素生产率增长的测算结果中获取，其余数据的获取和处理上前文已有详细论述与说明。

7.2.3 区域层面的实证结果分析

运用式（7—2），分别采用固定效应模型和 GMM 估计方法进行面板数据回归，具体结果见表 7—4，两种估计方法所得结果的变量系数符号及其显著性水平基本一致，实证结果比较稳健。区域层面上，工业产业政策对工业全要素生产率增长的影响效应也基本符合预期假设，其中，区域倾斜式扶持政策对工业全要素生产率增长具有抑制作用，工业开发区政策对工业全要素生产率增长的影响效应不显著，区域技术政策对工业全要素生产率增长具有促进作用。

表 7—4　工业产业政策在区域层面的 TFP 增长效应评价结果

变量	固定效应模型	GMM 估计	变量	固定效应模型	GMM 估计
TGI_{rt}^*	-0.006^{***} (-4.064)	-0.008^{**} (-2.304)	PC_{rt}	-0.288^{***} (-20.717)	-0.323^{***} (-13.142)
TTS_{rt}^*	-0.004^{***} (-3.522)	-0.002^{**} (-2.071)	$\dot{TE}_{rt}$	1.979^{**} (1.900)	3.100^{**} (2.102)
RR_{rt}^*	0.000 (1.558)	0.000 (0.457)	常数项	-0.332^{**} (-2.738)	-0.105 (-0.558)
GRD_{rt}^*	0.004^{***} (3.800)	0.002^{***} (4.498)	样本量	450	450
GT_{rt}^*	0.001^* (1.684)	0.002^{***} (3.307)	R^2	0.904	—
KB_{rt}	0.478^{***} (3.619)	0.619^{***} (7.015)	F for $\theta_r=0$	拒绝	—
LB_{rt}	0.090^{**} (2.424)	0.343^* (2.026)	Sargan	—	141.3
CRD_{rt}	0.009^{**} (2.014)	0.010^{**} (2.120)	AR（1）	—	0.000
TR_{rt}	0.004^* (1.861)	0.006^* (1.821)	AR（2）	—	0.189
HC_{rt}	0.012^{**} (2.407)	0.013^{**} (2.472)			

注：括号内为 t 统计值，*、**、***分别表示10%、5%、1%的显著性水平，双尾检验。

具体结果分析如下：第一，区域倾斜式扶持政策对工业全要素生产率增长具有显著的负效应。区域层面上，倾斜式政府投资、倾斜式税收优惠对工业全要素生产率增长的影响系数分别显著为 -0.006 和 -0.004，对工业全要素生产率增长具有显著的抑制作用。我国政府投资重点倾斜北京、陕西、甘肃、新疆、贵州等省（区、市），税收优惠重点倾斜黑龙江、新疆、海南、青海、重庆等省（区、市），倾斜式扶持的区域主要分布在中西部特别是其中的少数民族集聚地区，符合我国促进区域协调发展的产业政策导向。与东部沿海地区相比，这些地区并不具有生产率优势，但是为了区域协调发展目标，利用产业政策引导资源要素流入生产率水平更低的地区，必然会抑制工业全要素生产率增长。区域层面倾斜式政府投资、倾斜式税收优惠对工业全要素生产率增长的负向影响程度远低于行业层面的负效应，其原因在于产业政策重点扶持某个行业容易在全国范围内引起投资"潮涌现象"，造成过度投资和产能过剩问题，进而导致资源配置扭曲和全要素生产率下降。在区域层面，尽管产业政策倾向于扶持中西部尤其是其中的一些贫困落后地区，但是限于地区经济发展水平和资源禀赋的劣势，却不容易出现投资"潮涌现象"，也难以形成对全要素生产率增长的负向加速效应。

第二，工业开发区政策对工业全要素生产率增长的影响效应不显著。开发区政策主要通过规模经济效应作用于全要素生产率变化，但实证结果显示开发区政策对提高规模效率和全要素生产率的影响效应都不显著。其根源在于我国工业开发区建设的思路上，在政绩驱动下多数开发区建设一味追求"大干快上"，导致各类开发区"遍地开花"，无序竞争使开发区整体规模都不大，企业"扎堆"问题突出，产业分布的指向性和集中性不明显，没有形成相关产业集群。例如，2017 年 7 月，华北某省政府制定并发布的《关于加快开发区转型升级促进土地节约集约高效利用的通知》，提出要按照"一市一国家级"的原则在各市布局 10 个国家级开发区，按照"一县一省级"的原则在各县布局工业类省级开发区 80 个左右，以及省级生态文化旅游或现代农业产业开发区 20 个左右。这种开发区建设的模式在我国很具有代表性，地方政府热衷于通过开发区建设来拉动经济增长。这种开发区建设模式的问题在于，不仅会导致开发区布局分散，而且还会加剧地区之间的无序竞争。各类开发区为了打赢招商引资争夺战，纷纷在土地使用、税费、市场准入和环境保护等方面降低门槛，结果造成资源的流失和优势的相互抵消，使开发区整体规模都不大，企业"扎堆"现象严重，开发区中主导产业指向不明，难以形成相关产业集群，缺乏规模经济，不能给开发区内企业带来有效的生产率促进作用。

第三，区域技术政策对工业全要素生产率增长具有显著的正效应。在区域层面，增加财政科技支出、促进技术进步的减免税对工业全要素生产率增长的影响系数分别显著为 0.004 和 0.001，对工业全要素生产率增长具有促进作用，这与行业层面的工业技术政策影响效应的评价结果截然相反。区域层面上，我国财政科技支出重点投向了广东、陕西、江苏、山东、辽宁、上海等省（区、市），促进技术进步的减免税重点投向了广东、江苏、浙江、上海、山东等沿海省（区、市），这些省（区、市）多数也是工业全要素生产率增长率水平较高的区域。换言之，工业技术政策重点扶持的区域与工业全要素生产率增长率较高的区域在空间上基本一致，二者应为正相关关系。另一方面，与行业间技术进步的溢出效应不同，区域性技术进步对本区域工业企业的正向溢出效应要强于对其他区域工业企业的溢出效应，特别是一旦形成区域技术创新优势，必将引导更多优质资源要素聚集，形成更强的竞争能力，有助于加速全要素生产率增长。

控制变量上，提高资本和劳动要素边际生产率（KB_{it}、LB_{it}）、增加企业自身的 R&D 投入（CRD_{it}）、增加企业技术改造和获取经费支出（TR_{it}）、提高人力资本水平（HC_{it}）对工业全要素生产率增长均具有显著的促进作用，提高人均资本存量（PC_{it}）对工业全要素生产率增长的影响系数显著为负，提高技术效应（TE_{it}）对工业全要素生产率增长的影响不显著。与行业层面的测算结果相比，最大的差异是在区域层面增加企业自身的 R&D 投入有助于工业全要素生产率增长，其原因与区域层面增加财政科技支出有助于促进全要素生产率增长的解释一致。

7.3 工业产业政策在企业层面的总体效应

7.3.1 理论分析、研究假设与实证模型构建

从微观层面看，工业全要素生产率增长主要来自两个方面：一是企业内部的全要素生产率提高。既可能是通过采用新技术和更新设备，促进前沿技术进步或相对前沿技术效率改善，也可能是通过适度扩大企业规模，提高规模经济效益，进而促进工业全要素生产率增长。二是企业之间的资源重置效应，引导资源要素流向生产率增长更高的企业，增加生产率增长更高企业所占资源的份额。减少生产率增长更低企业占用过多的资源要素，也可促进工业全要素生产率增长。目前，绝大多数工业产业政策的最终落脚点都在微观工业企业上，例

如税收优惠、收入补贴、利息补贴、R&D 援助等。因此，工业产业政策对全要素生产率的影响很大程度上就是通过影响微观企业个体实现的。通过技术改造补助、R&D 援助、高新技术企业减免税、研发费加计扣除减免税等政策工业，诱导企业增加技术创新型投资，直接促进企业内部的全要素生产率增长；通过财政补贴、税收减免、行业规制等倾斜式政策手段，将资源要素引向特定产业，改变行业内企业之间获取生产要素的实际成本和资源配置状况，形成企业之间的资源重置效应，进而影响全要素生产率增长。

结合前文 4.3.4 节中对企业间资源错配指数的测算结果，工业企业全要素生产率增长率与企业间资源错配指数的相关系数为 -0.647，二者高度负相关，这也进一步说明企业之间的资源重置效应对全要素生产率增长的重要影响。为此，本书重点从企业之间资源配置视角，探讨工业产业政策在微观层面的全要素生产率增长效应。对于特定行业发展，政府可采取两种不同思路的补贴方式，即选择性补贴与竞争性补贴。这两种补贴方式在企业之间的资源配置效应不同，促进工业全要素生产率增长的作用效果也存在差异。根据工业产业政策在企业层面的资源配置效应检验结果，选择性补贴容易造成资源配置扭曲，其中对竞争性行业、非国有企业资源配置扭曲更为严重，而竞争性补贴有利于抑制企业之间的资源配置扭曲，对于抑制竞争性行业、非国有企业资源配置扭曲的效果更好。选择性补贴属于"挑选赢家"式的产业政策，其结果可能导致生产率更低企业获取资源要素的实际成本更低、生产率更高企业获取资源要素的实际成本更高，由于产业政策选择偏向的因素，保护了一批本应在低生产率冲击下退出市场的企业，扰乱了市场配置资源的价格机制和竞争机制。竞争性补贴与选择性补贴不同，作为一个分析评价普惠性、功能性产业政策效用的代理指标，其所反映的是某一政策工具实施的公平程度，竞争性补贴的值越大，意味着由产业政策干预所造成的要素价格扭曲和市场竞争秩序破坏就越小，实证结果显示这样的产业政策理念和实施方式更有利于减缓资源配置扭曲。

基于以上分析，本书提出如下研究假设：（1）选择性补贴与竞争性补贴在促进全要素生产率增长上存在对立效应，选择性补贴可能抑制全要素生产率增长，竞争性补贴有助于促进全要素生产率增长。（2）对于竞争强度越高的行业，选择性补贴对全要素生产率增长的抑制作用越强，竞争性补贴对全要素生产率增长的促进作用越强。（3）选择性补贴对非国有企业全要素生产率增长的抑制作用比国有企业更为严重，竞争性补贴对非国有企业全要素生产率增长的促进作用比国有企业更为明显。

为了验证以上假设，本书以工业企业全要素生产率增长率为被解释变量，以企业所得税优惠计算的选择性补贴、竞争性补贴作为解释变量，构建如下动态非平衡面板数据模型：

$$\dot{TFP}_{ct} = \gamma_0 + \gamma_1 TTS_{ct} + \gamma_2 ETS_{ct} + \lambda Control_{ct} + \varepsilon_{ct} \qquad (7-3)$$

式（7-3）中，c 表示不同企业，t 表示时间，$\dot{TFP}_{ct}$ 为工业企业全要素生产率增长率，TTS_{ct}、ETS_{ct} 分别表示针对工业企业的选择性补贴与竞争性补贴，$Control_{ct}$ 为一组企业层面的控制变量，γ、λ 分别为解释变量和控制变量系数，γ_0、ε_{ct} 分别表示常数项和随机扰动项。与工业产业政策在企业层面的资源配置效应检验中所选择的控制变量类似，将企业库存率（CH_{ct}）、国有资产比重（GC_{ct}）、人均资本存量增长（PC_{ct}）、企业规模增长（CS_{ct}）、企业资产利润率（RA_{ct}）、企业年龄（CA_{ct}）6 个变量作为控制变量。相关数据的获取和处理，4.3.4 节已有详细论述和说明。

由于个体企业之间的异质性问题突出，理应采用双固定效应模型进行回归，但由于本书所构建的非平衡面板数据中每个企业平均存续时间低于 2 年，如果采用双固定效应模型，必定造成自由度损失严重和回归结果失真。为了避免如此矛盾，本书分别采用个体固定效应模型和时间固定效应模型进行回归，具体分析过程以个体固定效应模型回归结果为主。

7.3.2 选择性补贴与竞争性补贴的对立效应

运用公式（7-3），以 333485 个企业及其 551756 个样本为对象进行面板回归，具体结果见表 7-5。结果显示，个体固定效应模型和时间固定效应模型回归系数方向及其显著性水平基本一致，说明实证结果比较稳健。

表 7-5　工业产业政策在企业层面的 TFP 增长效应评价结果

变量	个体固定效应	时间固定效应	变量	个体固定效应	时间固定效应
TTS_{ct}^*	−0.001*** (−4.669)	−0.000** (−2.526)	RA_{ct}	0.079*** (59.685)	0.072*** (56.060)
ETS_{ct}^*	0.004*** (3.379)	0.005*** (4.091)	CA_{ct}	−0.000** (−2.540)	−0.001*** (−7.855)
CH_{ct}	−0.266*** (−78.483)	−0.222*** (−67.714)	常数项	0.023*** (22.599)	0.020*** (12.468)
GC_{ct}	−0.019*** (−41.680)	−0.014*** (−31.073)	样本量	551756	551756

变量	个体固定效应	时间固定效应	变量	个体固定效应	时间固定效应
PC_{ct}	−0.000*** (−16.408)	−0.000*** (−11.754)	R^2	0.078	0.150
CS_{ct}	0.009*** (80.798)	0.007*** (60.451)			

注：括号内为 t 统计值，*、**、***分别表示10%、5%、1%的显著性水平，双尾检验。

根据表7—5的回归结果可见，选择性补贴、竞争性补贴对工业全要素生产率增长的影响系数分别显著为−0.001和0.004，二者存在显著的对立效应，即选择性补贴对工业全要素生产率增长存在抑制作用，竞争性补贴对工业全要素生产率增长具有促进作用。这意味着对少数企业支持的倾斜度越大就越不利于提升工业全要素生产率，反之政府补贴在行业内各企业间分布越均匀（即对目标行业内各企业"一视同仁"）就越能提高工业全要素生产率。其根源在于，选择性补贴与竞争性补贴对企业间资源配置效率的影响具有差异，选择性补贴更容易导致资源配置扭曲，竞争性补贴更有利于改善资源配置效率，进而这两种补贴影响工业全要素生产率增长的效应也具有差异。

从控制变量看，企业库存率（CH_{ct}）、国有资产比重（GC_{ct}）、人均资本存量增长（PC_{ct}）、企业年龄（CA_{ct}）对工业全要素生产率增长的影响效应显著为负，而企业规模增长（CS_{ct}）、企业资产利润率（RA_{ct}）对工业全要素生产率增长的影响效应显著为正，这些指标变量与工业企业全要素生产率增长率的相互关系符合预期。具体而言，企业库存率上升必然会使闲置资源占用增加，以及库存商品管理成本上升，甚至由于供给相对过剩导致商品价格下跌，对全要素生产率增长的负效应十分明显。国有资产比重较高的行业，通常都是一些公共产品部门或者自然垄断性行业，这些行业中的绝大多数工业企业都不具有生产率上的优势，其对工业全要素生产率增长的影响也自然为负数。人均资本存量快速积累是过度投资的结果，过度投资必将导致资本要素边际生产率下降，以及资源要素的不合理组合，对工业全要素生产率增长具有不利影响。企业规模的扩大，意味着企业内部专业化分工更为细致，投入要素的协同性更高，以及可以获得规模经济效应，有利于促进工业全要素生产率增长。企业资产利润率本身就是一个效益指标，其值越高意味着企业经营效益越好，生产率水平相对更高。企业年龄对提高全要素生产率存在微弱的负作用，通常认为企业历史越悠久，在行业领域就越有研发投资实力和先发优势，企业年龄与企生产率应是一种正相关关系。但是，新进企业在设备、管理等方面更多使用前沿技术，再加上新企业往往也是在旧企业对市场控制能力减弱的时候所发展起来的，这就是企业年龄与全要素生产率增长之间存在负相关的原因。

7.3.3 不同市场竞争强度下两种补贴的效应差异

结合 4.3.4 节各行业竞争强度（$\hat{HHI}$）的计算，将所有样本划分为低度竞争行业、中度竞争行业和高度竞争行业三个组，探讨不同竞争环境下两种补贴方式对工业全要素生产率增长的影响差异，回归结果见表 7-6。

表 7-6　不同竞争环境下工业产业政策对企业 TFP 增长的影响

变量	低度竞争行业企业 TFP 增长		中度竞争行业企业 TFP 增长		高度竞争行业企业 TFP 增长	
	个体固定效应	时间固定效应	个体固定效应	时间固定效应	个体固定效应	时间固定效应
TTS_{ct}^*	−0.000 (−0.397)	−0.000 (−1.186)	−0.000 (−1.164)	−0.001** (−2.330)	−0.009*** (−10.483)	−0.003*** (−4.652)
ETS_{ct}^*	0.000 (0.702)	0.000 (0.929)	0.001* (1.668)	0.002*** (2.841)	0.003* (1.877)	0.003** (2.565)
CH_{ct}	−0.244*** (−14.432)	−0.206*** (−12.505)	−0.221*** (−38.234)	−0.181*** (−32.256)	−0.268*** (−62.022)	−0.233*** (−55.656)
GC_{ct}	−0.015*** (−7.441)	−0.008*** (−3.959)	−0.022*** (−23.095)	−0.015*** (−14.877)	−0.018*** (−33.128)	−0.014*** (−26.049)
PC_{ct}	−0.000 (−0.557)	−0.000 (−0.297)	−0.000*** (−7.910)	−0.000*** (−7.055)	−0.000*** (−17.122)	−0.000*** (−11.464)
CS_{ct}	0.005*** (13.274)	0.005*** (13.255)	0.005*** (27.580)	0.004*** (23.252)	0.011*** (66.700)	0.008*** (47.381)
RA_{ct}	0.066*** (8.828)	0.078*** (10.783)	0.057*** (21.980)	0.055*** (22.157)	0.085*** (54.091)	0.076*** (49.990)
CA_{ct}	−0.001*** (−6.602)	−0.001*** (−2.601)	−0.000* (−1.635)	−0.000 (−0.536)	−0.001*** (−5.439)	−0.001*** (−4.890)
常数项	0.061*** (15.152)	0.031*** (5.218)	0.032*** (15.545)	0.042*** (12.832)	0.024*** (12.656)	0.015*** (5.852)
样本量	33902	33902	125285	125285	392569	392569
R^2	0.039	0.099	0.073	0.149	0.078	0.147

注：括号内为 t 统计值，＊、＊＊、＊＊＊分别表示10％、5％、1％的显著性水平，双尾检验。

从回归结果中可看出，在低度竞争行业中，选择性补贴与竞争性补贴对工业全要素生产率增长的影响作用都不显著；在中度竞争行业中，选择性补贴对工业全要素生产率增长的影响作用也不显著，竞争性补贴对工业全要素生产率增长具有显著的促进作用；在相对高度竞争行业中，选择性补贴对工业全要素生产率增长的抑制作用更大，竞争性补贴对工业全要素生产率增长的促进作用更大。当市场竞争程度趋于激励时，选择性补贴与竞争性补贴之间的"对立效应"更为显著。选择性补贴给予少部分企业"特殊待遇"，使其从扭曲的市场交易中获益，而没有享受到"特殊待遇"的企业从扭曲的市场交易中受损，市场竞争强度越高，这种扭曲就越严重，降低了资源配置效率，有碍于提高全要素生产率。竞争性补贴则有所不同，尽量给每个企业以公平的待遇，采取"一视同仁"的政策态度，对资源配置扭曲和市场竞争环境的破坏更小，是一种与市场竞争兼容的政策实施方式。这意味着高度集中的政府补贴对企业创新存在抑制效应，以竞争兼容方式实施的政府补贴可弱化负面影响，并通过激励企业之间的竞争对企业创新产生积极影响。因此，为了实现优化资源配置和提高全要素生产率的政策目标，不宜过多使用补贴集中、选择性、"挑选赢家"式的产业政策，尤其是在一些竞争性行业，否则将造成资源配置扭曲，阻碍全要素生产率增长。其余控制变量对工业全要素生产率增长的影响效应与前文 7.3.2 节的分析基本一致。

7.3.4　不同所有权性质下两种补贴的效应差异

我国国有企业数量多、规模大，长期存在国有部门与非国有部门经济之间的分化，再加之国有企业与非国有企业全要素生产率增长率上又具有显著差异，因此有必要将所有样本企业按照国有企业与非国有企业进行分类，考察不同所有权性质下两种补贴方式对工业全要素生产率增长的影响差异。在删除控制变量 GC_{ct} 的基础上，运用式（7-3）的评价模型，可得表 7-7 的回归结果。

表 7-7　不同所有权性质下工业产业政策对企业 TFP 增长的影响

变量	国有企业 TFP 增长		非国有企业 TFP 增长	
	个体固定效应	时间固定效应	个体固定效应	时间固定效应
TTS_{ct}^{*}	−0.000** (−1.961)	−0.000** (−2.060)	−0.001*** (5.973)	−0.000* (−1.680)
ETS_{ct}^{*}	0.000 (0.676)	0.000 (0.820)	0.002*** (3.360)	0.001*** (3.390)

变量	国有企业 *TFP* 增长		非国有企业 *TFP* 增长	
	个体固定效应	时间固定效应	个体固定效应	时间固定效应
CH_{ct}	−0.170***	−0.162***	−0.277***	−0.228***
	(−17.161)	(−16.867)	(−76.720)	(−65.459)
PC_{ct}	−0.001***	−0.001***	−0.000***	−0.000***
	(−5.574)	(−5.716)	(−15.696)	(−11.078)
CS_{ct}	0.004***	0.005***	0.009***	0.007***
	(6.976)	(8.426)	(79.221)	(58.514)
RA_{ct}	0.036***	0.047***	0.080***	0.072***
	(4.234)	(5.619)	(59.389)	(55.569)
CA_{ct}	−0.001***	−0.000	0.000***	0.001***
	(−3.509)	(−0.281)	(3.431)	(8.529)
常数项	0.070***	0.044***	0.022***	0.018***
	(11.196)	(5.145)	(19.466)	(10.433)
样本量	29978	29978	521778	521778
R^2	0.038	0.089	0.080	0.154

注：括号内为 *t* 统计值，*、**、***分别表示10%、5%、1%的显著性水平，双尾检验。

从表7-7的回归结果中可以看出，选择性补贴无论是对国有企业还是非国有企业全要素生产率增长都存在显著的负向影响；竞争性补贴对国有企业全要素生产率增长的影响效应不显著，对非国有企业全要素生产率增长具有显著的促进作用。在过往的政策实施中，不少政策性补贴具有"偏国有化"倾向，使国有企业获得的政府补贴比非国有企业更多，而政府补贴分布集中度越高，往往越容易造成资源配置扭曲。再加上，非国有企业分布较为集中的行业竞争程度相对较高，政府补贴在市场竞争程度越高的行业也越容易造成资源配置扭曲，因此，针对非国有企业实施的选择性补贴可能造成较严重的资源配置扭曲，进而影响非国有企业全要素生产率增长。反之，如果按照竞争性补贴的方式实施产业政策，对非国有企业全要素生产率增长的促进作用就更为显著。

8.1　主要结论

工业产业政策内容丰富、形式多样，对工业全要素生产率增长的影响并非仅在某一个方面，而是体现在工业行业、区域工业、工业企业三个层面全要素生产率增长变化上。本书重点运用 2001—2015 年中国规模以上工业企业相关数据，在测算出宏微观工业全要素生产率增长率变化的基础上，围绕面向工业企业的倾斜式政府投资、倾斜式税收优惠、行业规模政策、开发区政策、财政科技支出、促进技术进步的减免税等系列重点产业政策工具，多维度、多层次、多视角地评价了基于提高全要素生产率的中国工业产业政策效应，主要得出以下结论。

8.1.1　我国工业全要素生产率增速呈波动下降趋势

无论是从行业层面、区域层面，还是企业层面来看，2001—2015 年我国工业全要素生产率增长率均呈现波动下降趋势。从宏观视角看，工业全要素生产率增长率下降主要由技术进步率、资本配置效率下降所引起，其中资本配置效率波动是工业全要素生产率增长率波动的主要原因。劳动配置效率、规模效率、技术效率变化率对工业全要素生产率增速下降的影响较小。从微观视角看，企业间资源错配指数与工业企业全要素生产率增长率之间的相关系数为 -0.647，资源配置扭曲成为制约工业全要素生产率增长的瓶颈因素。

工业全要素生产率增速下降的根源在于过度投资所导致的资本要素边际生产率下降和要素不合理配置。长期以来，我国工业化过程中以劳动节约型技术进步为主，侧重物质资本投入和发展资本密集型产业，各领域人均资本存量大幅上升。但是，对资本、劳动要素产出弹性的测算结果显示，无论是行业层面、区域层面，还是企业层面，资本要素产出弹性总是低于劳动要素产出弹性，说明劳动节约型技术进步对资本边际生产率的提升作用不及由于追加资本投入所导致的资本边际生产率下降幅度。劳动节约型技术进步条件下，就单个企业而言，增加资本投入能够提高企业的生产率，但是就宏观整体而言，个体理性容易诱发集体非理性，大规模的资本要素投入，必定会导致资本要素的边际生产率下降。在资本要素边际生产率已经低于劳动要素边际生产率的情况下，继续引导追加资本要素投入，不仅会降低技术进步贡献率，还会造成资源要素配置扭曲，阻碍工业全要素生产率增长。这从侧面反映了工业经济增长效率恶化的根源，在于过分依赖投资驱动的工业经济增长方式。

8.1.2 倾斜式、选择性产业政策制约着资源配置效率改善

从宏观上看，倾斜式政府投资、倾斜式税收优惠对工业配置效率的影响均显著为负。具体而言，工业产业政策在行业层面所造成的资源配置效率损失要大于在区域层面所造成的资源配置效率损失，对资本要素造成的配置扭曲要大于对劳动要素造成的配置扭曲，而且由倾斜式政府投资所引起的资源配置效率损失要大于由倾斜式税收优惠所引起的资源配置效率损失。这一结果说明政府有选择性地扶持特定行业（或区域）在某些情形下容易造成资源配置扭曲，不利于改善资源配置效率。一部分原因在于：倾斜式产业政策的重点领域在行业上是公共产品部门和基础性工业部门，区域上是中西部特别是其中的少数民族集聚区或贫困地区，目的主要在于提供公共产品或实现区域协调发展，并不以这些行业部门和区域是否具有生产率优势为主要考虑。另一部分原因在于：我国政府利用产业政策调节资源再配置的能力较强，选择性产业政策将政府投资、税收减免、低息贷款、低价供地等经济特殊优惠手段与准入限制、项目审批等强制性行政干预手段结合在一起，某种程度上在改变市场资源配置的同时可能刺激过度投资，在短时间内形成投资"潮涌现象"甚至是产能过剩，不利于改善工业配置效率。工业产业政策在行业与区域、政府投资与税收优惠、资本与劳动要素之间影响资源配置的效应具有差异，是因为针对区域实施的倾斜式产业政策、税收优惠政策对过度投资的激励相对更小，再加上倾斜式产业政策主要是调节资本要素的流动，资源配置扭曲主要也是由资本要素配置扭曲所引起。

从微观上看，选择性补贴容易造成企业间的资源配置扭曲，竞争性补贴有利于抑制企业间的资源配置扭曲；同时，选择性补贴对竞争性行业、非国有企业间资源错配的影响更为严重，竞争性补贴对改善竞争性行业、非国有企业间资源配置效率的作用更为显著。微观层面上选择性产业政策效果不尽如人意的

原因与宏观层面有所不同。就微观层面而言，政府对少部分企业实行特殊倾斜政策，使享受优惠企业投入要素的实际成本被低估，特别是在一些产能过剩行业，改变了企业成本收益指标，降低了企业被迫关停而退出市场的临界点，造成预算软约束问题，而对一些高效率未享受优惠的企业却是一种"惩罚"，直接抬高了其获取要素的实际成本，双向的作用结果必然导致资源配置劣化，经济效益降低。"一视同仁"的税收优惠不会显著改变企业之间成本收益指标的原有差异，能够最大限度地减少由产业政策干预造成的要素价格扭曲和市场秩序破坏，同时又能降低绝大多数企业的实际成本，自然有利于提高资源配置效率。因此，为了提高资源配置效率，应该转向普惠性、"一视同仁"的产业政策。

8.1.3　工业产业政策的规模经济效应不显著甚至为负

行业规模政策、开发区政策作为工业产业政策干预规模经济的两个重点政策工具，没有实现提高工业规模效率的政策目标。其中，行业规模政策对提升工业规模效率的影响不显著，开发区政策对提升工业规模效率的影响显著为负。其主要原因在于，行业规模政策以大型企业、国有企业为主要对象，行政直接干预、限制竞争的特征显著，产业集中度提高更多是资本要素简单集中的结果，而非市场竞争的结果，对改善工业规模效率并没有太多实际益处。区域上，开发区缺乏高效的产业集群机制，产业链不能有效衔接，企业之间关联不紧密，难以形成紧密的分工协作关系，反而是企业"扎堆"现象比较普遍。同时，开发区还存在低水平重复建设、毗邻地区同质化发展和恶性竞争等问题，这些都不利于形成空间聚集效应和改善工业规模效率。这些规模经济政策的实施都要容忍垄断的存在，破坏了市场正常的竞争秩序，再加上以行政性干预提高特定行业集中度，重点扶持少数大型国有企业集团，还极有可能进一步导致资源配置扭曲。

8.1.4　工业产业政策的技术进步效应具有多重复杂性

政府试图通过财政科技支出、促进技术进步的减免税等重点产业政策工具，推动工业技术进步，提高工业创新能力，鼓励高新技术产业、战略性新兴产业发展。政策实践中，各级政府也逐年加大了财政科技活动的投入力度和促进技术进步的税收优惠力度。从政策效应评价结果来看，促进技术进步的工业产业政策效应具有多重复杂性。具体表现在：第一，在行业与区域上政策效应具有差异，行业上财政科技支出对工业技术进步率的影响并不显著，以促进技术进步为目标的减免税对提升工业技术进步率起阻碍作用，区域上财政科技支出、促进技术进步的减免税对工业技术进步率的影响系数均显著为正，有利于提升工业技术进步率。之所以出现截然相反的结论，主要是因为行业上技术研发活动对其他工业行业技术进步率提升的溢出效应更为显著，空间上各省（区、市）的研发活动对本区域工业技术进步率提升的溢出效应更为显著。第二，短期负效应与中长期正效应，财政科技支出促进工业技术进步的短期作用不明显，其主要在中长期有助于促进工业技术进步。第三，以促进技术进步为目的的不同税收减免方式对工业技术进步率的影响效应具有显著差异，直接针对技术创新行为的税收优惠比针对技术创新主体的税收优惠的政策效果更好，而且针对技术创新主体的所得税减免可能会激励过度投资。

8.1.5 工业产业政策对提高全要素生产率弊大于利

对于工业发展面临的实际问题，工业结构政策、工业组织政策、工业布局政策、工业技术政策在实施中的侧重点有所不同，其影响工业全要素生产率增长的主要方面自然也有所差异。局部效应评价结果不足以从整体上反映工业产业政策与全要素生产率增长之间的关系，需要从行业、区域和企业不同层面系统评价工业产业政策促进全要素生产率增长的影响效应。

行业层面上，行业倾斜式扶持政策对工业全要素生产率增长具有显著的负效应，其中倾斜式政府投资、倾斜式税收优惠对工业行业全要素生产率增长的影响系数分别显著为-0.045和-0.020，说明工业产业政策倾斜扶持力度越大，对工业全要素生产率增长的制约就越严重。行业规模政策对工业全要素生产率增长的影响效应不显著，说明做大国有企业规模、提高产业集中度并没有显著提高工业规模效率。行业技术政策对工业全要素生产率增长具有双重效应，即短期负效应与中长期正效应。具体而言，以财政科技支出和促进技术进步的减免税为代表的两个工业技术政策对工业全要素生产率增长的影响效应均显著为负，财政科技支出在中长期对工业全要素生产率增长具有明显的促进作用。

区域层面上，区域倾斜式扶持政策对工业全要素生产率增长具有显著的负效应，倾斜式政府投资、倾斜式税收优惠对工业全要素生产率增长的影响系数分别显著为-0.006和-0.004，对工业全要素生产率增长具有显著的抑制作用。区域层面倾斜式产业政策对工业全要素生产率增长的负向影响程度远低于行业层面的负效应，其根源在于尽管重点倾斜中西部地区，却不容易出现投资"潮涌现象"。工业开发区政策对工业全要素生产率增长的影响效应不显著，企业"扎堆"问题突出，产业分布的指向性和集中性不明显，没有形成产业集群效应，不能给开发区内企业带来有效的生产率促进作用。区域技术政策对工业全要素生产率增长具有显著的正效应，增加财政科技支出、促进技术进步的减免税对工业全要素生产率增长的影响系数分别显著为 0.004 和 0.001。这与行业层面的工业技术政策影响效应的评价结果截然相反，是因为区域技术政策重点扶持对象的全要素生产率增长率水平也相对较高，同时区域性技术进步对本区域工业企业的正向溢出效应要强于对其他区域工业企业的溢出效应。

企业层面上，选择性补贴、竞争性补贴对工业全要素生产率增长的影响具有显著的对立效应，即选择性补贴对工业全要素生产率增长存在抑制作用，竞争性补贴对工业全要素生产率增长具有促进作用。在不同竞争环境中，市场竞争程度越高，选择性补贴对工业全要素生产率增长的抑制作用更大，竞争性补贴对工业全要素生产率增长的促进作用更大，两种不同贴补方式的对立效应更为显著。在不同所有权性质下，选择性补贴无论是对国有企业还是非国有企业全要素生产率增长都存在显著的负向影响；竞争性补贴对国有企业全要素生产率增长的影响效应不显著，对非国有企业全要素生产率增长具有显著的促进作用。总体上看，对少数企业支持的倾斜度越大就越不利于提升工业全要素生产率，反之政府补贴在行业内各企业间分布越均匀就越有助于提高工业全要素生产率，为此当以竞争兼容的方式实施政府补贴。

除了工业产业政策之外，还有其他一些重要因素会影响工业全要素生产率增长。例如，提高资源要素边际生产率、提高人力资本水平、增加技术改造和获取经费支出、提高工业技术效率等均有利于促进工业全要素生产率增长。但是，提高人均资本存量却制约着配置效率、规模效率和技术进步率的改善，阻碍着工业全要素生产率增长，其根源在于我国长期主要靠投资驱动的工业经济增长模式下，过度投资导致资本边际生产率下降和产能过剩，不利于提高全要素生产率。

8.2　政策建议

综上分析，2001—2015 年我国工业产业政策影响工业全要素生产率增长的负面作用是主要的，工业产业政策制定和实施不当是造成工业全要素生产率增速下降的重要原因。导致这一段时期工业产业政策失灵的因素是多方面的，例如政策目标上过度追求短期经济增长速度和经济规模，政策工具上带有浓厚的选择性、行政强制干预性特征，政策实施上存在对地方政府、企业特别是国企的激励扭曲问题等，任何一个方面问题的存在都将直接影响工业产业政策效应。

进入 21 世纪第二个十年，我国工业产业政策在制定和实施上出现了一些显著变化。越来越重视市场机制在资源配置中的地位和作用，不断深化"放管服"改革，大幅减少行政性直接干预类产业政策工具，逐步确立竞争政策的基础性地位；同时，把创新提升到前所未有的高度，摆在国家发展全局的核心位置，提出实施创新驱动发展战略、全面推进大众创业万众创新、建设创新型国家等一系列重大战略部署。这些转变有利于更好地发挥工业产业政策促进全要素生产率增长的作用，有利于推动工业产业政策转型。但是与防止全要素生产率增速下滑、提高工业发展质量和效益的现实需要相比，这些转变还不够快、不彻底。为此，本书根据研究得出的主要结论，基于提高全要素生产率视角，为我国工业产业政策优化转型提出以下几点建议。

8.2.1　调节资源配置的工业产业政策优化

无论是宏观的行业、区域层面，还是微观的企业层面，有倾斜、有选择的工业产业政策使用不当会导致资源配置扭曲，阻碍工业全要素生产率增长；与其相反，竞争性补贴有利于改善资源配置效率，促进全要素生产率增长。因此，为了提高资源配置效率和全要素生产率，不能再过多使用倾斜式、选择性产业政策，特别是在一些竞争性行业中更是如此，转而要充分依靠市场机制的作用，增加竞争性、普惠性的产业政策工具。

第一，未来应大幅减少倾斜式与选择性的产业政策工具，加快选择性产业政策向功能性产业政策转型。具体政策上，一是政府资助做"减法"，政府引导做"加法，进一步简政放权，消除行政性直接干预和不必要的政策差异。放弃选择特定对象进行直接补贴的产业政策模式，创新市场化的政策引导方式，更多采用专项建设基金、产业发展引导基金等新型政策工具，建立"政府＋行业协会＋企业""政府＋金融机构＋企业""政府＋投资资金＋企业"等多样化的实施方式。二是建立以负面清单为核心的产业管理模式，创造公平竞争的市场环境。我国现行工业产业政策主要是一种预防性管理思维，是以正向管理为核心的产业管理方式。随着工业体系逐渐庞大，行业分工越来越细化，技术创新越来越难以预见，这种预防性管理、正向管理的产业政策有效性将大打折扣。未来更应该遵循"法无禁止即可为"的原则，进一步厘清政府与市场的边界，废除妨碍市场公平竞争的各种规制，建立统一的市场准入制度，建立以负面清单为核心的产业管理模式。除此之外，功能性产业政策的重点任务还包括完善市场基础性制度、加强科技基础设施建设、落实知识产权保护等多个方面。

第二，加快国有企业改革和提高国有资本运营效率。我国不少政策性补贴在实施中具有明显的偏国有企业特别是其中的大型企业的倾向，甚至可以说不少工业产业政策都是依托国有企业来实施和完成的。但是以国有企业为重点扶持对象、做大做强国有企业的工业产业政策补贴分布集中度高，反而容易造成资源配置扭曲、规模经济不显著以及阻碍全要素生产率增长。尽管国有企业存在一些问题，但绝不可轻易抛弃，因为国有企业是我国公有制为主体的经济基础的重要体现，是国民经济的重要支柱。为此，在市场经济条件下，应加快国有企业改革，增强企业活力，提高国有资本运营效率，使国有企业真正成为独立的、合格的市场竞争主体。具体政策上，一是深入推进政企分离、政资分离、所有权与经营权分离，完善现代企业制度，推进公司制、股份制改革，建立健全公司法人治理结构，充分发挥董事会、监事会、经理层、党组织的作用和功能，强化考核评价和管理，建立责任追究机制。二是强化市场化运营机制，促进各类企业公平参与市场竞争。突出分类管理，加快完成商业类、公益类国有企业分类，实行差异化动态管理。除少数公益类国有企业外，按照市场化要求、商业化运作，逐渐放开竞争性业务，促进资源市场化配置。同时，还要加快剥离国有企业的社会职能，妥善解决历史遗留问题，为国有企业公平参与市场竞争创造条件。按照负面清单管理制度，使各类企业依法平等地进入法律法规未明确禁止进入的行业和领域。三是合理调整国有资本的布局结构，推动国有资本合理流动，增强国有经济整体功能和效率。合理确定国有企业的边界，逐渐缩小商业性、竞争性领域的国有企业布局规模，将国有资本向提供公共产品、关系国家安全的重要行业和关键领域集中，把国有资本运用于更需要的行业和领域。加强经营性国有资产监管，促进国有资产保值增值，提高国有企业和国资本经营效率。

第三，提高工业投资的精准性与有效性。我国主要依靠投资拉动的工业经济增长模式，与工业全要素生产率增速的下滑之间存在直接的因果关系。各领域大规模的资本要素投入，不仅导致资本要素边际生产率下降，还形成了严重的结构性产能过剩和库存积压，对工业配置效率、规模效率、技术进步率以及全要素生产率增长都具有显著的负向影响。因此，提高工业投资的精准性与有效性是防止工业全要素生产率进一步下降的重要手段，应在产业政策制定和实施中加以重视。经济新常态下应更加精准有效地实施产业政策，重点任务是：

稳妥去产能，以钢铁、煤炭等产能过剩行业为重点，加速产能过剩企业退出市场；强化创新引领，加强工业企业技术创新，支持营造良好创新创业环境建设；实施新一轮工业技术改造投资，支持传统产业优化升级、绿色发展；补齐有效供给短板，提升工业发展层次和质量等。

8.2.2　发展规模经济的工业产业政策优化

理论上规模经济是市场竞争的结果，而不是竞争的起点。[①] 任何行业、任何企业都是在竞争中由小到大逐步发展起来的，产业集中度是在竞争过程中逐步提高的，而不是政府规划和号召的结果。况且，政府甚至是企业自身也很难判断最佳规模是多少，因为这个最佳规模受制于供给、需求、市场多方因素的影响，具有动态变化的特征。工业组织政策在协调"马歇尔"冲突的过程中，不能再通过行政手段搞"拉郎配"，不能再为了提高行业集中度而设置不必要的准入门槛，而应该更加强调市场竞争，使优势企业在市场竞争中发展壮大，提高规模经济效益。

我国地方政府在政绩驱动下热衷于通过"筑巢迎凤"来拉动经济增长，一味追求"大干快上"，各类开发区建设"遍地开花"，导致开发区布局分散，加剧地区之间的无序竞争。各类开发区纷纷在土地使用、税费、市场准入等方面降低门槛，结果造成资源的流失和优势的相互抵消，使开发区整体规模都不大，反而造成企业"扎堆"现象严重，开发区主导产业指向不明，难以形成相关产业集群，缺乏规模经济效应，不能给开发区内企业带来显著的生产率促进作用。为了有效发挥开发区内产业集群及其空间集聚所产生的外部规模经济效应，亟须转变工业开发区建设模式，优化考核评价机制。第一，强化开发区统筹规划，改变现有分散管理、各自为政的开发区管理体制。在尊重市场机制的前提下，根据区域条件、资源禀赋及其工业基础的不同，明确开发区主导产业，引导共同指向的产业向开发区集中，推动开发区错位特色发展，形成生产专业化区域和"品牌效应"。合理控制开发区数量及其空间布局，更加注重提高工业开发区的投入产出效益，将地理集中、类型相同、规模较小的开发区进行合并重组，避免重复建设、同质化布局和恶性竞争。第二，通过调整考核内容、考核方式等途径，优化开发区考核评价机制。考核内容上，弱化GDP总量、产业规模、大企业数量等指标的权重，转向重点考核开发区投资环境、创

---

① 陈尚前. 规模经济：市场选择的结果抑或有效竞争的起点 [J]. 经济学家，1997（6）：102－108.

新能力、品牌建设等指标，同时根据各自特色与区情适当增加差异化考核指标，提升开发区建设和发展的质量效益。考核方式上，除了上级督察、自查自纠等方式外，可适情况引入第三方评估机构对开发区建设工作与发展情况进行评价。探索实行差异化动态管理，完善各级开发区入选条件和考核指标，建立开发区进入与退出机制。

8.2.3 促进技术进步的工业产业政策优化

虽然工业产业政策在提高技术进步率和全要素生产率上具有多重复杂性，但其总体上还是有利于促进技术进步和提高全要素生产率。实践中纵观世界主要工业化国家，也无不把加强新兴技术研发支持和产业化扶持作为政策重点。我国处于工业化中后期，驱动工业发展的主要动力是创新，尤其是技术创新。同时技术创新带有公共产品性质、具有很强的外部性以及不确定性，单个企业无法进行有效协调，创新积极性不足，需要工业产业政策适当介入与支持。

第一，改进工业企业科技创新活动的支持方式。工业产业政策介入和支持的方式，很大程度上决定了其政策效果。结合本书研究结论及世界主要工业化国家的政策实践，可以从以下三个方面改进工业产业政策对工业企业技术创新活动的支持方式。其一，由支持特定技术转向支持共性技术、通用技术。政府支持特定技术的弊端在于先进前沿技术突破点是不清晰、不确定的，不能事先准确判断新兴技术的发展方向，再加之对特定领域的倾斜式扶持还容易造成过度投资和资源配置扭曲。因此，工业产业政策对技术创新活动的支持重点应转向适用更为广泛的共性技术、通用技术上，如信息技术、新材料技术等，催生新兴产业发展。其二，加大对技术创新行为的税收优惠，减少直接针对技术创新主体的税收优惠，增强促进技术进步的减免税政策效果。重点支持技术创新行为的税收优惠可覆盖更多实际发生研发活动的企业，重点支持技术创新主体的税收优惠则所有不同，只是针对特定少数企业，甚至还会激励投资，减弱其政策效果。其三，重视激发科技型中小企业的创新活力。世界主要工业化国家的实践表明，中小企业发明新技术、新产品的效率远高于大企业，中小企业是科技创新的重要力量。[①] 特别是在以创新驱动为主要特征的工业化中后期，创新能力更强的科技型中小企业更应该成为工业产业政策支持的重点，如搭建公共技术支持平台、提供融资担保、R&D援助等。

---

① 黄群慧，贺俊. 真实的产业政策——发达国家促进工业发展的历史经验与最新实践 [M]. 北京：经济管理出版社，2015.

第二，加强工业产业技术人才培养。提高人力资本水平既有利于促进技术进步，也有利于提高工业全要素生产率，加强工业产业技术人才培养应成为工业产业政策制定和实施的重点。长期以来，我国劳动力资源丰富和工资水平较低，工业生产领域形成了强大的低成本制造优势。随着工资水平的持续快速上涨，传统的低成本制造优势逐渐被削弱，部分劳动密集型产业逐渐向更低成本国家转移。在工业化中后期要实现"高工资"与产业"高竞争力"，唯有提高人力资本水平，将过去的劳动力数量和成本优势转到人力资本质量和素质优势上，通过提高全要素生产率来实现工业的可持续发展。具体政策上，鼓励大型企业创办职工培训机构，完善对企业培训的政策补助，提高劳动力整体素质水平。大力发展职业技术教育，提升职业教育质量，培养高素质的工程师与高技能的产业工人。加强产业科技人才的培养，支持高校调整学科和专业设置，培养专业化的工业技术研发人才。鼓励企业与学校合作培养产业技术人才，提高政府对企业与教育机构合作的补助。有效整合教育资源，促进资源开放共享，创建学习型社会，提倡终身学习。

参考文献

[1] 白俊红，王林东. 政府科技资助与中国工业企业全要素生产率——基于空间计量模型的研究 [J]. 中国经济问题，2016 (3)：3－16.

[2] 白重恩，张琼. 用"已知"倒推"未知"：中国全要素生产率研究展望 [J]. 新金融评论，2014 (1)：135－151.

[3] 白重恩，张琼. 中国经济减速的生产率解释 [J]. 比较，2014 (4)：1－26.

[4] 蔡昉. 中国经济增长如何转向全要素生产率驱动型 [J]. 中国社会科学，2013 (1)：56－71，206.

[5] 蔡跃洲，付一夫. 全要素生产率增长中的技术效应与结构效应——基于中国宏观和产业数据的测算及分解 [J]. 经济研究，2017 (1)：72－88.

[6] 陈瑾玫. 中国产业政策效应研究 [D]. 沈阳：辽宁大学，2007.

[7] 陈宽，谢千里，罗斯基，等. 中国国营工业生产率变动趋势研究 [J]. 中国社会科学，1988 (4)：37－44.

[8] 陈诗一，陈登科. 中国资源配置效率动态演化——纳入能源要素的新视角 [J].中国社会科学，2017 (4)：67－83，206－207.

[9] 程惠芳，陆嘉俊. 知识资本对工业企业全要素生产率影响的实证分析 [J].经济研究，2014 (5)：174－187.

[10] 陈尚前. 规模经济：市场选择的结果抑或有效竞争的起点 [J]. 经济学家，1997 (6)：102－108.

[11] 大野健一. 学会工业化：从给予式增长到价值创造 [M]. 陈经伟，译. 北京：中信出版社，2015.

[12] 邓仲良，张可云. 产业政策有效性分析框架与中国实践 [J]. 中国流通经济，2017，31 (10)：89－99.

[13] 盖庆恩，朱喜，程名望，等. 要素市场扭曲、垄断势力与全要素生产率 [J]. 经济研究，2015 (5)：61－75.

[14] 郜筱亮. 中国特色新型工业化产业政策研究 [D]. 成都：西南财经大学，2011.

[15] 耿强, 江飞涛, 傅坦. 政策性补贴、产能过剩与中国的经济波动——引入产能利用率 RBC 模型的实证检验 [J]. 中国工业经济, 2011 (5): 27－36.

[16] 龚关, 胡关亮. 中国制造业资源配置效率与全要素生产率 [J]. 经济研究, 2013, 48 (4): 4－15, 29.

[17] 顾昕, 张建君. 挑选赢家还是提供服务? ——产业政策的制度基础与施政选择 [J]. 经济社会体制比较, 2014 (1): 231－241.

[18] 顾昕. 协作治理与发展主义: 产业政策中的国家、市场与社会 [J]. 学习与探索, 2017 (10): 86－95.

[19] 顾昕. 重建产业政策的经济学理论 [J]. 比较, 2016 (6): 220－236.

[20] 郭克莎. 中国工业发展战略及政策的选择 [J]. 中国社会科学, 2004 (1): 30－41, 205－206.

[21] 韩超, 胡浩然. 清洁生产标准规制如何动态影响全要素生产率——剔除其他政策干扰的准自然实验分析 [J]. 中国工业经济, 2015 (5): 70－82.

[22] 贺俊. 产业政策批判之再批判与"设计得当"的产业政策 [J]. 学习与探索, 2017 (1): 89－96, 175.

[23] 贺俊. 调整新经济结构性产业政策指向 [N]. 中国社会科学报, 2016－09－21 (4).

[24] 华民. 中国经济增长中的结构问题 [J]. 探索与争鸣, 2017 (5): 118－122.

[25] 黄汉权, 任继球. 新时期我国产业政策转型的依据与方向 [J]. 经济纵横, 2017 (2): 27－32.

[26] 黄群慧, 贺俊. "十三五"时期的产业发展战略 [N]. 光明日报, 2015－07－08 (15).

[27] 黄群慧, 贺俊. 真实的产业政策——发达国家促进工业发展的历史经验与最新实践 [M]. 北京: 经济管理出版社, 2015.

[28] 黄群慧, 李芳芳. 工业化蓝皮书: 中国工业化进程报告 (1995—2015) [M]. 北京: 社会科学文献出版社, 2017.

[29] 黄群慧. 制造强国建设要避免落入强选择性产业政策窠臼 [N]. 光明日报, 2016－05－11 (15).

[30] 黄群慧. 中国产业政策的根本特征与未来走向 [J]. 探索与争鸣, 2017 (1): 38－41.

[31] 黄少卿, 郭洪宇. 产业政策的目标: 增强市场竞争秩序——基于政府与市场关系视角 [J]. 学习与探索, 2017 (4): 105－111＋176＋2.

[32] 黄先海, 宋学印, 诸竹君. 中国产业政策的最优实施空间界定——补贴

效应、竞争兼容与过剩破解 [J]. 中国工业经济，2015（4）：57−69.

[33] 贾根良. 演化发展经济学与新结构经济学——哪一种产业政策的理论范式更适合中国国情？[J]. 南方经济，2018（1）：1−28.

[34] 贾康，苏京春. 供给侧改革：新供给简明读本 [M]. 北京：中信出版社，2016.

[35] 江飞涛，李晓萍. 直接干预市场与限制竞争：中国产业政策的取向与根本缺陷 [J]. 中国工业经济，2010（9）：26−36.

[36] 江飞涛，耿强，吕大国，等. 地区竞争、体制扭曲与产能过剩的形成机理 [J]. 中国工业经济，2012（6）：44−56.

[37] 江飞涛，李晓萍. 当前中国产业政策转型的基本逻辑 [J]. 南京大学学报（哲学·人文科学·社会科学），2015（3）：17−24，157.

[38] 江飞涛，李晓萍. 应加快选择性产业政策向功能性产业政策转型 [J]. 中国经济报告，2016（12）：75−77.

[39] 江飞涛，李晓萍. 产业政策中的市场与政府——从林毅夫与张维迎产业政策之争说起 [J]. 财经问题研究，2018（1）：33−42.

[40] 江小娟. 经济转轨时期的产业政策：对中国经验的实证分析与前景展望 [M]. 上海：上海三联书店，上海人民出版社，1996.

[41] 江小涓. 体制转轨中的增长、绩效与产业组织变化：对中国若干行业的实证研究 [M]. 上海：上海三联书店，上海人民出版社，1999.

[42] 姜达洋. 现代产业政策理论新进展及发展中国家产业政策再评价 [M]. 北京：经济日报出版社，2016.

[43] 姜作培. 推进经济增长方式转变的产业政策选择 [J]. 中央财经大学学报，1997（3）：29−33.

[44] 金碚. 工业的使命和价值——中国产业转型升级的理论逻辑 [J]. 中国工业经济，2014（9）：51−64.

[45] 金碚. 供给侧政策功能研究——从产业政策看政府如何有效发挥作用 [J].经济管理，2017（7）：6−18.

[46] 经合组织发展中心. 世界变革中的产业政策 [M]. 上海：上海人民出版社，2015.

[47] 蒂莫西·J. 科埃利，D. S. 普拉萨德·拉奥，克里斯托弗·J. 奥唐奈，等. 效率与生产率分析引论 [M]. 王忠玉，译. 北京：中国人民大学出版社，2008.

[48] 黎文靖，郑曼妮. 实质性创新还是策略性创新？——宏观产业政策对微

观企业创新的影响 [J]. 经济研究，2016 (4)：60-73.

[49] 李昌宇. 资源倾斜配置研究——中国产业结构转变过程 [M]. 西安：陕西人民出版社，1994.

[50] 李春临，许薛璐，刘航. 产业补贴配置方式对企业全要素生产率提升效应研究——基于装备制造业上市公司数据的实证分析 [J]. 经济经纬，2017，34 (4)：99-104.

[51] 李京文，D. 乔根森，郑友敬，等. 生产率与中美日经济增长研究 [M]. 北京：中国社会科学出版社，1993.

[52] 李京文. 关于我国产业政策及其对经济增长影响的分析 [J]. 经济评论，1991 (5)：1-9.

[53] 李骏，刘洪伟，万君宝. 产业政策对全要素生产率的影响研究——基于竞争性与公平性视角 [J]. 产业经济研究，2017 (4)：115-126.

[54] 李骏. 产业政策对全要素生产率的影响研究 [D]. 湘潭：湘潭大学，2016.

[55] 李平. 提升全要素生产率的路径及影响因素——增长核算与前沿面分解视角的梳理分析 [J]. 管理世界，2016 (9)：1-11.

[56] 李沙沙，邹涛. 政府干预、资本市场扭曲与全要素生产率——基于高技术产业的实证研究 [J]. 东北财经大学学报，2017 (2)：24-32.

[57] 李胜文，李大胜. 中国工业全要素生产率的波动：1986—2005——基于细分行业的三投入随机前沿生产函数分析 [J]. 数量经济技术经济研究，2008 (5)：43-54.

[58] 李小平，朱钟棣. 中国工业行业的全要素生产率测算——基于分行业面板数据的研究 [J]. 管理世界，2005 (4)：56-64.

[59] 李晓鹏，张国彪. 中国的产业政策 [M]. 北京：中国发展出版社，2017.

[60] 李晓萍，江飞涛. 干预市场抑或增进与扩展市场：产业政策研究中的问题、争论及理论重构 [J]. 比较，2012 (3)：174-190.

[61] 李媛. 新中国工业产业政策演进及其绩效评价 [D]. 西安：西北大学，2015.

[62] 林毅夫，李永军. 比较优势、竞争优势与发展中国家的经济发展 [J]. 管理世界，2003 (7)：21-28，66-155.

[63] 林毅夫. 新结构经济学：反思经济发展与政策的理论框架 [M]. 苏剑，译. 北京：北京大学出版社，2011.

[64] 林毅夫. 产业政策与国家发展：新结构经济学视角 [J]. 比较，2016 (6)：163－173.

[65] 林毅夫. 产业政策与我国经济的发展：新结构经济学的视角 [J]. 复旦学报（社会科学版），2017，59 (2)：148－153.

[66] 刘南昌. 强国产业论——产业政策若干理论问题研究 [M]. 北京：经济科学出版社，2006.

[67] 刘树成. 运行与调控：中国宏观经济研究 [M]. 北京：中国社会科学出版社，2013.

[68] 刘涛雄，罗贞礼. 从传统产业政策迈向竞争与创新政策——新常态下中国产业政策转型的逻辑与对策 [J]. 理论学刊，2016 (2)：76－82.

[69] 刘英. 中国经济的发展离不开产业政策 [J]. 人民论坛，2016 (36)：63.

[70] 刘元春，等. 中国新常态宏观经济：机制变异与理论创新 [M]. 北京：中国社会科学出版社，2016.

[71] 刘志彪. 经济发展新常态下产业政策功能的转型 [J]. 南京社会科学，2015 (3)：33－41.

[72] 刘志彪. 产业经济学 [M]. 南京：南京大学出版社，1996.

[73] 刘志迎，徐毅，庞建刚. 供给侧改革：宏观经济管理创新 [M]. 北京：清华大学出版社，2016.

[74] 鲁晓东，连玉君. 中国工业企业全要素生产率估计：1999—2007 [J]. 经济学（季刊），2012，11 (2)：541－558.

[75] 孟辉，白雪洁. 新兴产业的投资扩张、产品补贴与资源错配 [J]. 数量经济技术经济研究，2017 (6)：20－36.

[76] 孟庆玺，尹兴强，白俊. 产业政策扶持激励了企业创新吗？——基于"五年规划"变更的自然实验 [J]. 南方经济，2016 (12)：1－25.

[77] 南亮进. 日本的经济发展 [M]. 毕志恒，关权，译. 北京：经济管理出版社，1992.

[78] 楠玉，袁富华，张平. 论当前我国全要素生产率的提升路径 [J]. 上海经济研究，2017 (3)：65－70，122.

[79] 潘士远，金戈. 发展战略、产业政策与产业结构变迁——中国的经验 [J]. 世界经济文汇，2008 (1)：64－76.

[80] 青木昌彦，奥野正宽，冈崎哲二. 市场的作用，国家的作用 [M]. 林家彬，译. 北京：中国发展出版社，2002.

[81] 青木昌彦，金滢基，奥野－藤原正宽. 政府在东亚经济发展中的作用：比较制度分析 [M]. 张春霖，等，译. 北京：中国经济出版社，1998.

[82] 邱兆林. 中国产业政策有效性的实证分析——基于工业行业的面板数据 [J]. 软科学，2015 (2)：11－14.

[83] 邱兆林. 中国制造业转型升级中产业政策的绩效研究 [D]. 济南：山东大学，2016.

[84] 任曙明，吕镯. 融资约束、政府补贴与全要素生产率——来自中国装备制造企业的实证研究 [J]. 管理世界，2014 (11)：10－23，187.

[85] 任优生，邱晓东. 政府补贴和企业 R&D 投入会促进战略性新兴产业生产率提升吗 [J]. 山西财经大学学报，2017，39 (1)：55－69.

[86] 沈坤荣，金刚. 以提升全要素生产率为重点推进供给侧结构性改革 [J]. 南京财经大学学报，2016 (3)：1－4.

[87] 盛朝迅，黄汉权，王云平. 新时期产业政策转型的思考 [J]. 中国发展观察，2016 (18)：42－44.

[88] 舒锐. 产业政策一定有效吗？——基于工业数据的实证分析 [J]. 产业经济研究，2013 (3)：45－54，63.

[89] 宋凌云，王贤彬. 产业政策的增长效应：存在性与异质性 [J]. 南开经济研究，2016 (6)：78－93.

[90] 宋凌云，王贤彬. 产业政策如何推动产业增长——财政手段效应及信息和竞争的调节作用 [J]. 财贸研究，2017 (3)：11－27.

[91] 宋凌云，王贤彬. 重点产业政策、资源重置与产业生产率 [J]. 管理世界，2013 (12)：63－77.

[92] 孙洛平. 竞争力与企业规模无关的形成机制 [J]. 经济研究，2004 (3)：81－87.

[93] 孙早，刘李华. 中国工业全要素生产率与结构演变：1990—2013 年 [J]. 数量经济技术经济研究，2016 (10)：57－75.

[94] 孙早，席建成. 中国式产业政策的实施效果：产业升级还是短期经济增长 [J]. 中国工业经济，2015 (7)：52－67.

[95] 谭诗羽，吴万宗，夏大慰. 国产化政策与全要素生产率——来自汽车零部件制造业的证据 [J]. 财经研究，2017，43 (4)：82－95.

[96] 田国强. 林毅夫、张维迎之争的对与错：兼谈有思想的学术与有学术的思想 [J]. 比较，2016 (6)：203－219.

[97] 田正. 日本信息服务业的发展：产业组织特征与全要素生产率 [J]. 现

代日本经济，2016（6）：41－53.

[98] 涂正革，肖耿. 中国的工业生产力革命——用随机前沿生产模型对中国大中型工业企业全要素生产率增长的分解及分析［J］. 经济研究，2005（3）：4－15.

[99] 王班班，齐绍洲. 市场型和命令型政策工具的节能减排技术创新效应——基于中国工业行业专利数据的实证［J］. 中国工业经济，2016（6）：91－108.

[100] 王君，周振. 从供给侧改革看我国产业政策转型［J］. 宏观经济研究，2016（11）：114－121.

[101] 王文，孙早，牛泽东. 产业政策、市场竞争与资源错配［J］. 经济学家，2014（9）：22－32.

[102] 王喜文. 新产业政策［M］. 北京：新华出版社，2017.

[103] 王映川. 我国先进装备制造业全要素生产率及影响因素分析——基于产业组织视角［J］. 工业技术经济，2017，36（1）：15－21.

[104] 吴敬琏. 产业政策面临的问题：不是存废，而是转型［J］. 兰州大学学报（社会科学版），2017（6）：1－9.

[105] 吴玉鸣，李建霞. 中国区域工业全要素生产率的空间计量经济分析［J］. 地理科学，2006（4）：4385－4391.

[106] 伍晓鹰. 测算和解读中国工业的全要素生产率［J］. 比较，2013（6）：1－23.

[107] 伍晓鹰. 中国工业化道路的再思考：对国家或政府作用的经济学解释［J］. 比较，2014（6）：1－25.

[108] 席建成，孙早. 从替代到共容：一个关于产业政策的文献综述［J］. 华东经济管理，2017，31（6）：158－165.

[109] 席涛. 产业政策、市场机制与法律执行［J］. 政法论坛，2018（1）：45－62.

[110] 项安波，张文魁. 中国产业政策的特点、评估与政策调整建议［J］. 中国发展观察，2013（12）：19－21.

[111] 小宫隆太郎，奥野正宽，铃村兴太郎. 日本的产业政策［M］. 黄晓勇，韩铁英，吕文忠，等，译. 北京：国际文化出版公司，1988.

[112] 谢千里，罗斯基，郑玉歆. 改革以来中国工业生产率变动趋势的估计及其可靠性分析［J］. 经济研究，1995（12）：10－22.

[113] 谢千里，罗斯基，郑玉歆. 论国营工业生产率［J］. 经济研究，1994

（10）：77—80.

[114] 熊瑞祥，王慷楷. 地方官员晋升激励、产业政策与资源配置效率 [J]. 经济评论，2017（3）：104—118.

[115] 闫志俊，于津平. 政府补贴与企业全要素生产率——基于新兴产业和传统制造业的对比分析 [J]. 产业经济研究，2017（1）：1—13.

[116] 颜鹏飞，王兵. 技术效率、技术进步与生产率增长：基于 DEA 的实证分析 [J]. 经济研究，2004（12）：55—65.

[117] 杨沐. 各国产业政策比较 [J]. 中国工业经济，1987（4）：36—44.

[118] 杨沐. 产业政策研究 [M]. 上海：上海三联书店，1989.

[119] 杨汝岱. 中国制造业企业全要素生产率研究 [J]. 经济研究，2015（2）：61—74.

[120] 杨天宇，刘瑞. 论资源环境约束下的中国产业政策转型 [J]. 学习与探索，2009（2）：138—142.

[121] 杨洋，魏江，罗来军. 谁在利用政府补贴进行创新？——所有制和要素市场扭曲的联合调节效应 [J]. 管理世界，2015（1）：75—86，98，188.

[122] 杨治. 产业政策的类型及原理 [J]. 经济改革与发展，1998（7）：57—58.

[123] 易纲，樊纲，李岩. 关于中国经济增长与全要素生产率的理论思考 [J]. 经济研究，2003（8）：13—20，90.

[124] 于良春，王雨佳. 产业政策、资源再配置与全要素生产率增长——以中国汽车产业为例 [J]. 广东社会科学，2016（5）：5—16.

[125] 袁志刚. 跳出产业政策：回到提高要素配置效率的改革思路 [J]. 探索与争鸣，2017（1）：41—43.

[126] 张川川. 中国的产业政策、结构变迁和劳动生产率增长 1990—2007 [J]. 产业经济评论，2017（4）：17—33.

[127] 张国初. 前沿生产函数、要素使用效率和全要素生产率 [J]. 数量经济技术经济研究，1996（9）：27—33.

[128] 张杰，宣璐. 中国的产业政策：站在何处？走向何方？[J]. 探索与争鸣，2016（11）：97—103.

[129] 张军，陈诗一，Jefferson G H. 结构改革与中国工业增长 [J]. 经济研究，2009（7）：4—20.

[130] 张军，施少华. 中国经济全要素生产率变动：1952—1998 [J]. 世界经济文汇，2003（2）：17—24.

[131] 张莉，朱光顺，李夏洋，王贤彬. 重点产业政策与地方政府的资源配置 [J]. 中国工业经济，2017（8）：63—80.

[132] 张倩. 市场激励型环境规制对不同类型技术创新的影响及区域异质性 [J]. 产经评论，2015，6（2）：36—48.

[133] 张维迎. 我为什么反对产业政策——与林毅夫辩 [J]. 比较，2016 （6）：174—195.

[134] 张玉臣，陈德棉. 企业技术进步过程中政府作用的边界与手段 [J]. 预测，2002（2）：1—4.

[135] 张泽一. 产业政策有效性问题的研究 [D]. 北京：北京交通大学，2010.

[136] 章寿荣，王树华. 供给侧结构性改革背景下的产业政策范式转型 [J]. 江海学刊，2017（6）：89—94.

[137] 赵昌文，等. 新时期中国产业政策研究 [M]. 北京：中国发展出版社，2016.

[138] 赵琳. 中国产业政策变革 [M]. 北京：中国财政经济出版社，2017.

[139] 赵英，倪月菊. 中国产业政策变动趋势实证研究 2000—2010 [M]. 北京：经济管理出版社，2012.

[140] 郑玉歆，张晓，张思奇. 技术效率、技术进步及其对生产率的贡献——沿海工业企业调查的初步分析 [J]. 数量经济技术经济研究，1995 （12）：20—27.

[141] 郑玉歆. 全要素生产率的测度及经济增长方式的"阶段性"规律——由东亚经济增长方式的争论谈起 [J]. 经济研究，1999（5）：57—62.

[142] 郑玉歆. 中国工业生产率变动趋势的估计及其可靠性分析 [J]. 数量经济技术经济研究，1996（12）：58—66.

[143] 周新苗，钱欢欢. 资源错配与效率损失：基于制造业行业层面的研究 [J]. 中国软科学，2017（1）：183—192.

[144] 周燕，蔡宏波. 中国工业行业全要素生产率增长的决定因素：1996—2007 [J]. 北京师范大学学报（社会科学版），2011（1）：133—141.

[145] 周振华. 产业政策的经济理论系统分析 [M]. 北京：中国人民大学出版社，1991.

[146] 周振华. 现代经济增长中的结构效应 [M]. 上海：上海三联书店，上海人民出版社，1995.

[147] 朱富强. 为何需要产业政策：张维迎和林毅夫之争的逻辑考辩 [J]. 社

会科学战线，2017 (4)：44—61.

[148] 朱富强. 产业政策的两大思潮及其架桥 [J]. 南方经济，2018 (1)：1—9.

[149] 朱恒源，宋德铮. 产业政策转型时 [J]. 清华管理评论，2017 (Z1)：35—39.

[150] 朱军. 技术吸收、政府推动与中国全要素生产率提升 [J]. 中国工业经济，2017 (1)：5—24.

[151] 竹内高宏. 产业政策论的误解 [M]. 东京：东京经济新报社，2002.

[152] 祝佳，汪前元，唐松. 自由市场型还是政府适度引导型？——两种不同产业政策实施机制的效率比较与选择 [J]. 南京财经大学学报，2011 (5)：14—19.

[153] 佐贯利雄. 日本经济的结构分析 [M]. 周显云，杨太，译. 沈阳：辽宁人民出版社，1988.

[154] Aghion P, Dechezleprêtre A, Hémous D, et al. Carbon taxes, path dependency and directed technical change：evidence from the auto industry [J]. Journal of Political Economy, 2016, 124 (1)：1—51.

[155] Aghion P, Cai J, Dewatripont M, et al. Industrial policy and competition [J]. American Economic Journal：Macroeconomics, 2015, 7 (4)：1—32.

[156] Aghion P, Dewatripont M, Du L, et al. Industrial policy and competition [R]. NBER Working Paper, 2012. No. 18048.

[157] Aghion P, Dewatripont M, Rey P. Corporate governance, competition policy and industrial policy [J]. European Economic Review, 1997, 41 (3—5)：797—805.

[158] Aigner D, Lovell C A K, Schmidt P. Formulation and estimation of stochastic frontier production function models [J]. Journal of Econometrics, 1977, 6 (1)：21—37.

[159] Amsden A H. Why isn't the whole world experimenting with the East Asian model to develop?：review of the East Asian miracle [J]. World Development, 1994, 22 (4)：627—633.

[160] Arrow K J. The economic implications of learning by doing [J]. Review of Economic Studies, 1962, 29 (3)：155—173.

[161] Barro R J. Government spending in a simple model of endogenous growth [J]. Journal of Political Economy, 1990, 98 (5)：103—126.

［162］ Battese G E, Coelli T J. A model for technical inefficiency effects in a stochastic frontier production function for panel data ［J］. Empirical Economics, 1995, 20 (2): 325—332.

［163］ Battese G E, Coelli T J. Frontier production functions, technical efficiency and panel data: with application to paddy farmers in India ［J］. Journal of Productivity Analysis, 1992, 3 (1): 153—169.

［164］ Bauer P W. Recent developments in the econometric estimation of frontiers ［J］. Journal of Econometrics, 1990, 46 (1—2): 39—56.

［165］ Beason R, Weinstein D E. Growth, economies of scale, and targeting in Japan (1955—1990) ［J］. The Review of Economics and Statistics, 1996, 78 (2): 286—295.

［166］ Bernini C, Cerqua A, Pellegrini G. Public subsidies, TFP and efficiency: a tale of complex relationships ［J］. Research Policy, 2017, 46 (4): 751—767.

［167］ Bianchi P, Labory S. Industrial policies for peripheral regions in a globalized world: territory and innovation ［M］. Singapore: Springer, 2017.

［168］ Bianchi P, Labory S. Industrial policy after the crisis: seizing the future ［M］. Cheltenham: Edward Elgar Publishing Ltd, 2011.

［169］ Brandt L, Van Biesebroeck J, Zhang Y. Creative accounting or creative destruction? Firm-level productivity growth in Chinese manufacturing ［J］. Journal of Development Economics, 2012, 97 (2): 339—351.

［170］ Caves D W, Christensen L R, Diewert W E. The economic theory of index numbers and the measurement of input, output, and productivity ［J］. Econometrica, 1982, 50 (6): 1393—1414.

［171］ Chang H J. Industrial policy: can we go beyond an unproductive confrontation? ［R］. Turkish Economic Association Working Paper, No. 2010/1.

［172］ Chang H J. Kicking away the ladder: development strategy in historical perspective ［M］. London: Anthem Press, 2002.

［173］ Christensen L R, Jorgenson D W, Lau L J. Transcendental logarithmic production frontiers ［J］. The Review of Economics and Statistics, 1973: 28—45.

[174] Davis H S. Productivity accounting [M]. Philadelphia: University of Pennsylvania Press, 1955.

[175] Del Gatto M, Di Liberto A, Petraglia C. Measuring productivity [J]. Journal of Economic Surveys, 2011, 25 (5): 952—1008.

[176] Demsetz H. Information and efficiency: another viewpoint [J]. Journal of Law & Economics, 1969, 12 (1): 1—22.

[177] Denison E F. The sources of economic growth in the United States and the alternatives before us [M]. New York: Committee for Economic Development, 1962.

[178] Bailey D, Lenihan H, Arauzo-Carod J-M. Industrial policy after the crisis [J]. Policy Studies, 2011, 32 (4): 429—445.

[179] Du L, Harrison A, Jefferson G. FDI spillovers and industrial policy: the role of tariffs and tax holidays [R]. NBER Working Papers, 2011.

[180] Färe R, Grosskopf S, Lindgren B, et al. Productivity changes in Swedish pharamacies 1980—1989: a non-parametric Malmquist approach [J]. Journal of Productivity Analysis, 1992, 3 (1): 85—101.

[181] Farrell M J. The measurement of productive efficiency [J]. Journal of the Royal Statistical Society, Series A (General), 1957, 120 (3): 253—290.

[182] Hausmann R, Rodrik D. Doomed to choose: Industrial policy as predicament [J]. John F. Kennedy School of Government, 2006.

[183] Hausmann R, Rodrik D. Economic development as self-discovery [J]. Journal of Development Economics, 2003, 72 (2): 603—633.

[184] Herrendorf B, Valentinyi A. Endogenous sector-biased technological change and industrial policy [R]. Social Science Electronic Publishing, 2015. CEPR discussion paper. No. DP10869.

[185] Hollstein T F, Estévez K. Industrial policy and the timing of trade liberalization [R]. Ub Economics Working Papers, 2017. No. E17/361.

[186] Hsieh C-T, Klenow P J. Misallocation and manufacturing TFP in China and India [J]. Quarterly Journal of Economics, 2009, 124 (4): 1403—1448.

[187] Jefferson G H, Rawski T G, Zhang Y. Productivity growth and convergence across China's industrial economy [J]. China Economic

Quarterly, 2008, 6 (2): 121-140.

[188] Johnson C. MITI and the Japanese miracle: the growth of industrial policy: 1925 - 1975 [M]. Stanford, Calif.: Stanford University Press, 1982.

[189] Jorgenson D W, Griliches Z. The explanation of productivity change [J]. The Review of Economic Studies, 1967, 34 (3): 249-283.

[190] Krueger A O, Tuncer B. An empirical test of the infant industry argument: reply [J]. American Economic Review, 1984, 74 (5): 1142-1152.

[191] Krugman P. The myth of Asia's miracle [J]. Foreign Affairs, 1994, 73 (6): 62-78.

[192] Kumbhakar S C, Lovell C A K. Stochastic frontier analysis [M]. Cambridge: Cambridge University Press, 2000.

[193] Kumbhakar S C. Production frontiers, panel data, and time-varying technical inefficiency [J]. Journal of Econometrics, 1990, 46 (1-2): 201-211.

[194] Lall S. Reinventing industrial policy: the role of government policy in building industrial competitiveness [J]. Annals of Economics & Finance, 2003, 14 (2): 661-692.

[195] Levinsohn J, Petrin A. Estimating production functions using inputs to control for unobservables [J]. Review of Economic Studies, 2003, 70 (2): 317-341.

[196] Lin J, Chang H J. Should industrial policy in developing countries conform to comparative advantage or defy it? A debate between Justin Lin and Ha-Joon Chang [J]. Development Policy Review, 2009, 27 (5): 483-502.

[197] Lucas R E Jr. On the mechanics of economic development [J]. Journal of Monetary Economics, 1988, 22 (1): 3-42.

[198] Meeusen W, van den Broeck J. Efficiency estimation from Cobb-Douglas production functions with composed error [J]. International Economic Review, 1977, 18 (2): 435-444.

[199] Olley G S, Pakes A. The dynamics of productivity in the telecommunications equipment industry [J]. Econometrica, 1996, 64

(6): 1263-1297.

[200] Rodrik D. Green industrial policy [J]. Oxford Review of Economic policy, 2014, 30 (3): 469-491.

[201] Rodrik D. Industrial policy for the twenty-first century [R]. CEPR Discussion Papers, 2004. No. 4767.

[202] Schmidt P. Frontier production functions [J]. Econometric Reviews, 1985, 4 (2): 289-328.

[203] Solow R M. Technical change and the aggregate production function [J]. The Review of Economics and Statistics, 1957, 39 (3): 312 -320.

[204] Stiglitz J E, Greenwald B C. Creating a learning society: a new approach to growth, development, and social progress [M]. New York: Columbia University Press, 2014.

[205] Tinbergen J. Professor Douglas' production function [J]. Revue de l'institut international de statistique, 1942, 10 (1/2): 37-48.